Prenez le temps
d'e-penser

BRUCE BENAMRAN

Prenez le temps d'e-penser

MARABOUT

Remerciements

(parce que quand on est poli, on dit encore merci)

À Daniel pour m'avoir, très tôt le
matin, montré la voie,

À Michael Stevens, Derek Muller, Destin Sandlin,
Henry Reich, CGP Grey, John & Hank Green,
Vi Hart, etc. pour avoir ouvert la voie,

À Antoine, Fred, Sébastien, Mathieu, Kriss, Links,
et tant d'autres pour avoir ouvert de nouvelles voies,

À Alexandre Astier et Jean-Christophe Hembert
pour m'avoir montré d'autres voies,

À Donatien pour m'avoir balisé la voie,

À Gaëlle, sans qui je serais simplement sans voix,

À Jarod et Camille à qui ce livre est
dédié comme la première fois.

Préface

Par Étienne Klein

Nul ne saurait nier qu'une certaine inculture scientifique est devenue intellectuellement et socialement problématique : elle marginalise la science contemporaine, empêche d'en fonder une épistémologie rigoureuse, favorise l'emprise des gourous de toutes sortes et rend délicate l'organisation de débats sérieux sur l'usage que nous voulons faire des technologies. Le philosophe Gaston Bachelard expliquait que « la culture scientifique nous demande de vivre un effort de la pensée. » Sans doute est-ce cet effort-là que nous n'aimons pas suffisamment pratiquer, alors même qu'il peut être fort grisant, voire tout à fait décoiffant.

On ne saurait toutefois se montrer aussi sévère qu'Einstein expliquant que « ceux qui utilisent négligemment les miracles de la science et de la technologie, en ne les comprenant pas plus qu'une vache ne comprend la botanique des plantes qu'elle broute avec plaisir, devraient avoir honte. » Le père de la relativité se montrait là beaucoup trop exigeant (en plus d'être injuste avec les ruminants, qui savent sans doute deux ou trois choses sur la vie des herbes qu'ils mâchent à une cadence d'essuie-glace). Il est en effet devenu impossible de se faire une bonne culture à la fois sur la physique des particules, les ondes gravitationnelles, la génétique, le nucléaire, la climatologie ou l'immunologie, de sorte que si l'on voulait que les citoyens participent aux affaires publiques en étant vraiment éclairés sur tous ces sujets, il faudrait que chacun ait le cerveau de mille Einstein (chose qu'Einstein lui-même ne possédait pas puisqu'il n'en avait qu'un seul...).

En outre, il ne faudrait pas trop noircir le tableau. Car en vérité, nous savons tous beaucoup de choses. Par exemple que la Terre tourne autour du Soleil, qui lui-même tourne autour du centre de la galaxie, qui lui-même tourne autour de quelque autre centre. Que l'atome existe et qu'il ne ressemble guère – en réalité pas du tout – à l'objet insécable que les premiers atomistes grecs avaient imaginé. Que les espèces vivantes évoluent. Que l'univers est en expansion, qu'il n'a donc pas toujours été comme nous voyons qu'il est, et même que son expansion s'accélère.

Voilà quelques exemples de connaissances que nous sommes tous capables d'énoncer après les avoirs apprises, lues ou entendues. Mais saurions-nous raconter quand, comment et par qui elles ont été établies ? Pourrions-nous expliciter les arguments qu'elles ont fait se combattre ? Serions-nous capables d'expliquer comment certaines thèses ou certains faits sont parvenus à convaincre, à clore les discussions ? Reconnaissons humblement que non : en général, nous ne savons pas répondre à ces questions. Or, cette mauvaise connaissance que nous avons de nos connaissances nous empêche de dire ce par quoi elles se distinguent de simples croyances. En sommes, si nous y adhérons, c'est simplement parce que nous faisons confiance à ceux qui nous les ont transmises tout en ignorant comment elles furent acquises au cours de l'histoire des idées.

Prenons l'exemple d'une connaissance universellement partagée : la Terre est ronde. Depuis 1968 et les premiers clichés de clair de Terre vu de la Lune pris par l'équipage d'Apollo 8, il est évident pour tout le monde que notre planète est une boule bleue et blanche, et non pas un disque ou quoi que ce soit d'autre. Auparavant, ceux qui avaient eu la chance de voyager en avion par temps clair avaient pu percevoir au loin la courbure de l'horizon dès que l'appareil avait atteint une certaine altitude. Mais, bien avant eux, des Anciens avaient pu déterminer avec certitude que la Terre est ronde sans quitter sa surface. Comment procédèrent-ils ? Quels furent leurs raisonnements, leurs observations, leurs déductions ? Par quels stratagèmes parvinrent-ils à savoir sans pouvoir voir ? Les réponses à ces questions ont beau être passionnantes, elles font comme un trou à l'intérieur même de nos connaissances.

Comment améliorer la situation ? Je n'ai qu'un credo : donner le goût des sciences passe d'abord par donner du goût aux sciences. D'où le plaisir que j'ai à écrire cette préface, car c'est précisément ce que fait Bruce Benamran : ce gars-là est un explicateur né et il a l'esprit joyeux.

J'ignore comment il procède, d'où lui vient cette sorte d'énergie pédagogique qu'il distille en chaque page, cette frénésie qu'il a de vouloir tout rendre clair. Je le sais d'autant moins que dans ce Tome 2, il n'y va pas avec le dos de la cuillère : il envoie même du drôlement lourd puisqu'il nous parle des différentes sortes de trous noirs, de l'intrication quantique, du chat de Schrödinger, du paradoxe EPR, de l'effet Casimir, du boson de Higgs, de la théorie des super-cordes – j'en passe et des pires. Mais on le suit, sans trop de difficultés, car il sait drôlement bien y faire. Et même, on se délecte. Alors, c'est simple, les amis : lisez, lisez bien, et vous comprendrez.

Étienne Klein

Avant-propos

Continuer à bien e-penser

Bon, on en était où ? Ah, oui, on a fait le tour de ses grands classiques, on a parlé mécanique classique, relativités, restreinte et générale, thermodynamique, électromagnétisme, etc. Pourtant, vous êtes encore là, prêt à rempiler pour un second tome, à lire tout ce que je peux bien avoir à vous raconter sur ce qu'il y a de plus grand, l'univers, les trous noirs, le Big Bang, mais également sur ce qu'il y a de plus petit, mécanique quantique en tête, voire même sur ce qu'il y a de plus intangible — oui, on va aussi parler de cette « chose » qu'on appelle le temps. Mais avant de plonger tête la première dans tous ces sujets plus intéressants les uns que les autres, il n'est sans doute pas inutile de faire un premier détour par la façon dont on pense, ne serait-ce que pour distinguer ce qui constitue une pensée constructive et ce qui la distingue d'une pensée stérile. Amis complotistes, faites chauffer vos comptes twitter, vous n'allez vraiment pas aimer ce chapitre.

90. Les raisonnements fallacieux

Que cela soit dit au moins une fois dans ce bouquin : on peut bien avoir une opinion sur tout, cela n'en fait pas nécessairement un raisonnement. J'ai déjà eu l'occasion de discuter avec des personnes diverses et variées, et certaines m'ont parfois surpris par leur capacité à envisager des idées tombées de nulle part comme des hypothèses scientifiques valables. Ainsi j'ai par exemple déjà rencontré quelqu'un qui m'a dit que, selon lui, la gravitation n'existe pas ; et sur quoi repose cette idée, mon grand ? « Bah, c'est ce que je pense. » Bah oui, mais non. On peut bien estimer que la gravité n'existe pas, que la réalité n'existe pas, qu'un dieu démiurge ou non a créé l'univers en six jours ou plus, on peut bien estimer ce qu'on veut. La particularité du raisonnement scientifique est qu'il reste valide, qu'on y croie ou non. Face à des croyants, je n'ai aucune animosité car on peut bien croire en ce que l'on veut, et nos ancêtres se sont suffisamment battus au cours des siècles pour nous en assurer. Mais, de plus en plus fréquemment, de plus en plus communément qui plus est, des discours viennent contredire les sciences — la plus attaquée, sans aucune commune mesure, étant bien sûr l'Histoire.

En soi, non seulement ce n'est pas grave, mais c'est même plutôt une bonne chose ; en effet, la force et la fiabilité d'une théorie scientifique ne se mesurent quasiment qu'à sa capacité à résister aux attaques ; ou, plus prosaïquement et comme le disait Rocky Balboa : « It ain't about how hard you hit. It's about how hard you can get hit and keep moving forward. »[227] L'œil du tigre, les sciences l'ont toutes ; non contentes de supporter les attaques, elles les réclament ; chaque théorie scientifique porte en elle un sous-texte qui dit plus ou moins la chose suivante : « Je ne suis valide que dans mon propre cadre et uniquement jusqu'à preuve du contraire ; testez-moi ! »

Mais quelques combattantes soient-elles, les sciences ne souffrent pas les coups bas, et on ne les attaque pas n'importe comment. Vous souhaitez mettre à mal la relativité générale ? Il vous faut un raisonnement, sinon scientifique, au moins logique. Et ce raisonnement ne laisse aucune place aux convictions ; non seulement ces dernières n'ont pas de poids particulier dans votre raisonnement mais, qui plus est, elles sont souvent contre-productives. Cependant, gardons à l'esprit le fait qu'il est très rare d'être confronté à un argumentaire dont il est manifeste qu'il repose sur des convictions, comme ça peut être le cas, par exemple, avec des créationnistes bibliques — « la théorie de l'évolution décrite par Darwin est fausse puisque la Bible décrit la création du monde en six jours de travail, repos le dimanche[228]. Non, la plupart du temps, la conviction est masquée par des formulations qui peuvent laisser croire à un raisonnement logique, souvent même et avant tout pour celui qui les prononce : ce sont les arguments fallacieux.

Et ne vous y trompez pas, jeune lecteur fougueux et impatient à l'idée d'entamer le prochain chapitre sur le Big Bang[229], les raisonnements fallacieux sont aussi fréquents qu'ils sont fréquemment difficiles à déceler. Ils constituent la plaie du raisonnement. Ils sont tellement

---

227 « Ce qui compte n'est pas la force des coups que tu donnes, mais la force des coups que tu peux encaisser en continuant d'avancer » *in* Rocky Balboa, Sylvester Stallone, 2006.

228 Originellement le samedi, puis le dimanche depuis l'apparition des chrétiens dans l'Empire romain qui considérait le « jour du Soleil » — Sunday — comme sacré.

229 Oui, ceci est un teaser.

présents dans le moindre argumentaire qu'on leur a donné des noms latins ; c'est dire.

En voici quelques-uns pas piqués des hannetons[230], et je dis bien « quelques-uns » car en faire une liste détaillée et exhaustive pourrait, en soi, faire l'objet d'un livre à part entière[231].

Argumentum ad hominem

L'attaque personnelle est, *de facto*[232], un des arguments fallacieux les plus récurrents, mais également un des plus faciles à détecter. On peut en distinguer plusieurs formes, allant de l'insulte directe qui attaque la personne sans se soucier un instant de ce qu'elle avance — *ad hominem personam* — à une attaque plus subtile visant uniquement à décrédibiliser le propos — *ad hominem circumstantiæ*, notamment largement employée pour décrédibiliser les théories d'Einstein du fait que ce dernier « n'était pas un universitaire » — en passant par une remise en cause des convictions, pourtant hors de propos, de la personne — *ad hominem tu quoque*, notamment utilisée par les climatosceptiques qui disent que si la pollution est responsable de telles catastrophes climatiques, « comment se fait-il qu'Al Gore se rende à ses conférences en voiture ? » — argument qu'on pourrait également appeler argument de « l'exemplarité ». Il ne faut pas sous-estimer la portée destructrice d'un argument *ad hominem* ; dans le domaine de la justice, notamment, on ne compte plus les témoins oculaires de quelque crime dont le témoignage peut être ainsi balayé en attaquant la crédibilité du témoin plus que celle de son témoignage[233].

---

230 Pour justifier l'usage de cette expression, sachez que j'ai perdu un pari. Pardon.

231 Ce livre pourrait d'ailleurs s'intituler « L'art d'avoir toujours raison » et être écrit par Arthur Schopenhauer.

232 Moi aussi, j'ai fait du latin.

233 « Je me suis toujours demandé pourquoi une prostituée aurait une moins bonne vue » *in* JFK, Oliver Stone, 1991.

Argumentum ad verecundiam

Connu sous plusieurs noms différents, qu'il s'agisse de *ad verecundiam*, *ad potentiam*, ou, plus sobrement, *ipse dixit*, respectivement argument « de respect », « de pouvoir » ou, plus prosaïquement, « il l'a dit lui-même », l'argument d'autorité est une catastrophe dans le débat scientifique. L'histoire des sciences regorge de figures d'autorité plus imposantes les unes que les autres, et il convient d'être bien campé sur ses jambes avant d'aller contredire un Newton, un Maxwell ou un Galilée. Ce type d'argument est plus subtil que le précédent car, en effet, certaines figures d'autorité ont si largement mérité leur titre qu'on est plutôt enclin à leur apporter une confiance de principe. Pour autant, il faut savoir distinguer, d'une part, la personnalité qui émet l'argument — s'il s'agit d'Einstein, on ne vous en voudra pas de plutôt le croire sur parole, ce sera nettement moins le cas s'il s'agit de moi, par exemple et pour ne vexer personne — et l'argument lui-même. En effet, autant on peut apporter un certain crédit à Einstein lorsqu'il parle de relativité, ou plus généralement de physique, autant il n'est pas illégitime de douter de ses arguments en matière, par exemple, de natation synchronisée. Quoi qu'il en soit, un argument d'autorité, même énoncé par la bonne figure et sur le bon sujet, n'est pas valide de fait et doit pouvoir supporter sa propre remise en cause.

Argumentum ad populum

Apparemment à l'inverse de l'argument précédent, l'argument populaire, le bon vieux « sens commun », n'est rien d'autre qu'une forme particulière d'argument d'autorité, l'autorité étant ici, vous l'aurez compris, le peuple. Partant du principe aussi ancien qu'inepte que « tout le monde ne peut pas avoir tort », et sachant intelligemment mêler réflexion et statistiques, l'argument populaire repose sur l'idée qu'une chose ne nécessite pas d'être démontrée si « tout le monde le sait ». Ce type d'argument est régulièrement employé afin de justifier des raisonnements les plus insensés : « Des milliards de personnes au cours de l'Histoire ont cru en Dieu, c'est donc la preuve qu'Il existe. » Avec l'argument populaire, il faut être un peu méfiant ; en effet, dans le cadre d'un raisonnement scientifique, par exemple, l'argument populaire n'a strictement aucune valeur. Aucune. Mais dans le cadre d'un raisonnement politique, en revanche, l'argument populaire peut, s'il est avéré, reposer sur le principe même de la démocratie, l'argument de la majorité. Ainsi, si ce n'est pas parce que tout le monde pense la même chose qu'il a nécessairement raison, cela ne suffit pas en soi à invalider ce qu'il avance.

Argumentum ad ignorantiam

L'argument de l'ignorance est largement utilisé par les théoriciens du complot et autres sectaires en tout genre pour faire valoir leurs idéologies. En général, la ficelle est suffisamment grosse pour qu'on la voie : « Personne ne sait précisément comment la vie est apparue sur Terre, Dieu est la seule explication valable », mais il arrive qu'elle soit plus fine que cela et qu'elle trompe suffisamment son monde : « L'US Air Force prétend ne pas savoir ce qui s'est produit à Roswell en 1947 mais, dans le même temps, réfute l'idée du crash d'un vaisseau extraterrestre ; c'est bien la preuve qu'ils nous cachent quelque chose. »

Argumentum ad nauseam

Poétiquement appelé argument « à la nausée », il consiste à noyer l'argumentation adverse sous une nuée de preuves ou de pseudo-preuves. Cette corde est aussi largement utilisée par les complotistes qui, souvent, pour démontrer leurs dires, multiplient les pseudo-preuves, créant ainsi une sensation de faisceaux d'indices en face desquels il devient raisonnable de penser que « je ne vais pas invalider les deux mille arguments qui me sont présentés », d'une part, mais également que « bah, il est peu vraisemblable que tous les arguments soient faux ». Qu'il s'agisse de « démontrer » que l'Homme n'a jamais marché sur la Lune, d'expliquer la construction des pyramides, les lignes de Nazca par les anciens astronautes, etc. Les « travaux » en question présentent souvent une multitude de « preuves » et, disons-le clairement, « si ! Il est tout à fait possible que ces deux mille preuves soient toutes fausses ». Tout comme il est possible d'en passer sous silence, car rappelez-vous qu'il suffit d'un seul contre-exemple pour invalider un raisonnement. Et la *négation de la preuve* est également un argument fallacieux classique — même si je n'ai pas trouvé son nom en latin.

Et le reste

J'ai présenté ici les cas les plus classiques, les plus courants, mais ne vous y trompez pas, il y en a tout un paquet d'autres. Il y aurait largement eu de quoi en faire un livre tout entier, voire plusieurs, comme ceux d'Arthur Schopenhauer — argument d'autorité — et vous savez bien — argument populaire — que si la langue de bois est une discipline très prisée des politiciens — *ad hominem* — c'est une discipline à laquelle je ne connais rien, ce qui prouve sans conteste ma sincérité — argument de l'ignorance. Pour les plus intéressés d'entre vous, voici pêle-mêle quelques termes à sélectionner sur votre moteur de recherche favori — attention, argument « à la nausée » en approche : *ad crumenam*, *ad lazarum*, pétition de principe, faux dilemme, fausse objection, choix caricatural, point Godwin, amphibologie, généralisation, honneur — ou déshonneur — par association, postulat indémontrable, manipulation des prémisses, chiffon rouge, écran de fumée, tigre de papier, etc.

Cela étant vu, reprenons le cours de nos pensées et prenons, ce faisant, le temps d'e-penser.

Le Big Bang

Ni big, ni bang. Mais le nom est resté…

Sérieusement, où en étions-nous ? Ah, oui, on avait fini de présenter les théories relativistes décrites par Einstein, et on en était au point où, malgré la réticence de ce dernier, la théorie de la relativité générale décrivait l'univers comme étant potentiellement instable. Cela signifie notamment que, du fait de la gravitation dont la portée est illimitée, l'univers tend naturellement à s'effondrer sur lui-même pour s'autodétruire, en tout cas tel qu'on le connaît. Pour Albert, l'univers ne doit pas s'effondrer ; il avait toujours été là, et il devrait donc toujours être là ; Albert rêve d'un univers stationnaire. Comprenons bien qu'à cette époque, l'Humanité — l'espèce, pas le journal[234] — n'a pas encore compris qu'elle distinguait d'autres galaxies dans le ciel, et ne perçoit pour ainsi dire pas de déplacement notable entre les étoiles permettant de douter de la stabilité de ce qui constitue la voûte étoilée. Du coup, l'idée d'un univers stationnaire est assez consensuelle, et donc contradictoire avec la théorie de la relativité générale telle quelle. Du coup, pour s'assurer qu'un tel univers est compatible avec sa théorie, Albert va devoir introduire dans ses équations une constante : la constante cosmologique.

La plus grande erreur de ma carrière[235]

En février 1917, Albert Einstein introduit une constante dans ses équations relativistes, dans le but que celles-ci soient compatibles avec un univers statique. Mais bien que cet ajout soit totalement artificiel, presque arbitraire, Einstein est avant tout un physicien qui a besoin de comprendre, et il cherche alors à comprendre la nature de cette constante — il se distingue en cela de Max Planck qui ne voyait dans ses quanta qu'un outil mathématique particulièrement efficace. Mathématiquement, cette constante semble représenter un fluide — un gaz ou un liquide, si vous préférez — dont la pression est négative, ce qui n'a aucun sens pour le commun des mortels que nous sommes. En quelque sorte, cette constante est une propriété même de l'espace, et elle attribue de l'énergie au vide. Et pas qu'un peu. Mais on y reviendra. Quelques années plus tard, on démontrera que l'univers n'est pas stationnaire, mais en expansion, et que la constante cosmologique d'Einstein doit être rejetée. Ce dernier dira alors qu'elle est « la plus grande erreur de sa carrière ». Bien plus tard encore, on se dira que, finalement, « c'était peut-être pas aussi mauvais que ça, comme idée et que, oui, pourquoi pas, il serait bien possible qu'en fait ce soit une idée de génie ». Si même les erreurs d'Einstein sont des idées de génie… Mais bon, je vais plus vite que la musique, là. Reprenons calmement, et dans l'ordre. Parce qu'entre 1917 et 1927, il va se passer un paquet de trucs cool.

---

234 Aucune raison d'arrêter parce que c'est un autre livre, pas vrai ?

235 De la carrière d'Einstein, hein ? Pas de la mienne…

91. Un univers pas si stationnaire

Dès l'instant où Einstein introduit sa constante cosmologique, de nombreux chercheurs se mettent en quête de solutions à ses équations relativistes parce que ce n'est pas tout de mettre au point des équations qui décrivent le comportement de l'univers, il faut encore les résoudre. Comprenez-moi bien : il ne s'agit pas ici de vulgairement « trouver X » comme on le faisait au collège en classe de maths. Là, on a une équation qui, d'une certaine manière, décrit une loi que l'univers est tenu de respecter. Cette équation comporte plusieurs paramètres. Résoudre une telle équation, c'est en réalité « trouver des solutions » à cette équation, c'est-à-dire trouver un jeu de paramètres pour lesquels la loi est respectée. Ce qui est intéressant dans ce processus, c'est que les paramètres en question correspondent à des vrais machins du monde réel — taille de l'univers, énergie globale de l'univers, etc. — et que, du coup, chaque jeu de paramètres-solution de cette équation est un univers possible, le but étant évidemment de comprendre mieux notre univers — je rappelle qu'à ce moment-là de l'histoire, on n'a pas encore conscience du fait qu'on peut voir d'autres galaxies, alors on se fait une idée plutôt vague de notre univers, « m'voyez[236] » ?

Parmi les gars qui vont s'attaquer au problème, il y en a deux qui sortent particulièrement du lot : un Russe et un Belge[237]. Alexandre Friedmann aura une vie courte mais dense intellectuellement. Né en 1888 à Saint-Pétersbourg, ce physicien et mathématicien russe élève de David Hilbert à 17 ans — oui — découvre les équations de la relativité générale en 1922, à 34 ans, soit — spoilers — trois ans avant sa mort. Face à celles-ci, il comprend rapidement que, mettant en jeu de la gravitation, de l'espace et du temps, elles semblent bien décrire

---

236 M. Mackey, *South Park*, à partir du 17 décembre 1997.

237 On dirait le début d'une blague.

la structure même de notre univers. Il se met donc au travail afin d'en trouver une solution exacte. Très rapidement — il publie en juin de la même année, donc oui, rapidement — il aboutit à un modèle d'univers qui va constituer le premier modèle cohérent d'univers dans le cadre de la relativité générale. Il s'agit du modèle d'univers fini de Friedmann.

Finitude de l'univers

Là, on va commencer sérieusement à heurter les limites de notre propre appréhension. L'univers est grand, on le sait, et on aura l'occasion d'y revenir. Mais il y a une question qui, quelle que soit la réponse apportée, est problématique : l'univers a-t-il une fin ? On va détailler ça plus loin, mais il est nécessaire de bien sentir la différence entre l'approche mathématique — le résultat est correct ou ne l'est pas — et l'approche physique — qu'est-ce que ce résultat signifie ?

Un univers sans fin, c'est un univers infini, et l'infini nous est parfaitement incompréhensible physiquement. Mais d'un autre côté, un univers fini, c'est un univers dont on peut délimiter les frontières ; mais, du coup, qu'y a-t-il au-delà de ces frontières ? S'il y a quelque chose, alors cela fait encore partie de l'univers, mais s'il n'y a rien… comment peut-il ne rien y avoir ? Quelle est la nature de ce rien ?

La finitude de l'univers, comme beaucoup de ses propriétés, est une question à migraines, il faut s'y préparer. Mais pour Friedmann, c'est un poil plus simple car son approche est avant tout mathématique.

Friedmann trouve dans sa solution que l'univers a une taille, mais également d'autres propriétés, comme une courbure, une densité de masse-énergie[238], et peut-être bien même également un âge. En effet, l'univers que découvre Friedmann n'est pas si statique que cela et, s'il est encore le premier à envisager un univers en expansion, du fait que son approche est résolument mathématique, il a le bon goût de ne pas s'offusquer de ce qu'il trouve mais, au contraire, d'aller chercher plus loin encore des conclusions à en tirer. Ainsi, si l'univers est en expansion,

238 Cette notion pour rappeler que masse et énergie sont deux choses équivalentes.

cela signifie qu'il est plus vaste aujourd'hui qu'hier, et qu'il était plus vaste hier qu'avant-hier. Assez simplement, il conçoit l'univers comme une sphère à quatre dimensions — trois dimensions spatiales et une dimension temporelle — dont le rayon ne fait que croître. Pourquoi une sphère, me direz-vous ? Lorsqu'un machin grossit et qu'il n'a aucune raison de plus grossir dans une direction que dans une autre, il est censé grossir de la même manière dans toutes les directions. C'est la définition même — en quelque sorte — d'une sphère[239].

Du coup, pousse-t-il plus avant, si on remonte suffisamment le temps, le rayon de cette sphère ne fait que diminuer. Jusqu'à quand ce rayon diminue-t-il ? Y a-t-il eu un moment, un instant, un siècle ou une éternité durant lequel ce rayon était nul ? L'univers a-t-il tout entier tenu en un seul point ? A-t-il une origine ? La cosmologie moderne venait de naître.

Notons simplement un dernier point concernant la finitude du modèle d'univers de Friedmann car celui-ci ne possède pas à proprement parler de frontière ; accrochez-vous à vos neurones parce que ça va secouer un peu… Dans le modèle de Friedmann, l'univers n'a pas de frontière, il n'est pas contenu dans un espace extérieur, plus grand : l'univers de Friedmann constitue tout ce qui est le temps et l'espace. Pour le dire apparemment plus simplement, l'univers de Friedmann a bien une dimension éventuellement mesurable — ou plutôt calculable — mais aucun espace et aucun temps n'existe en dehors.

Lorsque Friedmann publie son article, Einstein envoie successivement deux notes : dans la première, il indique que, selon lui, les calculs de Friedmann sont incorrects et dira : « les résultats concernant un

---

239 Une sphère est définie comme l'ensemble des points de l'espace qui sont à la même distance d'un point donné appelé le centre. La distance, quant à elle, est appelée rayon. Dans un espace à deux dimensions, une sphère est appelée un « cercle ».

monde non stationnaire contenus dans les travaux de Friedmann me semblent douteux » ; en effet, l'univers doit être stationnaire et ne saurait être en expansion. Mais, dans un second temps, il envoie une deuxième note dans laquelle il reconnaît l'exactitude des calculs de Friedmann concernant l'âge de l'univers, âge qu'il a lui-même calculé de son côté. Albert est enfermé dans sa volonté de disposer d'un univers stationnaire qu'il souhaite clairement éternel. Le deuxième homme notable à s'intéresser aux solutions des équations d'Einstein est Georges Lemaître.

92. Des nébuleuses bien trop rapides

Georges Lemaître est un astronome et physicien belge né en 1894 ; il est par ailleurs chanoine[240] catholique. En 1927, il rédige un article intitulé « Un univers homogène de masse constante et de rayon croissant rendant compte de la vitesse radiale des nébuleuses extra-galactiques »[241].

Un univers homogène

On reparlera de l'homogénéité — ainsi que de l'isotropie — de l'univers, mais on peut déjà dire quelques mots se basant simplement sur ce qu'on sait déjà. D'après la théorie de la relativité d'Einstein, il n'existe nulle part de point universellement privilégié qui puisse servir de référence absolue à une modélisation physique — c'est d'ailleurs pour cela que cette théorie s'appelle la théorie de la relativité. Une des conséquences de ce modèle est que l'univers doit être semblable en tout point de son observation — semblable et pas identique, bien sûr : la disposition des astres change selon le point de vue, évidemment,

---

240 Les chanoines désignent, dans le clergé, des postes liés à une fonction donnée ; celle-ci n'étant pas nécessairement religieuse, ils peuvent être laïcs.

241 « Un univers homogène de masse constante et de rayon croissant rendant compte de la vitesse radiale des nébuleuses extra-galactiques » *in* Annales de la société scientifique de Bruxelles, vol. 47, page 49.

mais la structure de l'univers doit apparaître comme similaire quel qu'en soit le point d'observation.
Ce que cela signifie, c'est que la structure de l'univers doit être sensiblement la même en tout point de celui-ci : on parle d'univers homogène.

Avant d'aborder plus en détail le contenu de cet article, il n'est pas hors de propos — d'autant que c'est le titre de ce chapitre — de nous intéresser quelques instants à ce qui est désigné comme les « nébuleuses extra-galactiques » ainsi qu'à leur vitesse radiale.

Au XVIIIe siècle, on savait déjà beaucoup de choses au sujet de l'espace, mais on en ignorait aussi encore un paquet. Ainsi, mis à part Emmanuel Kant qui avançait — intellectuellement — l'idée que notre Voie lactée pouvait être un corps composé de myriade d'étoiles en rotation liées entre elles par la gravitation — et ce avant Thomas Wright — on ignorait encore le fait que notre galaxie n'en était qu'une parmi d'innombrables autres. On regardait le ciel, la nuit, et on voyait des trucs brillants. On avait déjà vu depuis longtemps — depuis au moins la Grèce antique — que certains machins ne se déplaçaient pas comme les autres et on les avait appelés les « errantes », en grec : planètes. Le reste, c'était des étoiles. Point. Bon, ok, il y avait aussi autre chose : d'une part, une large bande diffuse blanchâtre qu'on avait appelée Voie lactée, et, d'autre part, des étoiles assez diffuses, floues, qu'on avait appelées nébuleuses[242].

Mais où est donc la Voie lactée ?

C'est l'instant « prise de conscience écolo » du livre, j'annonce. Vous avez souvent entendu parler de la Voie lactée, vous voyez de quoi il s'agit, mais vous vous demandez bien comment on a pu la voir avant les télescopes alors que, manifestement, elle est invisible à l'œil nu ? Vous êtes sans conteste un citadin

---

242 Du latin *nebulosis*, « brouillé ». Vu la sonorité, sans doute également le nom d'un sort dans *Harry Potter*.

victime de pollution lumineuse. La Voie lactée est très grande, et bien visible à l'œil nu. En revanche, sa luminosité est relativement faible. Afin de la voir correctement, il est nécessaire que le ciel soit bien noir. Or, afin que le ciel soit parfaitement noir, il faut d'abord qu'aucune lumière parasite émise depuis le sol ne vienne se diffuser dans l'atmosphère. Les villes sont non seulement lumineuses la nuit, mais de plus polluées — l'air pollué diffuse d'autant mieux la lumière, figurez-vous.

La prochaine fois que vous êtes de nuit en pleine campagne, en haute montagne, en pleine mer — bref, loin de toute manifestation lumineuse — laissez vos yeux s'accoutumer à l'obscurité et laissez-vous surprendre par l'apparition de la Voie lactée qui viendra traverser la voûte étoilée sous vos yeux émerveillés. Résistez quelques secondes avant de vous jeter sur une simple paire de jumelles pour en observer la beauté. Vous vous demandez comment on pouvait voir la Voie lactée auparavant ? Je me demande bien comment on aurait pu l'ignorer.

Aujourd'hui, on en sait évidemment bien plus sur les nébuleuses, et on peut en donner une définition relativement précise sans pour autant se perdre dans des termes techniques : une nébuleuse est un immense[243] nuage de gaz ou de poussières dans l'espace. On a déjà vu[244] que c'est au cœur des étoiles que naissent la plupart des éléments naturels de l'univers, ce qu'on appelle la nucléosynthèse stellaire. La plupart, mais pas tous. Notamment l'hydrogène, qui compose originellement ces étoiles, existe avant elles sous forme d'immenses nuages dans l'espace, si vous voyez où je veux en venir…

Sous l'effet de la gravitation, ce nuage de gaz s'effondre par endroits jusqu'à ce que la pression soit telle que la fusion nucléaire devienne possible ; là où cela se produit, une étoile est née. En cela, les nébuleuses sont souvent appelées berceaux d'étoiles ou, plus poétiquement, pouponnières stellaires.

243 Les nébuleuses sont souvent larges de plus d'une dizaine d'années-lumière. En guise de comparaison, le système solaire est large d'environ une année-lumière.

244 *Prenez le temps d'e-penser*, Tome I, chapitre 25, Éd. Marabout.

Notre système solaire est vraisemblablement né au sein d'une telle nébuleuse et, fait suffisamment remarquable pour être remarqué[245], l'idée d'une telle naissance pour notre système solaire fut avancée sérieusement, pour la première fois, par un philosophe allemand du XVIIIe siècle qui passait le plus clair de son temps à tout critiquer, qui la *raison pure*, qui la *raison pratique* ou encore *faculté de juger*, j'ai nommé Emmanuel Kant.

Bon, je vais être honnête avec vous. En débutant l'écriture de cet ouvrage, je ne m'attendais pas à voir débarouler Manu en plein milieu d'un chapitre, qui plus est sur les nébuleuses. Toujours est-il que Kant, en bon philosophe, ne s'intéresse pas seulement à ce qui constitue encore aujourd'hui la philosophie pour les lycéens qui ne dorment pas en cours, à savoir la liberté, le travail, l'art, le langage, etc. Non, en bon philosophe, Kant s'intéresse absolument à tout, notamment à ce qu'on observe en levant les yeux au ciel et à la façon dont ce qu'on voit nous raconte, quelque part, qui nous sommes nous-mêmes. Si l'idée fut en premier lieu proposée en 1734 par Emanuel Svedenborg, scientifique et philosophe suédois surnommé « Aristote de Suède »[246], c'est bien Emmanuel Kant qui, en 1755, suggéra que le système solaire lui-même — celui de notre propre soleil — était le résultat de l'effondrement lent, sous l'effet de la gravité, d'une nébuleuse stellaire — en l'occurrence d'une nébuleuse solaire, pourrait-on dire. Il imagine les nébuleuses tournant lentement sur elles-mêmes, s'écrasant lentement en un disque qui formerait plus tard une étoile et des planètes. Le modèle est incroyablement correct, et une idée similaire germera dans l'esprit de Pierre-Simon de Laplace en 1796.

---

245 Oui.

246 C'est dire si je ne vais pas vous en parler.

Cette théorie fut critiquée au XIXe siècle par James Clerk Maxwell — comme quoi personne n'est parfait — qui considérait, pour le dire simplement, qu'un disque de poussières et de gaz tournant autour du Soleil n'aurait pas pu donner naissance aux planètes. On préférera alors le modèle dit de « quasi-collision » dans lequel une autre étoile se serait suffisamment approchée du Soleil pour permettre aux planètes de se former sans voir leur matière absorbée par l'une ou l'autre étoile. Il faudra attendre les années 40 — oui, les années 1940 — pour que le modèle désormais dit de « Kant-Laplace » soit amélioré et globalement accepté jusqu'à ce jour. Ceci clôturant « la parenthèse à Manu », revenons à nos moutons, à savoir les nébuleuses.

Donc il existe plusieurs sortes de nébuleuses, un peu partout dans le ciel ; certaines sont inconcevablement gigantesques, tandis que d'autres sont simplement ridiculement grandes. Ok, ça n'aide pas. Mais à vrai dire, au début du XXe siècle, on n'en savait pas franchement plus que cela[247].

Ce qu'on croyait savoir, en revanche, c'est que tout ce qu'on voyait se trouvait au sein de notre galaxie, la fameuse Voie lactée. On pouvait s'imaginer qu'il existât d'autres galaxies, mais tout ceci n'était guère plus que de la spéculation. Il y avait, de façon certaine, une galaxie, et on y trouvait, outre notre propre système solaire, des étoiles, des nébuleuses et beaucoup d'espace vide. Et cependant qu'on cherchait à en savoir plus, ou plus précisément, sur le contenu de notre galaxie, la célèbre société française Saint-Gobain, du haut de ses siècles d'existence[248], achevait, non sans mal, la construction d'un miroir de 2 m 50, le plus grand de l'époque, en 1908, afin de construire, sur le mont Wilson, dans les hauteurs californiennes, le plus large télescope de l'époque. Celui-ci sera achevé en 1917, à peu près en même temps

247 En fait si, mais au regard de ce qu'on ignorait, ce n'est pas vraiment important.

248 La société fut tout de même fondée par Colbert en personne, excusez-moi du peu.

qu'un astronome américain originaire du Missouri du nom d'Edwin Hubble arrive sur place pour débuter ses observations.

En 1924, en se basant sur la taille calculée de la « nébuleuse » d'Andromède — dont on ne sait pas encore qu'il s'agit d'une galaxie entière — Hubble détermine qu'une nébuleuse présente dans la constellation du Sagittaire doit être au moins aussi grande que la Voie lactée, mais beaucoup plus éloignée. De fait, il apparaît que certaines nébuleuses — un grand nombre — ne sont pas si diffuses que cela, et que leur caractère trouble n'est dû qu'à la pauvreté de détails qu'offraient les générations précédentes de télescopes. C'est ainsi que le 30 décembre 1924, à moins de 48 heures du nouvel an[249], il annonce la découverte de la première galaxie autre que notre Voie lactée. L'univers nous apparaît instantanément bien plus vaste qu'il ne l'a jamais été.

Les scientifiques aiment bien classer

Lorsqu'un scientifique découvre un pan complet de quoi que ce soit, c'est plus fort que lui, il faut qu'il classe. Et Hubble n'échappe pas à la règle. C'est donc à lui qu'on doit le classement des galaxies en fonction de leur forme : les elliptiques notées e0, e1, e2... e7 fonction de leur excentricité[250], les spirales notées selon la forme des bras et l'existence d'une « barre » centrale Sa, Sb, Sc, SBa, SBb, SBc, etc., les lenticulaires notées S0 et enfin les irrégulières notées Irr. Oui, les scientifiques donnent même un nom un peu précis à la case « autres » de leur classement. Les « irrégulières », ce sont toutes celles qui ne vont dans aucune autre case. Par la suite, on se rendra compte que certaines galaxies irrégulières présentent des similitudes avec les galaxies spirales, on divisera alors la catégorie des irrégulières en « presque spirales » qu'on notera Sm — ou Irr I — et « les autres » qu'on notera Im — ou Irr II.
C'est plus fort qu'eux, je vous dis.

---

249 Coïncidence ? Sans doute, oui.

250 C'est un terme géométrique relatif aux ellipses. N'allez surtout pas vous imaginer que les astronomes sont des déconneurs de première.

Une autre question est rapidement soulevée sous plusieurs formes similaires à mesure qu'on découvre de plus en plus régulièrement de nouvelles galaxies — notamment celle d'Andromède qu'on finit par ne plus désigner sous le nom de nébuleuse : où se trouvent ces galaxies par rapport à la nôtre ? Ces galaxies se déplacent-elles les unes par rapport aux autres ? De quelle façon ? La gravitation les rapproche-t-elle les unes des autres ? Oh ! mon dieu, est-ce que nous allons tous finir écrasés à cause de cette gravitation ? Quand ? Est-ce encore la peine que je cotise pour ma retraite[251] ?

Les scientifiques aiment bien cataloguer, aussi

Certes, j'aurais pu le mettre en même temps que l'encart précédent sur le classement, mais j'essaie de ne pas trop vous faire perdre le fil du machin. De rien.

Au XVIIIe siècle, Charles Messier, chasseur de comètes dont on a déjà un peu parlé dans le Tome I[252], décide d'aider un peu les copains en référençant les objets qui se déplacent dans le ciel avec les étoiles — qui ne sont donc ni planètes, ni comètes, ni astéroïdes — mais qui ne sont pas des étoiles, c'est-à-dire les nébuleuses — et les autres galaxies, mais il ne le sait pas à ce moment. L'envie lui prend lorsqu'il observe la nébuleuse du crabe, une très belle nébuleuse issue d'une supernova — une très grosse étoile qui a fait « boum », on détaillera plus loin — dont je vous invite furieusement à chercher une photographie sur Google. Il débute alors un catalogue, le catalogue de Messier — parce que… voilà — et nomme ladite nébuleuse M1. Pour le coup, le classement sera facile : à chaque découverte, il incrémente. Ainsi, la galaxie d'Andromède — alors simplement nébuleuse d'Andromède — est dénommée M31 tandis que M11 désigne l'amas du canard sauvage. Si en 1774, lors de sa première parution, ce catalogue ne contient que quarante-cinq objets, les éditions suivantes iront jusqu'à 103 objets pour celle de 1784. Au XXe siècle, Camille Flammarion — le grand

---

251 Spoiler : oui.

252 *Prenez le temps d'e-penser*, Tome I, chapitres 34 et 39, Éd. Marabout.

frère des éditions — procèdera à quelques ajouts jusqu'au M110. On sait aujourd'hui que quarante de ces objets sont des galaxies.
Et puisqu'on aime cataloguer, plusieurs catalogues similaires ont depuis vu le jour, notamment le *General Catalogue* de William Herschel, en 1864, qui sera révisé et augmenté en le *New General Catalogue of nebulæ and clusters of stars*[253] par John Dreyer publié en 1888, aussi connu sous le nom de NGC — si vous voyez un objet dans le ciel nommé NGC 292, par exemple, vous savez désormais à quel catalogue on doit ce nom au petit nuage de Magellan. Ce catalogue a depuis été encore révisé et augmenté pour devenir le *Revised New General Catalogue*, ou RNGC, dressé par Tifft et Sulentic en 1973. On perd sans aucun doute en poésie, mais admettez qu'on gagne en précision, quand même.

Afin de pouvoir calculer la vitesse de déplacement d'une étoile, d'une nébuleuse, voire d'une galaxie par rapport à la Terre, il convient de comprendre qu'il y a deux choses à calculer : une qui est facile, l'autre qui n'est pas aussi évidente. Ce qui est facile à calculer, c'est la vitesse qu'on va appeler vitesse tangente. Imaginez le ciel comme un écran tout plat au-dessus de votre tête ; sur cet écran, vous pouvez calculer à tout instant la vitesse d'une étoile : vous la voyez qui se déplace « vers la droite » de tant de centimètres depuis votre point d'observation, vous connaissez sa distance, vous pouvez en déduire la distance « réelle » qu'elle semble avoir parcourue pendant ce temps. Si je dis « semble », c'est parce que le déplacement de cette étoile comporte également une autre composante, celle qui n'est pas évidente a priori à calculer et qu'on appelle « vitesse radiale »[254]. La vitesse radiale, c'est tout simplement la vitesse d'un objet vers vous ; par convention, on a décidé que si notre étoile s'éloigne de nous, cette vitesse sera positive, que plus elle s'éloigne vite, plus elle sera grande et qu'en revanche, si notre étoile s'approche, la vitesse sera négative. Et pour mesurer cette

253 Nouveau catalogue général de nébuleuses et d'amas d'étoiles.

254 Ça remonte à loin, maintenant, vu les digressions, mais c'était bien ce qu'on était censé expliquer, à la base, *cf.* le début de ce chapitre.

vitesse, les astronomes disposent d'un outil redoutable d'efficacité, le décalage vers le rouge — ou vers le bleu.

Vous savez comme la sirène d'une voiture de police qui passe devant vous varie après son passage, comme pour marquer une légère déception[255] ? Cette variation de la « note » jouée par la sirène — c'est-à-dire de sa fréquence — est appelée effet Doppler. Et voici ce qui se produit : le son émis par la sirène émane de la voiture dans toutes les directions à la même vitesse, la vitesse du son. Bien évidemment, vous qui vous trouvez debout et immobile sur le trottoir, ce son parvient également à vos oreilles ; mais alors que la voiture s'approche de vous, ce son est comprimé dans votre direction. Légèrement, certes, mais la vitesse du son n'étant pas démentielle par rapport à la vitesse du véhicule — la vitesse du son est de l'ordre de quinze fois plus grande que celle du véhicule — cet écrasement reste notable. Une fois le véhicule passé, en revanche, il s'éloigne de vous, ce qui provoque un étirement des ondes de la sirène. En vous approchant, le son est plus aigu qu'en s'éloignant de vous. De la même manière, les ondes lumineuses émises par le gyrophare et les phares de la voiture sont également écrasées puis étirées ; mais la vitesse de la lumière étant démesurément grande par rapport à celle de la voiture — de l'ordre de quinze millions de fois plus grande — cette variation est tout simplement imperceptible pour la lumière.

En revanche, lorsqu'une étoile s'éloigne ou s'approche de nous suffisamment vite, cette variation est perceptible pour des instruments suffisamment précis. L'idée de base est de déterminer la nature de cette variation — les ondes lumineuses émises par une étoile donnée sont-elles écrasées ou étirées ?

---

[255] Niiiiiiaaaoooooonnnn…

La spectroscopie des étoiles

On a déjà brièvement parlé de spectroscopie dans le Tome I[256] ; en analysant la lumière émise par une étoile, on peut en déduire des informations quant à sa composition, chaque élément, tel que l'hydrogène ou l'hélium, émettant de la lumière dans des longueurs d'onde parfaitement définies. En analysant la lumière émise par des nébuleuses extra-galactiques, c'est-à-dire par d'autres galaxies que la nôtre, on se rend vite compte que les longueurs des ondes émises ne correspondent pas tout à fait aux éléments connus. En effet, les longueurs des ondes mesurées sont légèrement décalées par rapport à celles qu'on attend. Elles sont soit un peu plus courtes — mais toutes celles provenant d'une même galaxie le sont — soit un peu plus longues — et là, pareil, elles le sont toutes. Lorsqu'elles sont plus courtes, elles sont de fait décalées vers le bleu — les ondes lumineuses visibles les plus courtes — et, respectivement, lorsqu'elles sont plus longues, elles sont décalées vers le rouge — les ondes les plus longues du spectre visible. Par exemple, la galaxie CFRS14.1103[257] émet des ondes à 500,7 nm pour l'oxygène et à 656,2 nm pour l'hydrogène ionisé ; cependant, les ondes mesurées sont respectivement à 604,8 nm et à 792,7 nm, soit un peu plus de 20 % plus longues. De nos jours, cette mesure permet de calculer la vitesse radiale de cette galaxie ainsi que sa distance.

Avant d'en venir à Hubble, d'en revenir à Lemaître et d'en finir enfin avec ce chapitre qui, reconnaissons-le volontiers, n'en finit pas, faisons un léger détour par un chapitre qui donnera, enfin, l'occasion de rendre hommage à une femme, et pas des moindres.

256 *Prenez le temps d'e-penser*, Tome I, chapitres 3 et 24, Éd. Marabout.

257 Encore un autre classement, le *Canada-France Redshift Survey*, qui mesure le décalage vers le rouge de différents corps dans l'espace.

93. La preuve par vieux : Henrietta Swan[258] Leavitt

Née en 1868 dans le Massachusetts, Henrietta Swan Leavitt — que désormais j'appellerai Swan — est une astronome américaine. Pour contextualiser un peu sa situation de femme, disons simplement qu'à l'époque, oui, les femmes peuvent poursuivre des études scientifiques mais que, bon, elles font sans doute ça pour s'amuser et s'instruire, mais ce ne sont quand même « que » des femmes. Sans le sarcasme, ce que cela signifie, c'est qu'une femme devait bosser plus qu'un homme pour réussir de bonnes études scientifiques aux États-Unis à l'époque, et qu'il était à peu près garanti qu'elle ne trouverait pour autant pas de place équivalente dans une équipe de recherche mais serait confinée à des travaux répétitifs certes nécessaires, mais sans grande plus-value. Swan sort diplômée de la Society for the Collegiate Instruction for Women, au Ratcliffe college, dans le Massachusetts, en 1892, à l'âge de 24 ans. Elle montre un talent tout à fait brillant — y compris pour un homme, s'il était besoin de le préciser — en astronomie.

L'année suivante, l'astronome Edward Charles Pickering, directeur de l'Observatoire de l'université de Harvard, a besoin de main-d'œuvre au sein de son équipe ; il lui faut beaucoup d'aide pour traiter énormément de données astronomiques. Comme il sait que les femmes sont, à l'époque, moins bien payées que les hommes[259], il recrute de nombreuses femmes qu'il conservera aussi longtemps que faire se peut comme assistantes sans jamais les promouvoir ; de nombreuses plaisanteries fusent sur le campus s'agissant du « harem de Pickering ». Il faut dire que, pour ce dernier, les aptitudes naturelles des femmes les

258 Pour ceux qui ont vu l'exoconférence, oui, c'est cette Swan. Pour les autres, allez voir l'exoconférence !

259 Oui… à l'époque…

rendent idéales pour des tâches « minutieuses et répétitives ». Les moins misogynes appelleront ce petit groupe par le nom dont Pickering lui-même les affuble : les *Harvard Computers*[260].

Pas trop taper sur Pickering, quand même

Bon, je sais, je donne une image totalement déplorable de Pickering, là, image qu'il ne mérite d'ailleurs que partiellement. Si on se remet dans le contexte de l'époque, Pickering a bien dû lutter de son côté afin de pouvoir embaucher autant de femmes, passant pour un rigolo auprès de nombre de ses pairs ; d'ailleurs, il n'obtiendra jamais qu'elles bénéficient du statut de scientifiques — l'histoire ne dit pas s'il le souhaitait ou non.

Ceci pour dire que si Pickering était manifestement misogyne, il l'était sans doute bien moins que nombre de ses confrères ; cela n'excuse pas ce défaut, mais le met sans doute en perspective.

Pourquoi Pickering a-t-il besoin d'autant de « petites mains », me demanderez-vous ? Figurez-vous qu'il a en tête de répertorier, de cataloguer — parce que voilà — autant d'étoiles que possible en fonction de leur magnitude — de leur brillance, si vous préférez — et, pour les plus brillantes, en fonction de leur type spectral — leurs émissions d'ondes. Là où Pickering se montre aussi malin que résolument moderne, c'est dans l'importance qu'il accorde à la photographie ; selon lui, l'œil de l'observateur est imprécis et fatigue avec les observations, tandis que la photographie permet de révéler des détails de très faible luminosité, reste disponible y compris après observation, et reste d'égale qualité y compris après de nombreuses heures consécutives d'observations. Pickering est sans conteste le père de l'astrophotographie. Et se retrouve rapidement avec des milliers de clichés à cataloguer. D'où la nécessité, pour lui, de disposer d'une main-d'œuvre pas chère capable de traiter

---

260 Les calculatrices de Harvard.

la masse sans cesse grandissante de clichés. Et Swan est de cette main-d'œuvre, c'est une des calculatrices de Pickering.

À elle seule, elle découvrira plus de la moitié des étoiles répertoriées à l'époque. Pendant ses années de travail au sein de l'équipe Pickering, elle fait une découverte étonnante au sein de la constellation de Céphée : l'étoile δ[261] de la constellation a une luminosité variable ; selon le cliché, elle brille plus ou moins fortement ; les étoiles variables viennent d'être formellement découvertes. Cette étoile de la constellation de Céphée donne naissance à une nouvelle catégorie d'étoiles, les variables avec une période de brillance régulière : les variables céphéides, ou plus simplement céphéides. En étudiant ainsi un grand nombre de céphéides, notamment dans les nuages de Magellan, Swan met en évidence en 1912 un lien direct entre la périodicité de l'éclat d'une étoile et sa luminosité : la période d'éclat est directement proportionnelle à la luminosité. Elle pressent que ce lien pourrait permettre de calculer la distance de cette étoile. Pickering ne lui permettra pas de se concentrer sur sa recherche théorique, et c'est finalement l'astronome danois Ejnar Hertzprung[262] qui formalisera cette relation mathématiquement. Plus précisément, il calculera la distance des céphéides des nuages de Magellan — grâce à la méthode de la parallaxe statistique — pour calibrer la distance fonction de la période d'éclat des céphéides. Partant de là, il peut déterminer la distance des autres étoiles variables en utilisant la *relation période-luminosité* mise au point par Swan. Bon, Hertzprung se plantera dans ses calculs d'un facteur de 10 — tout se trouve situé 10 fois plus près qu'il ne l'est vraiment. Il faudra attendre 1921 pour que Swan

---

261 Delta ; les étoiles d'une constellation sont nommées en grec, parce qu'il faut bien les cataloguer et que ça fait classe…

262 Insérer une blague.

soit nommée à la tête de la photométrie stellaire ; elle meurt le 12 décembre de cette année.

Malgré ses problèmes de santé — une maladie qu'elle contracte dans sa jeunesse la rend progressivement sourde, puis un cancer qui aura raison d'elle en 1921 — Swan aura su démontrer, par sa ténacité, son dévouement à des tâches totalement rébarbatives et une curiosité sans faille, que la science n'est pas une affaire de sexe mais une affaire d'imagination, de curiosité, de travail, de travail et encore de travail. En 1924, le mathématicien suédois Gösta Mittag-Leffler tentera de la faire nommer au prix Nobel, mais le prix Nobel ne peut, par nature, être décerné à titre posthume. Malheureusement[263]. Edwin Hubble le déplorera à plusieurs occasions.

94. Des nébuleuses bien trop rapides — suite et fin

Reprenons. On est capable de calculer la distance de ce qu'on voit dans le ciel, d'une part et, d'autre part, on peut déterminer la vitesse à laquelle ce qu'on voit dans le ciel s'éloigne ou se rapproche de nous. Soit. Ce qu'il manque, maintenant, ce sont des observations, beaucoup d'observations, et des mesures.

Edwin Hubble se met en tête de mesurer la vitesse d'éloignement d'un maximum d'objets extra-galactiques ; il détermine rapidement que les galaxies émettent pour ainsi dire toutes des ondes qui sont décalées vers le rouge, et donc qu'elles s'éloignent pour ainsi dire toutes de la nôtre.

---

[263] C'est pour cette même raison que Rosalind Franklin, biologiste moléculaire britannique qui a découvert la structure interne de l'ADN en double hélice, n'a pu recevoir le prix Nobel en même temps que Watson, Crick et Wilkins, quatre ans après son propre décès, et malgré les protestations de Watson pour qu'elle soit nommément liée à ce prix.

De plus, il constate en 1929, en collaboration avec Milton Humason, que plus une galaxie est éloignée, plus elle s'éloigne rapidement de nous.

Pas si Doppler que cela

Comme je l'ai expliqué précédemment, le décalage des ondes vers le rouge peut être expliqué grâce à l'effet Doppler. Mais ce n'est pas totalement exact. D'abord parce qu'il faut bien comprendre que la lumière se déplace à la vitesse de la lumière et qu'à cette vitesse il ne faut plus parler d'effet Doppler mais d'effet Doppler relativiste — faisant intervenir la dilatation du temps, des aberrations de la lumière, et tout un tas de trucs qui n'excitent que les mathématiciens non euclidiens, c'est dire. Mais ce n'est pas tout. Non.

En réalité, ce qui explique le décalage des galaxies vers le rouge qui s'éloignent de la nôtre, ce n'est pas l'effet Doppler, relativiste ou non, mais le fait que l'espace entre ces galaxies et nous — et entre ces galaxies entre elles — s'étire. Mais je vais un peu plus vite que la musique, là.

La relation permettant de lier l'éloignement d'une galaxie à sa vitesse d'éloignement est appelée loi de Hubble. Et ce qu'elle démontre est précisément ce que Georges Lemaître conjecture dans son article « Un univers homogène de masse constante et de rayon croissant rendant compte de la vitesse radiale des nébuleuses extra-galactiques » de 1927 : notre univers est en expansion. Et si notre univers est en expansion, on peut bien, mentalement, remonter le temps et voir notre univers se contracter, encore et encore. Et là, ne se basant pas simplement sur une vue de l'esprit mais sur un phénomène physique mesurable, on se pose pour la première fois la question de l'origine de notre univers. Nous sommes donc en 1929 et une nouvelle théorie concernant notre cosmogonie[264] voit le jour. Cette théorie restera sans dénomination jusqu'à ce que, dans les années 50, un de ses plus fervents opposants, Fred Hoyle, pourtant distingué astronome britannique et un des pionniers de la nucléosynthèse stellaire, ne se moque ouvertement à la radio, sur

---

264 Domaine de la science qui s'intéresse à la formation de l'univers.

la BBC, de ce modèle en expansion ; adepte de la théorie d'un univers stationnaire, Hoyle rit de cette idée d'un univers qui grossit, certes, mais à partir de quoi, d'un vaste « BANG » ? Il focalisera son ironie sur le terme *Big Bang* qui restera. Bien plus que le nom de Fred Hoyle.

Mais avant d'aller plus loin dans cette direction — le passé, le Big Bang, tout ça — revenons quelques instants sur notre univers actuel, ce sera l'occasion de parler de quelques machins à son sujet qu'il peut être bon de connaître — et notamment comprendre pourquoi l'article de Lemaître parle d'un univers *homogène.*

95. Dix choses à savoir sur l'univers

Qu'est-ce que l'univers ? (#1)

Avant même de commencer à lister, on va se mettre d'accord sur un truc quand on parle de l'univers ; ce qu'on appelle univers, il faudrait en réalité l'appeler « univers observable[265] ». C'est à ça qu'un scientifique fait référence lorsqu'il parle d'univers, par opposition à l'univers du philosophe, que j'appelle l'univers « universel », concept partiellement abstrait englobant absolument tout, que ce soit observable ou non. S'il existe un gigantesque mini-golf par-delà les limites de ce qu'on peut observer, alors ce mini-golf ne fait pas partie de l'univers observable, mais fait bel et bien partie de l'univers. Ce qu'on appelle communément univers, c'est tout ce qu'on peut percevoir à l'aide d'instruments de mesure, tout ce qu'on peut, du point de vue scientifique, observer. De façon non exhaustive, cela inclut évidemment la Terre et tout ce qui s'y trouve, ainsi que tout le système solaire, toute la Voie lactée, et même toutes les galaxies qu'on peut voir avec des télescopes et, soyons

---

265 Mais c'est long ; du coup on dit juste *univers.*

clairs, toutes les galaxies qu'on pourrait voir si on y voyait suffisamment bien, mais qu'on ne voit pas parce qu'elles sont trop loin.

Où se trouve le passé de l'univers ? (#2)

En voilà une « question qu'elle est bonne ! »

La lumière se déplace à la vitesse de la lumière — certes — vitesse qui n'est pas infinie. De tout ce qu'on peut percevoir du monde extérieur par nos sens — vue, ouïe, toucher... — la vue est ce qui fait intervenir les stimuli les plus rapides, les ondes lumineuses — qui se déplacent à la vitesse de la lumière, donc. Lorsque je regarde le mur en face de moi, à 2 mètres, je ne vois pas le mur tel qu'il est mais tel qu'il était au moment où la lumière qui vient d'arriver dans mes yeux a été émise ou réfléchie. Pour parcourir ces 2 mètres, cette lumière a mis un temps, un temps très court[266], mais un temps quand même. En réalité, tout ce qu'on voit, y compris quand on regarde son propre corps, ses propres mains, si proches soient-elles de nos yeux, tout ce qu'on voit n'est qu'une image du passé. Heureusement, à notre échelle, la vitesse de la lumière semble illimitée et la lumière elle-même instantanée ; sans cela, la vie telle qu'on la connaît n'existerait sans doute pas — comment pourrions-nous conduire des voitures, par exemple, si la lumière se déplaçait à 30 km/h ?

Une question pas si anodine que ça

Je n'avais pas spécialement prévu d'en faire un encart, mais une fois la question posée, il devient assez évident qu'elle est lourde de conséquence, surtout si on la reformule ainsi : la vie aurait-elle pu exister sans une notion d'instantanéité ? Tout notre comportement en tant qu'être vivant animal est ancré sur un socle initial qui est notre perception de la réalité, perception qui, elle-même, est solidement articulée autour de la vue ; de quelle façon pourrions-nous exister

---

266 Environ 0,000000007 secondes.

si la notion d'instant ne correspondait plus à rien de la réalité ? Comprenons-nous bien ; si la lumière mettait un temps très long à parcourir un mètre, le problème ne serait pas cette lenteur à proprement parler, mais le fait que nous ne percevrions les autres — sans discontinuer, il faut bien en être conscient — qu'avec un retard d'autant plus conséquent que ceux-ci seraient loin. On pourrait serrer la main d'une personne pour ne voir ce serrage de main que quelques secondes plus tard. La vie telle qu'on la connaît serait tout bonnement impossible.

Donc tout nous paraît instantané, qu'il s'agisse de son ou de lumière ; cependant, à l'échelle de l'univers, la vitesse de la lumière n'est plus si grande que cela et, lorsqu'on regarde des étoiles — simplement des étoiles, de notre propre galaxie — les plus proches nous apparaissent telles qu'elles étaient il y a quelques années, tandis que pour les plus distantes, c'est quelques dizaines de milliers d'années. Plus on regarde loin dans l'espace, plus on regarde loin dans le passé. Aussi, à la question « où se trouve le passé de l'univers », je répondrai simplement : absolument partout.

Quel est l'âge de l'univers ? (#3)

C'est une question bien plus ardue qu'il ne semble, et nous aurons l'occasion d'y revenir. Toutefois, notre connaissance actuelle de l'univers nous permet d'avoir une vision assez propre de son état actuel ainsi que de la vitesse de son expansion. Aussi, en « remontant » le cours de l'Histoire, on peut imaginer l'univers se réduisant, ses galaxies se rapprochant de plus en plus jusqu'à finir par être concentrées en un point infiniment petit — si on remonte le film jusque-là, ce qu'on ne devrait pas faire — il y a environ 13,8 milliards d'années. Ce *point infiniment petit* marque, vous l'aurez compris, l'*instant* du Big Bang[267], il y a donc environ 13,8 milliards d'années. D'aucuns pensent que cet

---

[267] J'ai mis du texte en italique pour mettre en évidence le fait que les termes employés dans cette phrase sont tout à fait impropres.

instant marque l'origine de notre univers, d'autres pensent que non et élaborent diverses hypothèses quant à un « avant » Big Bang. La réalité, c'est qu'on ne sait pas. Il est impossible de pencher dans un sens ou dans l'autre, à ce jour ceci n'est qu'une affaire de conviction. Si vous entendez quelqu'un prétendre affirmer que le Big Bang est l'origine de l'univers — ou s'il affirme que non — vous pouvez passer votre chemin et aller écouter quelqu'un d'autre, car cette personne ne sait pas de quoi elle parle — sauf à ce qu'on découvre d'autres choses permettant de fonder une hypothèse plus précise, évidemment. Donc à la question « quel est l'âge de l'univers », une réponse raisonnable me semble être la suivante : l'univers *semble âgé d'au moins* 13,8 milliards d'années[268].

Quelle est la taille de l'univers ? (#4)

Par définition, la forme de l'univers « universel » nous échappe ; il est bien possible qu'il soit infini dans toutes ses dimensions, auquel cas parler même de forme peut s'avérer être un non-sens par nature. En revanche, pour ce qui est de l'univers observable, la réponse est a priori assez simple : nous pouvons voir également loin dans toutes les directions, l'univers a donc la forme d'une sphère. Nous pouvons théoriquement voir jusqu'à il y a 13,8 milliards d'années-lumière[269] dans chaque direction, donc cette sphère a un rayon de 13,8 milliards d'années-lumière. Si je précise bien que cette réponse est « a priori » simple, c'est parce qu'elle présuppose un certain nombre d'hypothèses que j'ai omises ; en effet, l'espace tel que nous le percevons est composé de trois dimensions : de haut en bas, de gauche à droite et d'avant en arrière — ce qu'on appelle communément hauteur, largeur et profondeur. Mais ce n'est pas parce que nous ne percevons que ces dimensions

[268] Avec une marge d'erreur d'environ 1 %.

[269] Une année-lumière est une unité de longueur mesurant la distance parcourue par la lumière dans le vide en une année ; elle vaut environ 10 000 milliards de kilomètres.

spatiales que l'univers n'existe que dans celles-là. Par exemple, Einstein nous a bien montré avec la théorie de la relativité générale que l'espace est indissociable d'une autre dimension, temporelle celle-là. Du coup peut-on encore parler simplement de sphère, ou devrions-nous plutôt introduire ici le concept d'hyper-sphère ?

Hyper-sphère

Une hyper-sphère, ou sphère de quatre dimensions, est un objet géométrique relativement abstrait. Comme il prétend exister en quatre dimensions et qu'une représentation en quatre dimensions est hors de notre portée, il est parfaitement difficile de s'en faire une idée précisée autrement qu'en la définissant. Un cercle — ou sphère de dimension 2 — se définit comme l'ensemble des points d'un plan qui se trouvent à la même distance d'un point donné ; on appelle ce point le centre et cette distance le rayon. Porté à trois dimensions, la définition restant la même — l'ensemble des points de l'espace, cette fois-ci, se trouvant à une égale distance du centre — on peut définir ce qu'on appelle communément une sphère. Au-delà de ces trois dimensions, on peut conserver la même définition, mais on doit se passer de représentation visuelle, on est hors de notre propre portée. Ça vous semble compliqué à saisir ? Vous n'avez pas idée à quel point c'est insaisissable…

Cela dit, ce n'est pas fortuit si j'introduis ici la notion d'hyper-sphère car, comme on va bientôt s'en rendre compte, cette prise en compte de plus de trois dimensions va avoir un impact sur une propriété de l'univers, sa courbure.

Donc l'univers observable, ramené[270] aux trois dimensions spatiales que nous sommes capables d'appréhender, est une sphère de 13,8 milliards d'années-lumière de rayon. C'est inconcevablement grand. Et ce n'est pas fini. En effet, lorsqu'on observe une galaxie qui se trouve, par exemple, à un million d'années-lumière, nous la voyons telle qu'elle était il y a un million d'années. Sauf que — rappelez-vous — l'univers

[270] Mathématiquement, le terme correct est « projeté ».

est en expansion et les galaxies qui le composent s'éloignent les unes des autres. Cela signifie notamment que durant le million d'années que la lumière de cette galaxie a mis à nous parvenir, celle-ci a continué de s'éloigner et se trouve aujourd'hui bien plus loin qu'il y a un million d'années. Mathématiquement, cela ne fait pas peur, et puisqu'on sait aujourd'hui déterminer la distance d'une galaxie autant que sa vitesse d'éloignement par rapport à la Terre, on peut même calculer sa position probable par rapport à nous. Ce faisant, on est capable de déterminer la taille de l'univers observable, celui qu'on estime être une sphère de près de 14 milliards d'années-lumière de rayon, mais en prenant en compte la position actuelle probable des galaxies qu'on observe. Assez logiquement — puisqu'on regarde de la même manière dans toutes les directions — on reste sur une sphère, mais une sphère bien plus grande qu'on appelle « sphère cosmologique » et dont on estime le rayon à plus de 46 milliards d'années-lumière[271].

Sphère de Hubble

L'univers est en expansion, soit. Tout s'éloigne de tout en permanence et plus un objet est loin, plus il s'éloigne vite. Cela pose la question suivante : jusqu'à quelle vitesse les galaxies peuvent-elles s'éloigner de nous ? La réponse peut paraître surprenante mais au-delà d'une certaine distance, tout s'éloigne de nous plus vite que la lumière. Comment est-ce possible sans briser cette loi qui dit que rien ne va plus vite que la lumière ? En réalité, rien ne peut aller plus vite que la lumière **dans l'espace** ; mais l'espace lui-même peut bien s'étendre plus vite que la lumière, cela ne s'oppose pas aux théories actuelles.

Ce qui est intéressant avec cette limite au-delà de laquelle tout s'éloigne de nous plus vite que la lumière, c'est que puisqu'une galaxie au-delà s'éloigne de nous plus vite que la lumière mais que, par ailleurs, la lumière qu'elle émet dans notre direction va naturellement à la vitesse de la lumière, alors cette lumière s'éloigne également de nous sans pour autant que cela

271 Ça n'a bien sûr aucun sens, mais ça fait environ 440.000.000.000.000.000.000.000 km.

enfreigne la relativité restreinte qui dit que la vitesse de la lumière est constante quel que soit l'observateur.
Cette distance limite est évidemment la même dans toutes les directions et forme donc une sphère qu'on appelle *sphère de Hubble*.

Où est le centre de l'univers ? (#5)

La question coule de source, j'ai envie de dire : si l'univers est une sphère qui grossit à partir d'un point — le centre de la sphère — où ce point se situe-t-il ? Si je vous dis que trois avions volant en ligne droite s'éloignent les uns des autres et qu'ils ont décollé du même endroit, il vous est relativement simple de tracer les trajectoires de ces avions puis de les remonter jusqu'à un point d'intersection. Pour l'univers, c'est un peu différent et, pour le coup, on va devoir revenir un peu sur cette notion d'hyper-sphère. Passer mentalement de trois à quatre dimensions est totalement abstrait pour les êtres vivants tridimensionnels que nous sommes ; en revanche, pour nous, passer de deux à trois dimensions est chose aisée. Aussi, nous allons procéder par analogie pour expliquer ce qui se produit dans un univers à trois dimensions au sein duquel nous ne serions conscients que de deux de ces dimensions et, ce faisant, nous allons sentir la nature de ce qui se produit dans notre univers car, croyez-le bien, passer de deux à trois dimensions est exactement la même chose que passer de trois à quatre dimensions, notre entendement mis à part.

Imaginez donc que notre univers tout entier repose sur la surface d'un ballon de baudruche ; tout y est : les galaxies, les nébuleuses, les étoiles, les planètes, etc. La seule différence notable avec notre univers est qu'il évolue dans un espace à deux dimensions seulement que caractérise la surface du ballon. Ainsi, partant de n'importe quel point du ballon, vous pouvez regarder vers la droite ou vers la gauche — première dimension — et vers l'avant ou vers l'arrière — seconde dimension. Quelque part sur ce ballon se trouve la Terre et, depuis ce point, un observateur peut regarder l'univers autour de lui jusqu'à une certaine distance — pour l'exemple, mettons qu'il peut regarder à 1 mètre autour de lui. Si vous tracez un cercle de rayon 1 mètre et de centre la Terre sur la surface du ballon, vous verrez ainsi tout ce qu'un observateur terrestre peut observer.

Mais notre univers est en expansion, donc celui-là aussi ; et cette expansion ne se fait pas seulement dans deux dimensions, mais dans trois ; gonflez un peu plus le ballon ; que se passe-t-il ? L'univers a toujours la forme d'une sphère, il repose toujours intégralement sur la surface du ballon, mais du fait que celui-ci grossit, l'espace qui existait entre chaque galaxie s'étend ; tracez à nouveau un cercle de rayon 1 mètre et de centre la Terre, votre observateur voit désormais moins de choses car toutes se sont éloignées de la Terre. Notre univers — le nôtre, le vrai — fonctionne de la même manière, mais avec à tout instant une dimension supplémentaire.

Ainsi, si on remonte le temps, il semble bien que toutes les galaxies s'approchent de la Terre, point d'observation. Du coup, la Terre est-elle le centre de l'univers ? Après des siècles de géocentrisme, ce serait bien le comble. Pourtant, c'est bien cela : la Terre est effectivement centre de l'univers. Notez que je n'ai pas dit « le centre », j'ai simplement dit « centre ». Tout observateur est un centre de l'univers, car tout s'éloigne constamment de tout. Reprenez votre ballon de tout à l'heure et procédez exactement à la même expérience, mais, cette fois-ci, placez votre observateur sur Véga ou sur Aldebaran. Le résultat est rigoureusement le même ; tout s'éloigne du point d'observation choisi. Deux éléments peuvent nous permettre de comprendre pourquoi ce n'est pas si choquant que cela que n'importe lequel de ses points puisse en être considéré comme le centre : d'abord, si tout ce qui se trouve aujourd'hui dans l'univers provient de ce point originel, alors, effectivement, tout ce qui se trouve aujourd'hui dans l'univers est en quelque sorte ce point originel ; et, en second lieu, les théories de la relativité nous apprennent qu'il n'existe pas, dans l'univers, de point d'observation qui soit plus privilégié qu'un autre, de point « absolu » qu'on pourrait nommer point zéro et duquel on prendrait ses mesures ; si l'univers n'avait qu'un seul centre, c'en serait fini de la relativité qui, pourtant, ne cesse de montrer sa complétude au quotidien.

Ainsi, sachez que vous avez tout autorité scientifique pour vous déclarer centre de l'univers, dès lors que vous reconnaissez à tout autre d'en faire de même.

L'univers est homogène (#6)

L'article publié en 1927 par Georges Lemaître s'intitulait, rappelez-vous, «Un univers homogène de masse constante et de rayon croissant rendant compte de la vitesse radiale des nébuleuses extra-galactiques. » Le rayon croissant, on l'a vu ; la vitesse radiale des nébuleuses extra-galactiques aussi ; on aura l'occasion de revenir sur cette notion de masse constante, même si elle semble intuitivement assez naturelle — tout ce qui se trouve dans l'univers s'y est toujours trouvé, et n'y a au mieux que subi des transformations[272]. Mais que signifie donc « univers homogène » ? Assez simplement — on va détailler ensuite — cela signifie que, quelle que soit sa place dans l'univers, si on regarde autour de soi, on voit sensiblement la même chose : l'univers a la même gueule, partout dans l'univers.

Encore une fois, c'est rassurant concernant la relativité car si l'univers n'était pas homogène, il y aurait sans doute des points d'observations privilégiés. Maintenant, ne me faites pas dire ce que je n'ai pas dit. La relativité n'implique pas que tous les points de l'univers se valent ; il y

---

272 *Cf.* le principe de conservation de l'énergie, *Prenez le temps d'e-penser*, Tome I, chapitre 66, Éd. Marabout.

a bien sûr des points dans l'univers qui sont relativement éloignés de toute galaxie comme il y a des points qui sont relativement proches de plusieurs galaxies. L'homogénéité de l'univers, ce n'est pas dire que l'univers est distribué en matière de façon totalement répétitive à la manière d'un carrelage ; dire que l'univers est homogène, c'est dire que la distribution de l'univers en matière — ou en énergie, hein — est, en moyenne, la même partout. Notamment, ce que cela signifie, c'est que lorsque cette expansion de l'univers a commencé, elle a commencé de la même manière partout. Bien sûr ! Sinon il y aurait des zones entières de l'univers où l'on ne trouverait quasiment rien et d'autres qui seraient bien plus denses. Un univers homogène, c'est un univers dans lequel les propriétés telles que la densité de matière-énergie, donc, mais également la température, sont globalement constantes.

L'univers est isotrope (#7)

On balance généralement les deux informations dans la même phrase — l'univers est homogène **et** isotrope — car cela relève de la même nature d'informations, mais je pense qu'il est nécessaire, notamment à l'intention du lecteur qui n'est pas particulièrement fondu de cosmologie et qui ne s'intéresse pas plus que ça à la physique de haut niveau, il est nécessaire, donc, de séparer les deux notions afin de bien pouvoir les distinguer. En effet, il est courant de les confondre.

Le terme isotropie provient des termes grecs ἴσος[273] qui signifie « même », et τρόπος[274] qui signifie « direction ». Techniquement, isotropie signifie littéralement « même direction ». On parle d'isotropie d'un milieu lorsque ses propriétés physiques sont les mêmes indépendamment de la direction dans laquelle on regarde. Lorsque ce n'est pas le cas, on parle

273 Isos.

274 Tropos.

d'anisotropie. Le bois, par exemple, est ainsi anisotrope : sa résistance est plus grande dans le sens de ses fibres. De l'eau pure, par exemple, est globalement isotrope — je dis globalement parce que sa pression augmente avec sa profondeur à cause de la gravitation terrestre.

Pour bien distinguer homogénéité et isotropie, disons pour simplifier que l'homogénéité traduit une invariance de la nature d'un milieu tandis que l'isotropie traduit une invariance du comportement de ce milieu — et donc de sa structure interne, celle-ci influençant son comportement.

L'univers observable, donc, est isotrope. Ce que cela signifie, c'est que la façon dont les galaxies sont organisées les unes par rapport aux autres, la façon dont elles sont structurées, la façon dont les étoiles y naissent et y meurent, la façon dont la gravitation fonctionne, dont la lumière s'y déplace, rien de ceci ne change pour peu qu'on regarde d'un autre côté. Quelle que soit la direction qu'on observe, on observe bien le même univers, manifestement structuré par les mêmes lois de la physique.

Notamment, on peut noter que les variations locales à l'homogénéité de l'univers ne dépendent pas d'une direction donnée ; il n'existe apparemment pas de direction privilégiée dans l'univers. Pour reprendre l'exemple du ballon de baudruche de tout à l'heure, si vous faites un nœud à l'embouchure et que vous tirez dessus, vous allez étirer le ballon dans un sens ; on pourrait ainsi dire que « l'univers » à sa surface n'est plus isotrope. Mais rien de la sorte n'a jamais été observé dans notre univers.

Quelle est la forme de l'univers ? (#8)

Vous pouvez penser qu'on a déjà répondu à cette question — oui, c'est une sphère, ou plus précisément une hyper-sphère, bla-bla — mais vous n'aurez que partiellement raison. En effet, l'univers observable étant défini comme la portion de l'univers que nous pouvons observer, et étant des observateurs capables d'observer de la même manière dans toutes les directions, l'univers observable a la forme d'une sphère. Mais il faut bien entendre que cette forme n'est pas tant liée à l'univers lui-même qu'à notre capacité d'observation. Aussi, il n'est pas inutile de se poser la question concernant, cette fois-ci, l'univers « universel », étant à peu près entendu qu'on ne pourra bien évidemment que proposer des hypothèses. Trois, pour être précis. Deux intéressantes, et une complètement débile. Que l'on doit à Aristote[275]. En gros, les possibilités d'univers sont les suivantes : soit l'univers est infini, soit il est fini. Et s'il est fini, soit il est fini sans aucune frontière — on va y revenir — soit il est fini et parfaitement délimité — par quelque chose qu'on va tout simplement appeler un « bord ».

Bon, en tout premier lieu, évacuons vite fait le modèle aristotélicien[276]. Pour Aristote, l'univers a une limite, un bord, très exactement comme ceux qui pensaient que la Terre était plate et qu'on pouvait en voir le bout pour peu qu'on aille suffisamment loin — et même qu'on pouvait en tomber. Pour la Terre, l'idée n'était pas plus stupide qu'une autre, faute de mieux, car la Terre se trouvait être *dans* quelque chose, à savoir l'univers ; ainsi, on pouvait tomber de la Terre et être encore dans l'univers. Pour l'univers, en revanche, mettons qu'il a un bord et qu'on arrive à ce bord ; un bord définit bien une limite, une démarcation entre deux milieux. Là, si on dit que d'un côté de ce bord, on a notre univers, mais pas de l'autre, alors il y a autre chose de l'autre côté ; le problème, c'est que l'univers est défini comme l'ensemble de toutes choses, du coup, de l'autre côté, s'il y a quelque chose, ça fait encore partie de l'univers — un peu comme la plage ne marque pas le bout de la planète Terre. Mettons maintenant qu'il n'y a rien de l'autre côté

---

275 Ça faisait longtemps…

276 Parce qu'il m'énerve.

du bord ; attention, j'ai bien dit « rien », pas « de l'espace vide », parce que de l'espace vide, c'est déjà quelque chose. Bon, dans ce cas, on a une enceinte qui contient l'univers, et cette enceinte est dans… rien. Je ne vais pas taper plus avant Aristote parce que ce modèle possède *a minima* une portée métaphysique qui n'est pas inintéressante pour le philosophe qu'il fut, mais comparez la vision aristotélicienne — fausse — avec la vision de Giordano Bruno :

> *L'univers est une sphère infinie dont le centre est partout et la circonférence nulle part.*[277]

Certes, il s'est passé près de deux mille ans entre les deux hommes, mais reconnaissez quand même que ça a une autre gueule, non ?[278]

Une question pour les imbéciles

Je pose ça, là, pour ceux que ça intéressera ; à la question « l'univers est-il fini ou infini ? », Albert Einstein répondit : « c'est une question que seuls les imbéciles se posent ! »
Dont acte.

Nous restent donc deux modèles d'univers, tous deux sans bord, l'un infini et l'autre fini. Assez intuitivement, un univers infini et sans bord, c'est un univers infini au sens premier : si l'on part dans une direction et qu'on maintient son cap, on n'arrivera jamais au bout et on ne repassera jamais deux fois au même endroit. Un univers infini, et sans bord. Un modèle pas très intéressant à décrire, mais un modèle somme toute plausible.

---

277 *De immenso*, Giordano Bruno, 1591.

278 Je sais bien que je ne suis objectif ni quand je parle d'Aristote, ni quand je parle de Bruno, mais vous savez quoi ? J'assume…

Le modèle le plus intéressant à décrire est le dernier : un univers fini, mais sans bord. Notre première réaction est de soulever ici une contradiction : comment l'univers pourrait-il être fini sans être borné ? Prenons exemple sur la Terre — l'analogie n'est pas exceptionnelle, mais elle fera l'affaire. Imaginons que vous décidez, subitement, de partir de là où vous êtes, maintenant, là, en marchant tout droit[279] ; mettons également que les obstacles, qu'il s'agisse de véhicules, de bâtiments, de montagnes, etc. s'écartent de devant votre passage, vous permettant réellement d'aller tout droit sans aucune interruption ; pendant qu'on y est, mettons que vous ne vous fatiguez pas, que vous n'avez pas besoin de manger, de dormir, etc. bref, vous allez tout droit sans interruption. Au bout d'un moment, vous aurez fait le tour de la Terre et serez rendu à votre point initial — pas tout à fait, sauf si l'on considère la Terre comme étant parfaitement sphérique, ce qu'elle n'est pas, mais admettons, vous finirez au moins par croiser une zone que vous avez déjà traversé.

Si on résume la situation, nous avons bien une planète dont la surface est délimitée — finie — mais sur laquelle on ne se heurte jamais à un bord — sans bord.

Du coup, un univers fini sans bord, qu'est-ce donc ? L'idée est la suivante : vous prenez un vaisseau spatial qui peut se déplacer arbitrairement vite, et vous partez droit devant vous ; au bout d'un moment — potentiellement très long — vous allez reboucler sur une zone de l'espace que vous avez déjà croisée, un peu à la manière des vieux jeux vidéo d'arcade dans lesquels, lorsque votre personnage disparaissait sur un côté de l'écran, il apparaissait de l'autre côté pour poursuivre sa course. De nombreux modèles d'univers, plus ou moins farfelus — certains vraiment pas farfelus — proposent ainsi un univers limité sans

279 Ou en nageant « droit devant toi », comme dirait Doris.

bord. Si par exemple l'univers entier est sur la surface d'une sphère, ou d'un tore — si vous ne voyez pas ce qu'est un tore, visualisez un pneu, ou encore un donut — alors il est effectivement fini et ne possède effectivement pas de bord[280].

Dans quoi grandit l'univers ? (#9)

Reconnaissez que c'est une question qui nous travaille… Puisqu'il est admis que l'univers grandit, dans quoi donc l'univers grandit-il ? Là encore, cela dépend fondamentalement de la finitude de l'univers. En effet, si l'univers est infini, alors il grandit… dans lui-même. Je sais, ça a l'air d'une pirouette, mais ça n'en est pas une ; c'est à la fois la plus grande force de l'infini et ce qui fait qu'on n'arrive jamais vraiment à le saisir : on n'en manque jamais. C'est ce qui fait qu'un hôtel disposant d'une infinité de chambres, même complet, aura toujours une chambre de disponible pour un nouveau client.

L'hôtel infini

Imaginez un hôtel possédant littéralement une infinité de chambres. Et imaginez que cet hôtel soit complet — pour faciliter cette idée, vous pouvez par exemple imaginer que les clients de l'hôtel sont les nombres entiers positifs ; ainsi le nombre 1 est dans la chambre 1, le nombre 2 dans la chambre 2, et ainsi de suite. Quelle que soit la chambre que vous inspectiez, elle est occupée — la chambre 1.000 par le nombre 1.000, la chambre 1.000.000 par le nombre 1.000.000, etc.

Arrive dans le parking un nouveau client qui souhaite se reposer pour la nuit, le nombre Pi. Arrivé à la réception, le plus curieux des dialogues s'engage :

- Bonjour, madame, et soyez la bienvenue à l'hôtel infini.
- Avez-vous des chambres de libres ?
- Je regrette, madame, mais nous sommes au complet.
- Très bien, alors je vais vous prendre une chambre, s'il vous plaît.

---

280 Sur la forme d'un univers fini et sans bord, je vous invite à taper « Jean-Pierre Luminet » sur Google.

- Mais certainement, madame. Prendrez-vous également un petit déjeuner ?
Si ce qui vous surprend le plus dans ce dialogue est le fait que Pi soit personnifié par une femme, sachez qu'il n'y a vraiment pas de quoi ; en revanche, comment diable est-il possible de donner une chambre à Pi dans un hôtel complet sans virer personne ? Une façon de faire est d'installer Pi dans la chambre 1, de déplacer le nombre 1 dans la chambre 2, le nombre 2 dans la chambre 3, et de décaler ainsi tous les occupants de toutes les chambres vers la chambre suivante. Je sais que cette solution passe souvent, surtout auprès de ceux qui ne passent pas leur vie « la tête dans les maths », pour une astuce, mais c'est mathématiquement correct : toutes les chambres étaient occupées, un nouveau client est arrivé, et il a pu avoir une chambre.
C'est ce qui est aussi pratique qu'insaisissable avec l'infini : on n'en manque jamais.

Donc, si l'univers est infini, il est déjà infini, et grandit au sein de lui-même. Soit. Mais s'il est fini, dans quoi grandit-il ? Je préfère vous l'annoncer immédiatement, la réponse ne sera pas satisfaisante. Si l'univers est fini avec un bord — version Aristote — alors s'il grandit, c'est qu'il grandit dans quelque chose, ce qui, encore une fois, montre que ce modèle ne se conforme vraiment pas à ce qu'on essaye de définir comme étant l'univers — s'il y a un après, cet après est également dans l'univers. En revanche, si l'univers est fini, mais sans bord, alors il est bien possible que cette question n'ait tout simplement pas de sens. Il est bien possible qu'il n'y ait tout simplement rien d'autre. Alors je sais, on a envie de dire : « Mais, au-delà de cet univers, s'il est fini, il doit bien y avoir quelque chose, non ? » Pas forcément. J'avais prévenu, ces histoires sont sources de frustration… Je vais tenter une analogie qui, parfois, arrive à presque me satisfaire sur cette question ; j'espère qu'elle aura sur vous le même effet apaisant.

Le temps est une dimension. Une des quatre dimensions de l'espace-temps, mais une seule dimension à proprement parler — on y reviendra[281]. De la même manière qu'une dimension spatiale peut aller d'avant en arrière, de gauche à droite, de haut en bas, le temps va du passé vers l'avenir. Imaginez qu'on vive constamment la même journée, encore et encore ; vous êtes Bill Murray dans *Un jour sans fin*[282], en quelque sorte. Alors le temps est fini et sans bord ; quel que soit le temps qui passe, vous rebouclez toujours sur la même journée — le temps est fini — sans jamais vous heurter à la fin du temps — sans bord. L'erreur que nous commettons en tentant de comprendre ce qu'il peut y avoir au-delà d'un univers fini sans bord, c'est qu'on cherche au sein de ces dimensions un « au-delà » ; dans l'exemple que je donne du temps, cela revient à envisager un « jour d'avant » ou un « jour d'après » ; il est effectivement bien possible que cela existe, mais si tel est le cas, « l'univers-journée » n'était pas à proprement parler l'univers puisqu'au sein de cette même dimension, il existait du temps supplémentaire ; le fait qu'on y ait accès ou non n'y change rien — c'est la même différence qui existe entre l'univers observable et l'univers « universel ». Si nous ne commettons pas cette erreur et que nous cherchons à déterminer ce qu'il peut y avoir au-delà de cet univers-journée, il faut chercher ce qu'il y a non pas avant ou après ce temps, mais bel et bien « à côté » de ce temps. Si vous sentez que cette question peut bien n'avoir aucun sens, alors c'est le seul nirvana[283] que je peux vous proposer sur ce sujet. Pour l'univers fini et sans bord, c'est pareil ; la question est presque métaphysique plus que physique.

---

281 *Cf.* page 85.

282 *Groundhog day*, Harold Ramis, 1993.

283 Groupe américain de rock alternatif notable pour avoir eu Dave Grohl comme batteur. Et Dave Grohl est un mec totalement cool.

Quelle est la composition de l'univers ? (#10)

Évidemment, on va se limiter à l'univers observable car bien malin celui qui peut prétendre savoir de quoi est composé un univers supposé au-delà de ce qu'on peut observer. L'univers est donc composé, on le sait, de galaxies, de nébuleuses, d'étoiles, de planètes, de différents corps plus ou moins grands dérivant un peu partout. Le tout est composé d'éléments naturels et, comme l'avait pressenti Dmitri Mendeleïev[284], plus un élément naturel est léger, plus il est courant dans l'univers — à l'exception notable du lithium. Ainsi, on trouve majoritairement dans l'univers de l'hydrogène, puis de l'hélium, puis tous les éléments naturels qui constituent ce qu'on appelle communément la matière. Cette matière est elle-même composée d'atomes, et ces atomes sont composés de protons, de neutrons et d'électrons. À toutes ces particules, on peut également ajouter d'autres particules telles que les photons, les neutrinos, etc. On ne va pas rentrer maintenant dans le détail — on le fera plus loin dans cet ouvrage[285] — mais disons simplement qu'on peut encore aller plus loin : si les électrons et les photons, par exemple, sont des particules dites élémentaires — qui ne sont pas composées d'autres particules plus « petites » — les protons et les neutrons sont, en revanche, composés de quarks — chacun de trois quarks, pour être précis — ce qui les place dans la famille des baryons — particules composées de trois quarks — famille qui regroupe entre autres choses, évidemment, protons et neutrons, mais également les deltas, les sigmas, les lambdas et tout un tas d'autres machins. Si l'on prend toute cette matière, toutes ces particules, et qu'on fait des calculs bien trop savants pour que j'en parle ici, on arrive à la conclusion que tout ceci représente… entre 4 % et 5 % de la matière-énergie de l'univers. Et là, vous allez me dire : il en manque[286].

---

284 *Prenez le temps d'e-penser*, Tome I, chapitre 3, Éd. Marabout.

285 *Cf.* page 63.

286 Certes !

Aujourd'hui, quand on observe une galaxie, on sait évaluer sa masse — ce qui est somme toute assez classe ; et il s'avère que quand on observe une galaxie dont on a évalué la masse, on se rend compte que les forces gravitationnelles qui sont en jeu dans cette galaxie sont bien plus grandes qu'elles ne le devraient — ou, dit autrement, la masse évaluée ne permet pas d'expliquer comment la galaxie peut subsister sans se désagréger. On en est alors venu à la conclusion suivante qu'il doit exister de la matière qu'on n'arrive pas à observer ; de la matière qui n'émet pas de lumière, n'absorbe pas de lumière, ne reflète pas de lumière ; de la matière qu'on pourrait littéralement qualifier d'invisible ou de transparente si on ne lui avait pas déjà donné un autre nom — bien moins adapté, selon moi — à savoir la matière noire.

Matière noire ou matière sombre ?

Là, il y a deux écoles ; il y a d'abord l'école qui ne distingue aucunement les deux dénominations, qui sont toutes deux des traductions plus ou moins fidèles de *dark matter* — qui signifie plutôt littéralement matière *sombre* — mais il y a également une autre école qui distingue la matière noire — dont je viens de parler — d'une autre matière qui interagit avec la lumière, mais presque pas, et qui serait ainsi invisible pour l'observateur simplement du fait de la « pauvreté » de précision de son observation. Il y aurait alors matière sombre et matière noire qui seraient deux choses bien distinctes. Pour ma part, je parle indifféremment de l'une ou de l'autre, toutes deux étant tout simplement — pas vraiment, mais bon — de la matière transparente.

De nombreuses hypothèses existent quant à la nature de la matière noire ; s'agissant d'éléments matériels « classiques » mais invisibles — gaz moléculaires, naines brunes, trous noirs — ou de particules que je me contenterai pour l'instant de qualifier improprement d'atypiques — telles que le neutralino[287], par exemple — on estime de façon à peu près consensuelle que la matière noire est globalement quatre à cinq

[287] Particule hypothétique prédite par super-symétrie. *Cf.* page 336.

fois plus massive que la matière dite « ordinaire », soit entre 24 et 27 % de la matière-énergie de l'univers. Ce qui nous amène, au mieux, à un total de 32 % de la matière-énergie totale de l'univers. Et là, vous allez me dire : il en manque encore beaucoup, quand même[288].

Pour le reste, il va falloir attendre un peu car c'est un gros morceau[289].

96. Le Big Bang

Bon, je vais tenter de raconter du mieux que je peux ce qu'on sait, ainsi que ce qu'on pense savoir. Contrairement aux idées reçues — notamment du fait de son nom — le Big Bang n'est pas une explosion et n'a produit aucun bang. À vrai dire, on ne peut même pas garantir que l'instant auquel on attribue ce bang a existé. J'annonce : certaines choses que je vais dire, bien qu'employant des mots très simples, seront totalement incompréhensibles pour le lecteur que vous êtes ; rassurez-vous, c'est également le cas pour l'auteur que je suis, et ça reste le cas pour de nombreux cosmologistes émérites.

Instant zéro ?

Peut-être a-t-il eu lieu, peut-être pas. Le fait est que nous parlons ici d'un « moment » auquel la notion même de temps n'a pas de sens, et il est possible que le temps n'existe tout simplement pas à ce moment-là. Relisez la phrase précédente et vous comprendrez à quel point on n'y comprend rien. D'ailleurs, l'espace non plus n'existe pas à cet instant supposé. Il y a en réalité peu de choses à dire de ce moment, et tout ce que je vais pouvoir avancer n'est que spéculation — ce qui ne veut pas dire qu'on n'est pas confiant dans ce qu'on avance, attention, hein.

---

288 Certes !

289 *Cf.* page 299.

L'intégralité de tout ce qui constitue l'univers tel qu'on le connaît aujourd'hui est contracté en un point si infiniment petit qu'on ne peut pas parler d'espace. Toute l'énergie de l'univers est si condensée que toutes ses dimensions — spatiales et temporelle — sont repliées les unes sur les autres en un point de dimension nulle qu'on appelle la *singularité.*

Mur de Planck

Il existe dans l'univers quatre interactions dites fondamentales : la gravitation, l'électromagnétisme, l'interaction nucléaire forte et l'interaction nucléaire faible. L'ère de Planck est la période de l'histoire de l'univers durant laquelle ces quatre interactions sont totalement confondues et unifiées, ce qu'on ne sait absolument pas théoriser aujourd'hui — c'est la raison pour laquelle on appelle cette période « ère de grande unification », et c'est d'ailleurs un des enjeux majeurs de la recherche fondamentale actuelle[290]. Du coup, c'est une période durant laquelle on ne peut strictement rien avancer sur ce qui se produit. On ne sait pas quand elle a commencé, on ne peut même pas garantir qu'elle a commencé ; mais on peut dire quand elle s'est terminée, lorsque les interactions fondamentales se sont disjointes et que nos théories permettent de coller à la réalité : à 10^{-43}s.

10^{-43}s

Valeur se basant sur un temps zéro arbitraire — calculé sur l'hypothèse seule de la relativité générale, donc la gravitation, mais sans prendre en compte les trois autres interactions, qui, pourtant, ne sont pas négligeables — elle donne une idée de la stupéfiante rapidité à laquelle les premiers événements vont s'enchaîner : on parle ici d'un dixième de millionième de milliardième de milliardième de milliardième de milliardième de seconde. À partir de cet instant, on devient confiant dans ce qu'on raconte et plus on avancera, moins ce qu'on

---

290 *Cf.* page 325.

avancera reposera sur des spéculations. Avant cet instant, il nous est impossible de savoir ce qui s'est produit, comment, pourquoi ou dans quel ordre. C'est la raison pour laquelle on parle de mur — en l'occurrence, on parle du mur de Planck en hommage à Max Planck[291].

Pendant cette période, on peut également parler de la taille de l'univers ou, plus précisément, on peut parler de la taille de l'univers à la toute fin de cette période, à cet « instant » de 10^{-43}s. La taille de cet univers au moment où les interactions fondamentales cessent d'être confondues — plus précisément au moment où la gravitation se dissocie des autres interactions — cette taille est petite. Très petite. Ridiculement petite. L'univers à cet instant est environ cent millions de milliards de fois plus petit qu'un électron — qui, lui-même, est déjà très petit. Nous ne disposons actuellement d'aucun modèle nous permettant de décrire le comportement de l'univers en deçà de cette taille. Cette taille-étalon, qui est la plus petite mesure possible dans le cadre de la physique, est basée sur une longueur de l'ordre de 10^{-35}m, soit un centième de millionième de milliardième de milliardième de milliardième de mètre. C'est la *longueur de Planck*. Grossièrement, si un électron était ramené à une taille telle qu'il engloberait tout le système solaire, alors l'univers de cet instant ferait sensiblement la taille d'un ballon de foot. Comment est-ce possible ? On ne le sait pas précisément mais la densité de matière-énergie au sein de l'univers est telle que toutes les dimensions sont totalement repliées les unes sur les autres. Et ça, on ne sait pas le décrire proprement. Alors comment sait-on que l'univers, à un instant donné, a pu tenir dans une si ridicule tête d'épingle ? Tout simplement parce que l'univers est sur le point de grossir — sans faire semblant, hein — et que, pour le coup, on sait désormais assez précisément décrire cette transformation.

---

291 *Prenez le temps d'e-penser*, Tome I, chapitre 9, Éd. Marabout.

La grande inflation

À 10^{-35}s, les interactions nucléaires, faible comme forte, se dissocient à leur tour.

Les quatre interactions fondamentales de l'univers

Voilà bien un sujet qui ne tiendra pas dans un encart, mais on peut d'ores et déjà en dire quelques mots. L'univers tel qu'on le comprend aujourd'hui est régi par quatre grandes interactions qui sont l'électromagnétisme, la gravitation, l'interaction nucléaire forte et l'interaction nucléaire faible.

L'électromagnétisme et la gravitation, on en a déjà parlé, ce sont des interactions qu'on peut par ailleurs expérimenter quotidiennement — qu'on expérimente, d'ailleurs, qu'on le veuille ou non — à notre échelle. Si l'interaction nucléaire forte est moins évidente à notre échelle, elle n'en est pas moins simple à percevoir : au sein des noyaux d'atomes coexistent des protons collés les uns aux autres ; or ces protons sont tous chargés électriquement positivement et devraient donc se repousser continuellement — ce qu'ils font, hein ? — il faut donc une force somme toute assez grande pour les maintenir en place ; c'est cela qu'on appelle interaction nucléaire forte. Enfin, l'interaction nucléaire faible est la « force » responsable de la radioactivité, c'est-à-dire de la désintégration radioactive de particules plus petites que l'atome — ou particules subatomiques. Fait remarquable de ces interactions, elles sont d'autant plus intenses que leur portée est courte ; ainsi, la plus forte des interactions est l'interaction nucléaire forte dont la portée théorique infinie se limite en réalité au femtomètre — millionième de milliardième de mètre — à cause du confinement des quarks[292]; environ cent fois moins intense, l'électromagnétisme, de portée infinie ; cent mille fois moins intense que l'interaction forte, l'interaction faible responsable de la radioactivité a une portée très limitée, de l'ordre du femtomètre ; à notre échelle, les charges électriques se compensent globalement et c'est la gravitation qui entre en jeu, de portée infinie, mais ridiculement plus faible que les autres interactions. Comparée à l'interaction nucléaire forte, la gravitation est environ mille milliards de milliards de milliards de milliards de fois moins forte — et cent millions de milliards de milliards de milliards de milliards de fois moins forte que l'électromagnétisme. Ce qui rend la gravitation si

---

292 *Cf.* page 318.

impressionnante à notre échelle, c'est la quantité monumentale de matière en jeu ; mais gardez à l'esprit que vous pouvez soulever un objet — et donc lutter contre la gravitation — avec votre petit doigt, c'est dire si elle est effectivement faible.

L'univers connaît une brusque transformation, et je dis « brusque » simplement pour ne choquer personne ; car concernant la transformation en question, il est manifeste que « brusque » n'est pas adapté. Entre les temps 10^{-35}s et 10^{-32}s — désolé, mais pour la clarté de la chose, je vais devoir l'écrire — c'est-à-dire entre le temps 0,000.000.000.000.000.000.000.000.000.000.000.01s, et le temps 0,000.000.000.000.000.000.000.000.000.000.01s — soit en un millionième de milliardièmes de milliardièmes de nanoseconde — l'univers passe de sa taille minuscule à une taille bien plus conséquente, d'un diamètre seulement mille fois plus petit que l'univers observable actuel. Durant ce court temps, sa taille a été multipliée par environ dix milliards de milliards de milliards. Si vous sentez que c'est énorme, c'est bien, mais c'est encore mieux si vous comprenez à quel point ces nombres n'ont aucun sens ni pour vous, ni pour moi ; il s'agit d'un temps bien trop court et d'une taille trop grande pour pouvoir les envisager intellectuellement. Cette phase de transformation de l'univers est appelée l'inflation de l'univers — à ne pas confondre avec son expansion. Et comment sait-on que l'univers a connu cette inflation ? Beaucoup de spéculations ont permis d'aboutir à cette hypothèse et, comme c'est souvent le cas en science, ces spéculations prédisaient qu'on découvrirait des machins… et on les a découverts, ce qui permet une certaine confiance dans les prédictions[293] — du moins, c'est ce qu'on a cru.

---

293 *Cf.* page 71.

Ère des particules

Avec la grande inflation, les interactions faibles et fortes se sont dissociées et l'univers consiste en une « soupe » de quarks et de gluons ; à partir de là, l'univers est plus analysé que spéculé et, plus on avance dans son histoire, moins on se perd en conjectures au profit d'observations scientifiques. Je ne vais pas ici entrer dans le détail de tout ce qui se produit durant les microsecondes qui suivent — cela nécessiterait beaucoup trop de prérequis en termes de physique des particules — mais on peut, globalement, résumer la chose ainsi : jusqu'à environ 1 microseconde — un millionième de seconde — après un présumé Big Bang, particules et antiparticules élémentaires sont présentes mais, pour une raison qui nous échappe encore, il y a bien plus de particules que d'antiparticules ; elles acquièrent alors une masse grâce à un mécanisme complexe appelé mécanisme de Higgs[294] et les quatre interactions fondamentales de l'univers sont maintenant parfaitement dissociées et ont pris la forme qu'on leur connaît aujourd'hui ; toutefois, l'univers est encore trop chaud pour que les quarks puissent s'associer et former protons et neutrons.

Quarks, gluons, hadrons, leptons, bosons, et tout l'orchestre

La physique des particules est un bestiaire immense composé de machins plus petits et plus exotiques les uns que les autres. Afin d'avoir tout de même une vision relativement claire de ce dont on parle, je vais quand même vous présenter quelques grandes familles de ces « machins ».

Les **quarks** sont des particules élémentaires qui ne peuvent être isolés ; ils se combinent et se lient pour former des particules composites qu'on appelle **hadrons**. Ainsi, un proton est une particule composite constituée de trois quarks, tout comme le neutron — mais pas dans la même configuration de quarks. Les hadrons sont soumis à l'interaction forte et sont ainsi constitués de quarks — et d'antiquarks — maintenus entre eux par des **gluons**.

---

294 On parle plus loin du boson de Higgs, *cf.* page 322.

Les gluons sont des particules élémentaires qui font partie de la grande famille des **bosons**. Et les bosons ont une définition qui est un peu complexe et qu'on ne va pas aborder maintenant, mais disons simplement que ce sont des particules qui, lorsqu'elles sont élémentaires, « véhiculent » les interactions — à la différence des quarks, par exemple, qui constituent la matière. Ainsi, lors d'une interaction entre deux quarks, un boson opère cette interaction ; c'est un petit peu comme un « verbe » entre un « sujet » et un « complément d'objet » pour faire le malin avec une analogie grammaticale. Le photon, par exemple, fait partie de la famille des bosons.

Les **leptons** — « légers » en grec — sont une famille de particules — et d'antiparticules — élémentaires telles que les électrons ou les neutrinos, et participent également à constituer la matière ; mais à la différence des quarks, ils ne sont pas sensibles à l'interaction forte — mais le sont bel et bien aux autres interactions. D'ailleurs, lorsque les quarks se combinent par trois — comme c'est le cas du proton et du neutron — on appelle ces composites **baryons** — « lourds » en grec.

Leptons et quarks forment la famille — qui constitue la matière — des **fermions**. Ceci conclut cette présentation rapide qui, si elle ne détaille pas vraiment les choses, a le bon goût… ben d'être rapide, déjà, ce qui n'est pas rien quand on se met à parler de particules.

L'univers est donc trop chaud pour que quarks et gluons puissent se combiner, et, du coup, que se passe-t-il ? La bouillasse dont je parlais tantôt[295] va gentiment refroidir jusqu'à une seconde après le Big Bang. Les quarks et gluons peuvent alors se combiner et former des protons, des neutrons, et d'une manière générale des hadrons — et des anti-hadrons. Puis, pendant les dix secondes qui suivent, hadrons et anti-hadrons s'annihilent dans leur grande majorité — puisqu'il y a plus de particules que d'antiparticules. On trouve alors dans l'univers bien plus de leptons — les légers, comme les électrons — et leur Némésis les anti-leptons qui, à leur tour, vont s'annihiler majoritairement. On est à Big Bang plus dix secondes et l'univers contient désormais des

[295] Oui, j'ai bien dit « tantôt ».

hadrons et des leptons, ou, dit beaucoup plus simplement, de quoi fabriquer toute la matière de l'univers actuel.

À ce stade, les photons — qui sont des bozons — interagissent entre les différentes particules existantes dans l'univers, notamment les protons et les électrons. Il existe à tout instant un nombre ahurissant de photons qui, à peine émis par une particule, se retrouvent absorbés par une autre particule. Et tandis que l'univers continue de refroidir, protons et neutrons réussissent à se combiner pour former des noyaux atomiques plus ou moins complexes : cette étape est appelée nucléosynthèse — au même titre que la nucléosynthèse stellaire[296] — mais « nucléosynthèse primordiale ». Toutefois, les noyaux trop complexes ont une très courte durée de vie — quelques minutes — et seuls les noyaux d'hydrogène ou d'hélium sont suffisamment stables pour persister. Attention, toutefois, l'univers est encore trop chaud pour que les électrons puissent être capturés par les noyaux atomiques ; ils restent donc tous distinctement chargés électriquement et les photons continuent de « bondir » de particule en particule.

La première lueur

Tandis que l'univers continue de refroidir, les électrons finissent par être happés par les noyaux atomiques et ils forment ensemble les premiers atomes — largement majoritairement de l'hydrogène, pas mal d'hélium, et très peu de tout le reste. Les atomes sont électriquement neutres et n'interfèrent plus sur le déplacement des photons ; ceux-ci peuvent désormais se propager sur de grandes distances, l'univers est transparent. Notre univers est alors âgé d'environ 380.000 ans et les

---

296 *Prenez le temps d'e-penser*, Tome I, chapitre 25, Éd. Marabout.

premières traces observables de notre univers — notamment le fond diffus cosmologique[297] — datent de ce moment.

À mesure que ces atomes se côtoient, la gravitation va les faire s'agréger jusqu'à ce que la pression permette la fusion nucléaire, et, avec elle, la naissance des premières étoiles. À partir de là, les structures vont s'organiser naturellement selon la gravitation et les étoiles vont former des amas, des protogalaxies, puis des galaxies tout entières. Et cela continue encore aujourd'hui, quelque 13,7 milliards d'années après le Big Bang.

97. La preuve par vieux : Pensias et Wilson — et Gamow

Dès les années 40, des scientifiques tels que Ralph Alpher, Robert Herman et George Gamow prédisent que si l'on observe suffisamment loin dans le ciel, on devrait pouvoir observer l'univers tel qu'il est apparu lorsque les photons ont été libérés — délivrés — et qu'il est devenu transparent. Détaillons.

George Gamow est un physicien américain d'origine russe — il est né Gueorgui Gamov en 1904. Après avoir bossé avec Max Born et Niels Bohr, il rejoint Ernest Rutherford — parce qu'il n'est pas interdit d'apprendre auprès des meilleurs de son temps — à l'université de Cambridge — où se trouve un certain Trinity College, pour ceux qui ont lu le tome I — et, fort de toute son expérience, devient un des pontes de la radioactivité. Il développe le concept d'effet tunnel[298] et bosse sur le premier accélérateur de particules. Ensuite, la Russie étant ce qu'elle est, il se retrouve coincé à Moscou sans visa pour repartir. Mais invité

---

297 *Cf.* page 71.

298 *Cf.* page 191.

en 1933 à participer au congrès de Solvay, il obtient — contre toute attente — un visa, fait passer sa femme pour sa secrétaire ainsi que ses valises — zeugma ! — et quitte définitivement la Russie. Il trouve un poste de professeur à Washington D.C. et obtient la nationalité américaine en 1940. Et comme les Américains ne rigolent pas avec la nationalité, le gars est suffisamment américain pour participer en 1943 au projet Manhattan, le plus secret des projets militaires américains du xxe siècle, la création de la première bombe atomique.

Qu'est-ce donc qu'un zeugma ?

Le zeugma est une figure de style particulièrement élégante consistant à utiliser un même mot — en général un verbe — dans deux sens différents sans pour autant le répéter. Les plus grands auteurs ont donné ses lettres de noblesse à cette forme rhétorique :

> « Sous le pont Mirabeau coule la Seine et nos amours » — Guillaume Apollinaire
>
> « Ils savent compter l'heure et que la Terre est ronde » — Alfred de Musset
>
> « J'ai attrapé ma veste et un rhume » — Anonyme[299]

Après la guerre, Gamow s'intéresse au Big Bang — comme beaucoup de physiciens de l'époque — et notamment à la formation des éléments durant les premiers instants qui lui ont succédé. Assisté de l'étudiant Ralph Alpher, il décrit le Ylem comme « une soupe dense de neutrons et de protons » et démontre qu'une telle constitution peut expliquer les quantités actuelles d'hydrogène et d'hélium dans l'univers. Le mec est bon. Et le mec est drôle, aussi. D'abord, il est drôle — selon moi — parce qu'il reprend le terme « Ylem » pour décrire l'œuf originel ayant donné naissance à l'univers, cet « œuf » que décrivait déjà Georges Lemaître avant lui, mais le terme Ylem étant le nom donné

299 En fait, c'est moi, mais j'ai un peu honte à côté des autres. LinksTheSun, « toi-même tu sais ».

en son temps à cette matière primordiale par Aristote. Et dès qu'on reprend Aristote à son compte, je sais qu'on a affaire à quelqu'un de fun. D'ailleurs, l'histoire me donnera raison puisque Gamow, lorsqu'il publie ses résultats avec Alpher, inclut Hans Bethe dans les signataires, alors que celui-ci n'a tout simplement rien à voir et n'est même pas au courant — ce qui, quand on a raison, peut être un truc cool, mais qui aurait pu entacher la réputation de Bethe si la publication avait été un énorme monceau de sottises[300]. Mais pourquoi diable aller imposer un caméo de Bethe sur cette publication ? Y a-t-il une farce en cours entre les deux scientifiques ? Pas du tout ! Gamow trouve simplement que signer une publication « Alpher, Bethe et Gamow » a un côté « Alpha, Beta et Gamma » qui pète la classe. C'est tout. Et c'est pour cette raison que, pour moi, George Gamow sera toujours « Giorgio la déconne ».

Après, Gamow va s'intéresser à la génétique et va notamment faire l'hypothèse de la relation entre les gènes et le séquençage de protéines — mais c'est totalement une autre histoire. De son côté, Alpher souffre un peu du fait que son nom soit associé à deux scientifiques de très haut vol, car même si son travail a été essentiel dans cette publication, il passe un peu pour la troisième roue du carrosse. Il entame alors une longue collaboration avec Robert Herman, autre cosmologiste américain, et tous deux vont persister dans l'étude du Big Bang. Ils imaginent que l'univers, lorsqu'il est devenu transparent, a dû rayonner un max et que ce rayonnement, de nos jours, doit encore être observable, mais doit être très froid. Ils font des hypothèses et déterminent que ce rayonnement doit être observable absolument partout et avoir une température d'environ 5 K, soit cinq degrés au-dessus du zéro absolu[301]. Ils tentent

---

300 Je voulais dire « conneries », mais je me suis dit que ça ferait vulgaire, alors je suis parti sur « sottises » qui est certes plus désuet, mais je préfère passer pour un éternel romantique que pour un mec vulgaire. C'est dit. J'ai ma dignité, quand même.

301 *Prenez le temps d'e-penser*, Tome I, chapitre 8, Éd. Marabout.

de faire publier leurs travaux et obtiennent, grâce au bon Giorgio, que ceux-ci soient publiés dans la revue *Nature*[302] en fin d'un article de ce dernier. Giorgio la déconne n'ayant pas peu mérité son surnom reprendra alors les idées d'Alpher et d'Herman sans jamais les citer. Du coup, les deux hommes décident d'améliorer les résultats du rapport Alpha-Beta-Gamma et commencent à détailler les époques successives qui constituent l'ère de particules ; ils corrigent notamment une erreur cruciale du rapport initial qui stipulait que tous les éléments de la nature avaient été créés durant ces étapes du Big Bang pour indiquer que seuls l'hydrogène, l'hélium et le lithium avaient alors été créés — les autres éléments étant le résultat de nucléosynthèse stellaire.

Dans les années 60[303], Arno Allan Penzias et Robert Woodrow Wilson sont deux physiciens qui travaillent pour les Laboratoires Bell, centre de recherche et développement de la société de communications Bell. Ils travaillent avec un nouveau type d'antenne à Holmdel dans le New Jersey[304], et cette antenne capte un paquet d'interférences qui trouble passablement les deux physiciens. Mais ce sont des chercheurs aguerris et ils comprennent immédiatement ce qui cause ces interférences : le matériel doit être défectueux quelque part. Du coup, ils passent un temps considérable à inspecter tous les circuits, mais rien n'y fait ; ces interférences sont toujours là. Et, fait tout à fait étrange, ces interférences sont régulières et ce quelle que soit la direction vers laquelle pointe l'antenne. Du coup, ils saisissent la portée de ce qu'ils captent : il doit y avoir des fientes d'oiseaux sur l'antenne. Ils passent donc un temps aussi considérable — un peu moins considérable, mais considérable quand même — à nettoyer les déjections d'oiseaux sur

302 *The evolution of the universe*, in *Nature*, Vol. 162, 13 novembre 1948.

303 Je pensais mettre ici une transition, mais en fait, non.

304 Et pas sur Asgard, dans l'univers comics Thor, vous confondez avec Heimdall.

l'antenne. Les interférences sont toujours là. Ils finiront par percuter, un peu par hasard, que ce qu'ils captent est un rayonnement diffus, micro-ondes, dans toutes les directions, et dont le spectre s'apparente au spectre d'un corps noir d'une température d'à peine trois degrés au-dessus du zéro absolu. Ils viennent d'identifier le fond diffus cosmologique, ou *Cosmological Microwave Background*, autrement appelé CMB[305], ou encore rayonnement fossile. Ils auront le prix Nobel pour cette découverte — une moitié de prix Nobel puisque, la même année, en 1978, un autre gars aura aussi le Nobel de physique, mais pour un autre sujet ; donc en réalité, ils auront chacun un quart de Nobel ; mais bon, ils ne vont pas râler ; les gars pensaient que c'était des merdes de pigeons, le bazar, alors ça va bien. Cela étant, ça me permet de parler brièvement d'un truc qui m'éclate : la sérendipité[306].

Sérendipité

La sérendipité est le fait de découvrir des choses qu'on ne cherchait pas, par hasard ou par accident ; souvent, il faut quand même être capable de comprendre ce qu'on découvre, mais ce n'est même pas une nécessité. L'histoire regorge de nombreuses sérendipités et je ne peux m'empêcher de vous faire part de ma préférée.

Spencer Silver est un chimiste qui travaille pour la société 3M à fabriquer de la colle ; en 1968, alors qu'il tente de fabriquer une colle particulièrement forte, il aboutit à un machin poisseux qui ne colle qu'à lui-même. En guise de colle forte, il a un produit capable de coller deux feuilles de papier qu'on peut ensuite séparer sans peine et sans les abîmer. Il met son invention de côté et poursuit ses recherches.

En 1974, un collègue de Silver du nom d'Arthur Fry a un problème qui l'agace ; il fait partie de la chorale de l'église presbytérienne de North Saint-Paul, et les signets qu'il cale dans son hymnaire n'arrêtent pas de tomber ; repensant à la vieille invention de son pote Spencer, il lui demande s'il peut utiliser cette colle

---

305 Non, je ne ferai pas la blague.

306 Ce n'est pas une plaine entre la Tanzanie et le Kenya ; ça, c'est le Serengeti.

pour coller ses signets, avec la garantie de pouvoir les décoller et les repositionner sans endommager son ouvrage.
Ainsi naît le Post-it, le consommable bureautique le plus vendu au monde.
J'aime la sérendipité. Si ça vous plaît, pensez également à l'invention du four à micro-ondes, à la découverte de la pénicilline, du continent américain par Christophe Colomb, de la vulcanisation, du velcro, etc.

98. Le fond diffus cosmologique et la grande inflation

Aujourd'hui, nous disposons d'appareils de mesure particulièrement adaptés à l'observation du fond diffus cosmologique, notamment des télescopes dédiés situés dans l'espace, hors de toute pollution électromagnétique terrestre — vous l'avez compris, le CMB est un rayonnement particulièrement faible et il ne serait pas adéquat de l'observer depuis un télescope qui capterait les ondes des téléphones portables et autres réseaux Wi-Fi à proximité. Cela étant, pour donner une idée raisonnable du fait que ce fond est disponible absolument partout, disons que si vous avez déjà vu de la « neige » à la télévision — pas un film avec de la vraie neige, bien sûr, je parle ici des interférences qu'on capte parfois avec une télévision — 2 à 3 % de la neige que vous voyez est l'interprétation visuelle que fait votre téléviseur d'un signal qu'il capte et qui n'est autre que le fond diffus cosmologique. Bref.

L'observation très fine dont on est capable aujourd'hui du fond diffus cosmologique a permis de répondre à un certain nombre de questions et de valider un certain nombre d'hypothèses qu'on se posait jusqu'alors.

Tout d'abord, l'idée que l'univers devait à l'origine être extrêmement homogène et que la formation des galaxies est due à une agrégation imposée par la gravitation. Afin que des structures puissent se former grâce à celle-ci, il était nécessaire que des variations, même infimes, de température — donc de densité — existassent[307] à l'époque. Si les mesures de Penzias et Wilson montrent un fond diffus cosmologique parfaitement homogène, c'est avant tout parce que leur mesure manque furieusement de précision — en tout cas d'une précision suffisamment fine pour les variations en jeu en l'espèce. Mais dès les observations du satellite COBE en 1992 — et, par la suite, celles des satellites WMAP et Planck — on peut observer effectivement des fluctuations de densité qui, à elles seules, permettent de justifier l'existence des galaxies et autres grandes structures de l'univers. Ces fluctuations, au moment de l'émission du rayonnement à l'origine du CMB, sont vraiment fines, offrant des anisotropies[308] de l'ordre du cent millième de degré[309] — 0,00001 K. Ces infimes variations suffisent, en effet, à expliquer pourquoi la gravitation a agrégé de la matière à certains endroits plutôt qu'à d'autres. Et ces infimes variations sont réparties un peu partout et indépendamment de la direction dans laquelle on regarde ; cela permet effectivement d'aboutir à un univers homogène et isotrope.

Mais là, vous vous rappelez — parce que je le rappelle — le titre de ce chapitre et vous vous demandez bien quel peut être le rapport avec l'inflation. Vous vous souvenez quand j'ai dit[310] que les spéculations concernant la grande inflation prédisaient l'existence de machins, qu'on avait observé ces machins, et qu'on en parlerait plus loin dans le livre ? Eh bien « plus loin », c'est maintenant.

L'inflation, je l'ai dit, c'est un bouleversement aussi brusque que radical de l'état de l'univers, et ses théoriciens se sont donc naturellement

---

307 C'est moche, mais c'est correct.

308 Le nom « classe » pour parler des fluctuations.

309 Pour aider — un peu — la représentation, sachez qu'un écart de 1 K correspond à un écart de 1 °C — nos degrés usuels.

310 C'était pages 61 et 62.

demandés s'il pouvait exister un moyen de prouver son existence ; du fait même que si elle a eu lieu, l'inflation s'est produite bien avant que l'univers n'émette quoi que ce soit d'observable, une observation directe du phénomène est tout bonnement impossible ; en revanche, est-il possible d'en observer des traces ou des conséquences qui découleraient naturellement de son existence ? À cette question, les scientifiques ont répondu positivement. Notamment, si l'univers a effectivement subi la grande inflation, les phénoménales variations de gravitation alors que l'espace s'étendait bien plus vite que la vitesse de la lumière ont dû provoquer ce qu'on appelle des ondes gravitationnelles.

Ondes gravitationnelles

Albert Einstein, concernant la gravitation, s'était demandé comment celle-ci se transmettait et à quelle vitesse ; en effet, les équations de Newton ne font pas apparaître le paramètre « temps », ce qui laisse entendre que la gravitation a une portée instantanée ; ainsi, si le Soleil venait à disparaître, la perte de sa gravitation se ressentirait immédiatement sur Terre alors que plus de 150 millions de kilomètres les sépare ; l'information de perte de gravitation se propagerait donc bien plus vite que la lumière, ce qui est impossible compte tenu de la relativité restreinte. Ce fut le point de départ de la théorie de la relativité générale[311]. Une fois celle-ci mise au point, en revanche, la propagation de l'information de gravitation est bien liée au temps et respecte les contraintes du modèle de la relativité restreinte ; puisque la gravitation est une déformation de l'espace-temps directement liée à la présence de matière-énergie, la disparition immédiate d'une masse force l'espace-temps à ajuster sa forme, et cet ajustement se propage à la vitesse de la lumière. Alors, évidemment, une disparition spontanée de soleil est un exercice de pensée, purement théorique — fort heureusement. En revanche, si l'on imagine qu'un objet massif modifie plus ou moins brutalement sa trajectoire — autrement dit, s'il subit une accélération — l'espace-temps doit également s'ajuster et, dans ce cas parfaitement plausible du monde réel, cet ajustement doit également se propager à la vitesse de la lumière. Ces variations de la déformation de l'espace-temps sont un peu de même nature que la surface

---

311 *Prenez le temps d'e-penser*, Tome I, chapitre 79 et suivants, Éd. Marabout.

de l'eau que votre main vient caresser, et elles se propagent dans l'univers comme les rides à la surface d'un lac. Elles se propagent comme des ondes et sont de nature gravitationnelle.
On les a donc intelligemment nommées ondes gravitationnelles.

Mettons que la grande inflation a eu effectivement lieu ; alors l'espace-temps s'est brutalement étendu partout autour de la matière-énergie présente ; elle doit donc avoir altéré les éventuelles ondes gravitationnelles qui se propageaient dans l'espace, bien sûr, mais également dans la durée, c'est-à-dire dans le temps, peut-être bien même jusqu'à un moment où l'univers devient observable. Et s'il était possible de constater l'existence de ces ondes gravitationnelles dans le fond diffus cosmologique, par exemple, alors il semblerait bien que cela valide l'existence de la grande inflation. Mais comment est-il possible d'observer ces ondes gravitationnelles dans un rayonnement électromagnétique micro-ondes vieux de près de quatorze milliards d'années ? Avec vraiment beaucoup de minutie…

Sans trop rentrer dans le détail — qui est long, compliqué, et globalement plutôt chiant — les ondes électromagnétiques ne se propagent pas tout à fait n'importe comment ; en effet, elles font osciller le champ magnétique et le champ électrique. Bon, la phrase est mal dite parce que les ondes sont justement cette oscillation, mais, pour ne pas trop se compliquer la vie, on va quand même le dire ainsi. Autant dans le cas d'ondes mécaniques — le son dans l'air, les rides à la surface de l'eau — les oscillations ne privilégient pas de sens en particulier, autant les ondes électromagnétiques peuvent privilégier un sens en particulier ; on appelle cela la polarisation des ondes électromagnétiques. Pour vous représenter la chose, vous pouvez imaginer par exemple un rayon de lumière qui va faire osciller le champ électrique[312] « verticalement » ; la

---

[312] Par convention, on note la polarisation du champ électrique, le champ magnétique oscillant perpendiculairement au champ électrique.

limite de cet exemple est qu'à l'œil nu, vous verrez le rayon de lumière de la même manière que le champ oscille verticalement ou horizontalement. En revanche, il existe une application directe et populaire de cela qui va vous permettre de mieux sentir de quoi je parle.

Les films au cinéma en 3D

Cela fait maintenant quelques années[313] que le phénomène s'est popularisé, et de nombreux blockbusters arrivent sur nos écrans avec un procédé qui nous permet d'apprécier de belles et grandes séquences d'actions en relief. Comment cela fonctionne-t-il ? Par un procédé appelé stéréoscopie, l'idée consiste à envoyer simultanément deux images différentes à nos deux yeux — une image par œil. En effet, au cinéma, il ne vous a pas échappé que l'écran est plat — en deux dimensions — et que pour apprécier une profondeur il faut un décalage entre ce que perçoit l'œil gauche et ce que perçoit l'œil droit ; nos deux yeux perçoivent toujours une image — en deux dimensions — légèrement différente et que notre cerveau sait interpréter pour produire une image en trois dimensions. Au cinéma, il a donc fallu trouver un moyen d'envoyer, *via* un seul écran, deux images différentes à chaque instant. C'est là qu'entre en jeu la polarisation de la lumière.

Un projecteur un peu spécial — spécialement adapté, en fait — ne projette plus une image vingt-quatre fois par seconde, mais deux images simultanément, toujours au même rythme ; mais une de ces images est constituée d'une lumière polarisée verticalement, tandis que l'autre est polarisée horizontalement. À l'œil nu, vous voyez bien, en effet, une surimpression de deux images. Mais vous ne regardez pas le film à l'œil nu ; vous disposez d'une paire de lunettes un peu spéciale — spécialement adaptée, en fait — dont un verre ne laisse passer la lumière que si elle est polarisée verticalement tandis que l'autre ne laisse passer que la lumière polarisée horizontalement. Chaque œil perçoit bien une image différente à chaque instant, et ces images reproduisent au mieux l'écartement de vos deux yeux pour que votre cerveau interprète ce qu'il voit comme une image relief. N'oubliez jamais que votre cerveau est facile à duper.

---

313 Hitchcock a quand même tourné en 1954 un de ses chefs-d'œuvre, *Dial M for murder*, intitulé en français *Le crime était presque parfait*, en utilisant cette même technique relief qui, du coup, ne date pas vraiment d'hier.

Si vous disposez de deux paires de lunettes 3D cinéma, vous pouvez superposer un verre de l'une contre un verre de l'autre et faire tourner une des paires de lunettes ; vous constaterez qu'il y a un angle où la lumière passe et un autre, perpendiculaire, où elle ne passe plus du tout.

Donc les ondes électromagnétiques — la lumière — peuvent être polarisées. En réalité, elles le sont toujours, mais cette polarisation peut tourner autour de leur axe de propagation — on parle de polarisation circulaire — ou conserver leur direction, et on parle plutôt de lumière polarisée lorsque la polarisation se fait dans une direction donnée.

Revenons à notre inflation ; si elle a eu lieu, cela a donc eu pour conséquence de déformer et d'amplifier les ondes gravitationnelles qui se propageaient. Par endroits, cela a étiré ces ondes et, par endroits, cela les a contractées. Ces déformations sont donc des étirements et des contractions de l'espace-temps, qui le rendent respectivement un peu plus chaud ou un peu plus froid. Les photons émis au moment du rayonnement CMB sont plus « énergétiques » s'ils proviennent de régions plus chaudes. Cela affecte la polarisation de ce rayonnement. Et les cosmologistes se sont mis en tête de trouver dans le fond diffus cosmologique la trace de ces variations de polarisation de la lumière autour des « points chauds ». Et avec des outils suffisamment précis, ils ont fini par trouver.

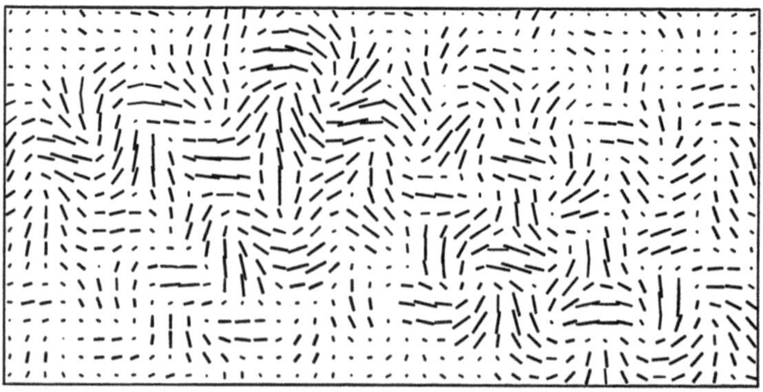

Sur la figure ci-contre, même sans trop savoir précisément ce qu'on regarde, on voit bien des motifs directionnels autour de points chauds ou froids. Cette image, fournie en mars 2014 par le télescope du pôle sud BICEP2[314], révèle comme on l'attendait des variations de la polarisation de la lumière, ce qui semble prouver de façon convaincante que la grande inflation a bien eu lieu.

Du moins c'est ce que les scientifiques se sont dits lorsque l'image est tombée : nous avons enfin la preuve de l'existence de cette inflation ; à partir du mois de mai 2014, la nouvelle est publiée et fait le tour de la planète à la vitesse d'internet ; c'est non seulement une grande découverte qui concerne le passé de notre univers mais, de plus, c'est une découverte qui vient confirmer des hypothèses sur l'univers à un temps de son histoire où il n'est pas observable, c'est un exploit conséquent.

Mais dès janvier 2015, une autre nouvelle tombe : les résultats ne sont pas suffisamment probants ; en effet, on parle d'observations d'une telle finesse qu'à ces échelles de mesure la moindre interférence n'est plus négligeable et, concernant les observations faites par BICEP2, les poussières qu'on trouve dans toute la Voie lactée ont suffisamment interféré pour qu'il ne soit plus possible de prendre les résultats tels quels[315]. Ce n'est certes pas la première fois dans l'histoire qu'on crie victoire un peu trop tôt, mais la déception est grande.

En revanche, et en guise de conclusion sur ce sujet, il est nécessaire de bien comprendre que l'invalidation des résultats de 2014 ne vient pas casser l'hypothèse d'une grande inflation : celle-ci a peut-être bien eu lieu ; tout ce qu'on peut en dire, c'est que la « preuve » dont nous disposions se révèle non fiable. La recherche continue.

---

[314] Image traitée par le Harvard-Smithsonian Center for Astrophysics, puis par mes soins pour impression.

[315] Ce qu'a pu confirmer le satellite Planck.

99. S'il y a eu inflation, alors notre univers est (presque) plat

Parlons un peu de la courbure de l'univers ; c'est un exercice intellectuel assez difficile car la notion de courbure est une notion qui nous est très familière mais, lorsqu'on parle de courbure d'un espace à trois dimensions, cela signifie bel et bien une courbure dans une dimension supplémentaire, à laquelle nous n'avons pas accès en termes de perception. Pour tenter de comprendre de quoi on parle, nous allons simplifier le problème et parler des courbures que nous sommes capables d'appréhender.

Considérez, pour ce jeu de l'esprit, que la surface de la Terre est une sphère parfaite ; oublions les vallées, les montagnes, les plus petites collines et les plus grands abysses. La Terre est une boule, et sa surface une sphère parfaite[316]. Vous êtes au milieu d'un terrain vague parfaitement plat. Et immédiatement, la question se pose : comment le terrain peut-il être parfaitement plat à la surface d'une sphère ? Il ne le peut pas. À notre échelle, le terrain apparaît plat car la courbure de la Terre est bien plus faible que les dimensions que nous appréhendons à l'œil nu depuis la surface du sol. C'est ainsi qu'il nous est possible de bâtir des maisons et des immeubles sans avoir à prendre en compte la courbure de la Terre. Ce qu'on a coutume de dire, c'est qu'à notre échelle, la géométrie euclidienne, celle des espaces plats, est valide : deux droites parallèles ne se touchent pas, et la somme des angles d'un triangle fait 180°.

Considérons maintenant la même situation à l'échelle de la planète entière, et positionnons-nous à un endroit de l'équateur, par exemple Quito en Équateur. De là, traçons une droite sur le sol en direction du nord. Faisons la même chose, simultanément, d'un autre endroit de

---

[316] S'il est besoin de le préciser, ce n'est pas le cas dans la réalité.

l'équateur, cette fois-ci en Afrique, par exemple à Libreville au Gabon ; nous traçons donc une autre droite au sol en direction du nord. Les deux droites que nous avons tracées sont parallèles — elles sont toutes deux perpendiculaires à l'équateur et toutes deux orientées vers le nord ; pourtant ces droites vont se rejoindre au pôle Nord. La surface d'une sphère, à l'échelle de cette sphère, n'est pas plate, mais bel et bien courbe — c'est heureux car c'est globalement l'idée même qu'on se fait de ce qu'est une courbure. De la même manière, il est possible de tracer à la surface d'une sphère un triangle dont la somme des angles est bien supérieure à 180°. Ainsi, le triangle Quito-Libreville-pôle Nord contient déjà deux angles droits au niveau de l'équateur.

Revenons maintenant à notre univers à trois dimensions spatiales ; l'hypothèse de la grande inflation prédit que notre univers doit être plat, ou « presque plat » ; et par « presque plat », je veux dire qu'il doit apparaître plat à une échelle de l'ordre de la taille de l'univers observable. Donc si la grande inflation a effectivement eu lieu, et a eu lieu telle qu'on l'a modélisée, alors dans la partie observable de notre univers la géométrie euclidienne doit être valide et la somme des angles d'un triangle doit faire 180°. Il va de soi qu'à l'échelle de la Terre, du système solaire et même de la Voie lactée, l'univers nous apparaît plat. Mais qu'en est-il à l'échelle de l'univers observable lui-même ? Encore une fois, le CMB va pouvoir nous apporter des éléments de réponse.

Contraposée

Petite précision un peu formelle avant d'aller plus loin pour comprendre une subtilité logique qu'on appelle contraposée ; dans notre cas, on a déduit que si l'univers a connu une grande inflation, alors il doit aujourd'hui apparaître plat. Une erreur de logique très classique consiste à penser que si l'on peut démontrer que l'univers est plat, on aura démontré l'existence de cette inflation ; c'est faux. C'est seulement si l'on peut démontrer que l'univers n'est pas plat qu'on aura démontré que l'inflation n'a pas existé. Prenons un exemple bien plus évident pour mieux comprendre la subtilité ; je dis la chose suivante : s'il pleut, alors le sol est mouillé. L'hypothèse que je pose est qu'il pleut, et la conclusion est que le sol est mouillé. On peut également parler de cause et de conséquence. L'erreur commise plus haut consisterait à dire ici : « Si le sol est mouillé, c'est donc qu'il a plu. » C'est une erreur parce que d'autres causes peuvent être à l'origine de cette conséquence ; en effet, peut-être que quelqu'un a tout simplement arrosé le sol. En revanche, et c'est cela qu'on appelle contraposée, si le sol est sec, on peut en déduire qu'il n'a pas plu. Si une cause provoque toujours une conséquence donnée, l'absence de cette conséquence implique que la cause n'a pas eu lieu non plus[317].

L'hypothèse que pose l'inflation est la suivante : lorsque l'univers a enflé, ce fut brutal et terriblement violent — l'inflation de l'ordre de 10^{50} en un temps extrêmement court. Et comme à la surface d'un ballon pour laquelle la courbure diminue à mesure qu'il gonfle[318], la courbure de l'univers a alors drastiquement diminué et ce, d'une certaine manière, quelle que fut sa forme « initiale ». Si le fond diffus cosmologique est euclidien, si la somme des angles de ses triangles fait effectivement 180°, alors c'est un indice supplémentaire permettant de soutenir la thèse inflationniste.

Avant que vous ne vous amusiez à tracer des triangles sur l'image du CMB pour constater qu'ils sont effectivement euclidiens, permettez-moi de vous rappeler deux subtilités : d'abord les photos du rayonnement fossile sont plates — et donc évidemment euclidiennes ; par ailleurs, on parle bien de la platitude en trois dimensions et non de la platitude en deux dimensions à laquelle nous sommes quotidiennement habitués. Du coup, comment fait-on pour mesurer la courbure d'un tel machin ? Tout d'abord, on considère correctement ce qu'on regarde : le CMB n'est pas qu'une image plate, c'est avant tout une sphère observée depuis son centre ; en effet, les images disponibles du CMB sont

317 Formellement, en logique, on dit que la phrase « Si A, alors B » est équivalente à « Si non-B, alors non-A ».

318 La courbure d'une sphère est inversement proportionnelle au carré de son rayon.

des reconstitutions faites à partir d'observations prises dans toutes les directions depuis un seul endroit donné, la position du satellite.

Au fond, le CMB n'est absolument rien d'autre qu'une carte du ciel, limitée à une portion très fine du spectre micro-ondes. Quelque part, l'image qu'on en a est, dans une certaine mesure, similaire à un planisphère, carte plate de notre monde ; en effet, un planisphère ne représentera que plus ou moins fidèlement le monde sphérique qu'il est censé figurer.

Mercator *vs* Peters

En 1569, le géographe flamand Gerardus Mercator réalise une projection du globe terrestre sur une surface plane afin de réaliser ce qui deviendra le modèle le plus commun de tous les planisphères ; ce modèle repose sur une projection cylindrique tangent à l'équateur, ce qui est une subtilité technique qui n'a que peu d'intérêt pour nous maintenant si ce n'est que cela implique que plus on est proche de l'équateur, moins la carte représente une vision déformée de la réalité. Cette projection a été largement popularisée grâce à une de ses qualités : elle conserve les angles conformes ; cela signifie que, localement, les angles ne sont pas déformés ; ainsi, de proche en proche, lorsqu'on ne s'intéresse qu'à une petite portion de la carte, les angles sont « conformes » à la réalité terrestre ; en revanche, cette projection ne conserve ni les distances ni les surfaces. Du coup, vous allez me dire : si cette carte ne rend compte ni des distances correctes ni, par conséquent, des surfaces — qu'il s'agisse de continents ou d'océans — quel a bien pu en être l'intérêt ? L'intérêt majeur de cette projection est qu'un cap donné sur l'océan vers un point donné est conforme au cap réel ; cette carte s'avère donc précieuse pour les navigateurs, même si les directions prises ne représentent pas nécessairement le chemin réel le plus court — une ligne droite sur la carte, hormis à l'équateur, correspond à une courbe sur la surface du globe. Mais, ainsi que je l'ai déjà dit autrement, plus on s'éloigne de l'équateur et plus la déformation est grande ; c'est pour cela que, sur nos planisphères, le Groenland apparaît d'une taille similaire au continent africain alors que ce dernier est prêt de quinze fois plus grand en réalité.

La projection de Peters, décrite tout d'abord en 1855 par le pasteur écossais James Gall, puis en 1973 par le cinéaste allemand Arno Peters qui la présente comme une « innovation[319] », fait quasiment l'inverse : elle respecte les distances et les dimensions des terres et des mers, mais en déformant leurs angles ; sur cette carte, quasiment inutilisable pour un navigateur, les différents continents, s'ils sont parfois durs à reconnaître, ont au moins le bon goût de donner une vision assez pertinente de leur proportion relative, ne privilégiant ainsi plus les terres proches de l'équateur. Fin de la digression.

Toujours est-il qu'un triangle dessiné sur un planisphère est euclidien alors que ce même triangle entre les trois mêmes points, cette fois-ci à la surface du globe, ne le sera plus, à moins que ledit triangle ne soit suffisamment petit. Il nous faut donc déterminer si les triangles du CMB sont euclidiens ou non, en mesurant les anisotropies dudit machin avec un outil de mesure adapté ; je rappelle que les anisotropies sont des fluctuations — en l'occurrence de la température du rayonnement — dépendantes de la direction observée.

En juin 2001, les Américains lancent le satellite Wilkinson Microwave Anisotropy Probe[320] (WMAP) dans l'espace pour, trente ans après le satellite COBE, fournir des images précises du CMB, suffisamment précises pour mesurer finement ses anisotropies. Et le 11 février 2003, les résultats tombent ; les triangles y sont euclidiens et les droites parallèles ne se croisent pas ; avec une erreur théorique d'environ 2 %, l'univers au moment où il émet son premier rayonnement sur de grandes distances semble bien être plat ou, du moins, quasiment plat ; suffisamment plat, diraient certains. La preuve de l'inflation se fait encore attendre, mais les indices s'accumulent.

Ainsi donc l'univers, le domaine de l'infiniment grand, nous livre un à un ses secrets ; et chacun d'eux recèle d'autres secrets. Toutefois, une chose apparaît assez clairement : non seulement nous avons une histoire,

---

319 Sans doute voulait-il dire « une innovation par rapport à la projection Mercator ».

320 Sonde Wilkinson des anisotropies micro-ondes.

mais notre planète, notre système solaire, notre galaxie elle-même, tous possèdent une histoire. Les atomes qui les composent possèdent également une histoire. Mais cela va plus loin ; si, en effet, il n'est pas surprenant d'imaginer que ce qui compose l'univers a une histoire, il s'avère que l'univers lui-même a sa propre histoire dont nous tentons de déterminer l'origine ainsi que l'avenir. Et ce cheminement nous pousse, avant d'aller explorer l'inévitable domaine de l'infiniment petit, à nous poser également une question apparemment banale mais qui va occuper une belle portion de ce livre : qu'est-ce que le temps et pourquoi s'écoule-t-il ?

Le temps

Aussi indéfinissable qu'insaisissable…

100. Qu'est-ce que le temps ?

« Puisque le passé n'est plus, puisque l'avenir n'est pas encore, puisque le présent lui-même a déjà fini d'être dès qu'il a commencé à exister, comment pourrait-il y avoir un être au temps ? »

Aristote

Bon, je l'avais déjà annoncé plusieurs fois : Aristote, dès qu'il s'agit de philosopher, se défend plutôt bien ; il pose, dans son ouvrage *La Physique*, la question de la réalité même du temps, aussi fugace qu'insaisissable. D'après lui, le temps est le « nombre du mouvement, selon l'avant et l'après », ce qui revient à dire que si l'on perçoit un « avant » et un « après », le temps est le nombre du changement de l'un en l'autre. Si cette définition est intuitivement correcte, elle pose tout de même un sérieux problème ; en effet, comment pourrait-on, en premier lieu, parler d'avant et d'après sans d'ores et déjà avoir défini ce qu'est le temps ? C'est bien là le problème fondamental que nous pose le temps : il résiste à toute tentative de définition ; qu'on parle de succession d'instants, d'ordre des événements, de mouvement, de changement ou de transformation, il est impossible de les définir sans invoquer au préalable la notion même de temps. Essayer de définir le temps sans aucune notion préalable de temps est tout bonnement impossible[321] ou, dit plus joliment : *to expostulate [...] why day is day, night night, and time is time, were nothing but to waste night, day and time*[322].

Cela dit, on va tranquillement ranger ce problème à sa place, sous le tapis, car vous et moi savons pertinemment ce qu'est le temps. Nous faisons l'expérience du temps en permanence ; vous-mêmes, là, tandis que vous lisez cette phrase, savez bien que le début de la phrase appartient déjà au passé et que la fin de cette phrase est dans le futur, raison pour laquelle il est possible qu'elle vous surprenne : réplique de nuisette en épinards. Du coup, nous pouvons nous passer de définir

---

321 Essayez, pour voir... et attention : parler de changement, de succession, de ce qui vient « après » et autres synonymes, tout cela, c'est déjà dire le temps.

322 « Discuter [...] pourquoi le jour est le jour, la nuit la nuit, et le temps le temps, ce serait perdre la nuit, le jour, et le temps. » *Hamlet*, William Shakespeare, Acte II, Scène 2.

formellement le temps — puisque c'est impossible — mais nous allons quand même distinguer ces deux notions que sont le temps psychologique et le temps physique.

101. Le temps psychologique

Le temps psychologique, assez simplement, est la perception que nous avons du temps ; et nous savons bien que celle-ci diffère d'un temps mal-nommé « absolu » ; au Tome 2 de ce livre, nous savons bien que le temps est relatif, mais nous savons également qu'il nous est quasiment impossible d'en percevoir les dilatations au quotidien. En revanche, nous avons tous pu expérimenter le fait que certaines heures passent plus vite que d'autres ; ainsi, faisant la queue à la préfecture pour remplir les formalités permettant d'obtenir un passeport, le temps s'écoule effroyablement plus lentement qu'en compagnie de bons amis autour d'un bon repas[323]. De la même manière, d'ailleurs, le temps d'un même événement ne s'écoule pas de la même manière pour deux de ses participants ; ainsi, si vous allez voir *2001 : L'odyssée de l'espace* au cinéma lors d'une de ses quelques ressorties, affublé d'un ami autant cinéphile qu'une serviette de bain tièdement humide négligemment jetée sur le carrelage moite de votre salle de bains — j'ai un ami comme ça, sentez-vous que ça m'irrite ? — alors ce chef-d'œuvre lui semblera sans doute un supplice interminable tandis que vous vous sentirez presque frustré de la vitesse à laquelle le temps aura filé.

Il est relativement aisé d'en conclure que cette variation se joue dans votre cerveau ; c'est le cas[324]. Plusieurs choses entrent en ligne de compte

---

323 Oserai-je également dire que, même dans ce cas, le temps s'écoule bien plus lentement qu'en lisant ce livre ?

324 Ce n'est pas vraiment une surprise, le chapitre s'intitule « Le temps psychologique ».

pour expliquer ce phénomène de temps qui passe plus ou moins vite, mais nous allons seulement nous concentrer sur deux d'entre elles : ce qui fait qu'un moment agréable semble passer plus vite qu'un moment désagréable, et ce qui fait qu'une semaine passe bien plus vite quand on a quarante ans que quand on en a dix.

Mise en situation : vous êtes sur le quai d'une gare, d'une station de métro, à un arrêt de bus, et vous attendez cette personne qui pourrait bien être votre grande et belle histoire d'amour ; vous n'avez beau vous fréquenter que depuis quelques jours seulement, vous sentez bien que cette histoire n'est pas une histoire comme les autres. Cette personne n'est plus qu'à quelques minutes de vous, vous le savez ; elle vous a envoyé un message aussi succinct qu'efficace : « je suis dans le métro, j'arrive dans 10 minutes » et vous avez décidé de la surprendre à son arrivée. Vous comptez littéralement les secondes et chacune d'entre elles semble presque une minute entière. La voilà enfin ; à peine vous a-t-elle vu qu'elle court se jeter dans vos bras et vous vous embrassez pendant plusieurs minutes dont chacune semble filer plus vite qu'une simple seconde. Que se passe-t-il ?

En temps normal, votre cerveau traite énormément d'informations à tout instant, tout ce que vous percevez, que vous voyez, entendez, sentez, touchez, etc., tout ceci est traité en temps réel ; ou plutôt en temps quasiment réel car le cerveau a besoin de temps pour traiter ces informations ; il lui en faut peu, certes, mais il lui en faut quand même. D'ailleurs, lors d'un accident, il cherche à traiter beaucoup plus d'informations, ce qui semble ralentir le temps[325]. Ainsi, lorsque vous patientez, lorsque vous attendez un événement à venir, votre cerveau n'a pour ainsi dire rien d'autre à faire que traiter ce que vous percevez : vous comptez les secondes.

---

325 *Prenez le temps d'e-penser*, Tome I, chapitre 57, Éd. Marabout.

Mais lorsque l'événement que vous attendiez arrive enfin, lorsque vous vivez un instant exaltant, ou même simplement plaisant, c'est autre chose qui se met en place. Votre cerveau, si on le simplifie — énormément — est constitué de couches successives : la couche la plus profondément enfouie est ce qu'on appelle le cerveau reptilien ; il est en charge de ce qu'il y a de plus animal et de plus instinctif dans votre comportement : la survie et tout ce qu'elle comporte. Juste au-dessus, on trouve le cerveau limbique — ou système limbique — qui recouvre le champ émotionnel le plus intense et, globalement, le plus directement lié à votre cerveau reptilien. Théorisé par Paul Broca[326], le système limbique est constitué, entre autres choses, de l'hippocampe, de l'amygdale, le gyrus cingulaire, le fornix et l'hypothalamus. Le système limbique est le centre cérébral au sein duquel se forment la peur, l'agressivité, le plaisir, etc.[327]

Du plaisir à en mourir

En 1952, James Olds, doctorant à l'université McGill au Canada, et Peter Milner, son professeur, travaillent à l'étude de certaines zones cérébrales avec des rats. Notamment, ils plantent des électrodes dans le cerveau de rats pour leur envoyer des décharges électriques dans certaines situations — par exemple lorsqu'un rat s'approche de tel ou tel côté de sa cage. Là où la plupart des rats pigent assez vite le truc et évitent rapidement de s'approcher de la zone de danger, un rat, au contraire, y retourne perpétuellement. Et plus les décharges sont importantes, plus il semble y accourir. Après dissection, il s'avère que les électrodes plantées sur ce rat n'étaient pas correctement positionnées. Du coup, nos chercheurs décident de refaire le même test sur plusieurs autres spécimens, cette fois-ci en plaçant délibérément les électrodes au même endroit, que nos universitaires présument être un centre de plaisir, et en permettant aux rats de se provoquer eux-mêmes une décharge à l'aide d'un petit levier déclenchant le choc.

---

326 *Prenez le temps d'e-penser*, Tome I, chapitre 59, Éd. Marabout.

327 C'est également dans le système limbique que se forme la mémoire à long terme.

L'expérience fut tout à fait concluante : les mères oubliant leurs petits, les individus oubliant de se nourrir, de dormir, pressant sur le levier plusieurs dizaines de fois par minute, quitte à ce que le choc soit parfois si violent qu'il les propulse à l'autre bout de la cage ; lorsqu'un rat finit par s'évanouir de fatigue, par exemple, il dort quelques minutes pour, dès son réveil, repartir à la conquête du levier ; des rats se donnant du plaisir jusqu'à en oublier même de survivre, jusqu'à en mourir.

Lorsqu'enfin notre grand amour arrive, lorsque l'événement plaisant débute, notre système limbique sécrète de grandes quantités de neuro-hormones qui nous font planer ; de plus, notre perception du monde extérieur est réduite à son minimum — préserver notre survie en cas de danger ; nous ne sommes plus à cet instant que sensation pure, naturellement drogués, qui plus est ; cela explique pourquoi le temps ne semble plus s'écouler et pourquoi nous perdons la notion de son écoulement. Notre système limbique travaille étroitement avec notre cerveau reptilien et, si ce dernier agit toujours avec des schémas rigides qu'il est impossible de modifier — le cerveau reptilien est incapable d'adaptation — notre cerveau limbique est, quant à lui, totalement insensible à la logique. Nous avons donc au moins une idée de pourquoi le temps nous semble s'écouler plus ou moins vite selon les événements que nous traversons.

Autre point étonnant concernant le temps psychologique, celui qui fait que plus on avance dans la vie, plus le temps semble s'écouler rapidement. En effet, on se souvient bien comment, à l'école, les prochaines vacances semblaient toujours très loin, comment les grandes vacances, celles de l'été, semblaient heureusement interminables ; quelques années plus tard, les semaines s'enchaînent de plus en plus vite, presque sans qu'on ait le temps d'en prendre conscience ; juillet laisse rapidement place à août et une nouvelle année reprend. De plus en plus vite. Pour le coup, ce phénomène s'explique assez intuitivement à l'aide de notre mémoire. Un temps qui s'écoule est expérimenté par un sujet au regard de sa propre expérience de vie et du temps ; ainsi, pour un enfant de dix ans, une année à venir représente 10 % de toute l'expérience de sa vie, là où la même année ne représente qu'un cinquantième, soit 2 % de la vie d'un homme de cinquante ans. Il peut sembler étonnant de voir à quel point un enfant de moins de dix ans se rappelle avec précision de ce qu'il faisait la semaine précédente, le mois précédent, alors qu'un adulte en est bien incapable. Cela est directement lié à l'importance de l'événement : non pas l'importance de ce qui constitue cet événement, mais l'importance relative de sa durée par rapport à l'expérience de vie de la personne — toute la durée de vie dont elle peut se rappeler. Ce phénomène, je l'ai dit, s'explique assez simplement de façon intuitive ; cela étant, je ne peux m'empêcher cette réflexion : la première seconde de la vie d'un être humain doit lui sembler infiniment longue...

102. Le temps physique

Le temps physique, ou plutôt devrais-je dire le temps de la physique, on l'a dit à plusieurs reprises dans le tome précédent de cet ouvrage, c'est une dimension. Elle permet la mesure des transformations, des changements, des variations, et se refuse à toute définition objective. Mais c'est une dimension, et une seule dimension ; cela signifie qu'un point précis de ce temps peut être formulé précisément à l'aide d'un seul nombre — qu'on appelle prosaïquement la date. Cette notion de dimension nous permet de faire une analogie avec la géométrie pour laquelle une dimension spatiale peut s'exprimer sous la forme d'une droite ; ainsi, comme une droite qui est composée d'une infinité de points, le temps est une dimension composée d'une infinité d'instants. Mathématiquement, ces instants peuvent bien être d'une durée totalement nulle, comme les points d'une droite qui n'ont aucune épaisseur. Dans le monde réel de la physique, moins abstrait, les points qui constituent une droite ont une épaisseur, aussi réduite qu'on le souhaite, certes, mais une épaisseur quand même, tout comme un instant à une durée, qu'il s'agisse d'une seconde avant que la trotteuse de ma montre-bracelet se déplace, d'une milliseconde ou d'une nanoseconde. Le temps est constitué d'instants successifs. Et ce qui distingue principalement le temps physique du temps psychologique, c'est le fait que concernant le temps physique, les instants se succèdent toujours à la même vitesse : la fluidité du temps est constante. On veillera à ne jamais parler de vitesse du temps, car cette expression n'a aucun sens — une vitesse étant définie comme une variation au cours du temps, la vitesse du temps est irrémédiablement d'une seconde par seconde — mais on comprend bien que l'écoulement du temps, lorsqu'il s'agit de physique, est comme le flux d'une rivière dont le débit serait parfaitement constant[328].

En revanche, il y a un point commun majeur entre le temps physique et le temps psychologique : celui-ci ne fait que s'écouler, et il s'écoule toujours dans le même sens, du passé vers l'avenir.

Du coup, le temps physique est une dimension avec un sens ; on doit donc pouvoir se le représenter géométriquement, comme une ligne avec un sens ; si cette ligne peut tout à fait ne pas être droite, il y a quand même deux représentations possibles radicalement différentes : la ligne ouverte et la ligne fermée. Dans le cas de la ligne ouverte, avec à une extrémité le passé et à l'autre extrémité le futur, un instant passé n'est jamais revisité par le temps qui s'écoule le long de cette ligne, du passé vers le futur ; bien sûr, comme une droite géométrique, cette ligne du temps peut être infiniment longue. Mais dans le cas de la ligne fermée, certes le temps s'écoule dans un sens donné, en direction de ce qu'on appelle le futur ; pourtant, on voit bien qu'à partir d'un certain point,

---

[328] On sait avec la relativité que ce n'est pas le cas, mais faites « comme si » le temps de ce chapitre, s'il vous plaît ; le temps est une notion suffisamment complexe comme ça…

l'instant courant a déjà été visité par le passé, peut-être même déjà des milliers de fois. Du coup, il est important de se poser la question de la capacité du temps à boucler sur lui-même : le temps est-il cyclique ou non ?

Pour répondre à cette question, il va falloir parler un peu d'un des principes les plus fondamentaux des sciences, le principe de causalité.

103. Le principe de causalité

Pierre angulaire des sciences, le principe de causalité n'a jamais été mis en défaut. Ce qui est plutôt une bonne nouvelle concernant un principe.

Principes, lois et théories

Un des problèmes majeurs qu'ont les gens à comprendre les sciences réside dans le fait que certains mots, utilisés dans le langage courant, le sont également dans le domaine des sciences mais pas pour raconter la même chose. Attention, pas pour raconter quelque chose de totalement différent, non, et c'est bien là que c'est insidieux ; pour raconter quelque chose d'analogue. Ainsi, l'espace et le temps sont des notions qui ne disent pas la même chose à un scientifique et au péquin moyen. Mais plus encore, et à la base même des sciences, ce qui les caractérise se décrit à l'aide de mots tels que théorie, loi ou principe. Et ces mots, comme beaucoup d'autres, ont plusieurs sens. Ainsi, dans le langage courant, on parle déjà de théorie dès qu'une idée nous traverse l'esprit, y compris si cette idée ne repose sur rien. Le problème est qu'une théorie scientifique ne repose pas sur rien ; elle est le résultat, certes, de spéculations, mais qui doivent ensemble former un tout rendant compte d'un état, d'un comportement, d'une règle de transformation, etc. Une théorie scientifique, si elle doit comme je l'ai déjà dit[329] être constamment mise à mal, ne repose pas sur une croyance, mais sur des hypothèses qu'il convient de peser, d'estimer, de tester et de valider. C'est pour cette raison qu'on peut parfois entendre des créationnistes dire que la théorie de l'évolution est une théorie et que le créationnisme en est une autre ; c'est faux.

---

329 *Prenez le temps d'e-penser*, Tome I, chapitre 0, Éd. Marabout.

La théorie de l'évolution est une théorie scientifique, la théorie du créationnisme est une croyance ne reposant sur aucun élément scientifique.
Ensuite, il y a les lois. Les lois n'expliquent pas le pourquoi, elles racontent le comment. Ainsi, la théorie de la gravitation tente d'expliquer pourquoi la gravitation existe, ce qui la provoque et ce qui la contraint, tandis que la loi de la gravitation raconte les « forces » en jeu et permet de calculer ces « forces ». Newton lui-même avait admis ne pas comprendre la gravitation, cela ne l'a nullement empêché de constituer la loi universelle de la gravitation qui, hors des vitesses proches de celle de la lumière, reste parfaitement valable pour calculer, par exemple, les trajectoires des planètes autour du Soleil.
Enfin, il y a les principes. Les principes sont analogues à ce que sont, en mathématiques, les axiomes. La plupart des mathématiciens acceptent volontiers que 1 + 1 = 2 sans avoir besoin de le démontrer pour effectuer leurs calculs. Cela n'interdit pas à certains de chercher à démontrer cela — Bertrand Russell, pour ne citer que lui — mais c'est quelque chose d'admis par tous les autres. Pourquoi est-ce admis ? Parce qu'on peut considérer que c'est une vérité qui ne nécessite pas d'être débattue. À moins, bien sûr, qu'on ne l'invalide. En sciences comme en mathématiques, il existe des briques élémentaires de raisonnement qu'on ne cherche généralement pas à démontrer, et on bâtit sur ces briques. Bien entendu, des chercheurs continueront de vouloir les démontrer ou, *a minima*, de réduire leur nombre, mais ces principes seront pour la plupart des chercheurs admis comme des vérités jusqu'à preuve du contraire. Par exemple, il existe en physique un principe dit de la « continuité de l'espace et du temps » qui suppose que l'espace et le temps sont continus, que le temps ne bégaye pas et ne se met pas, par « endroits », sur sa ligne, à sauter une heure, un mois ou un million d'années. En résumé, un principe scientifique est une loi scientifique non démontrée que l'on admet comme n'ayant pas besoin d'être démontrée, reconnue comme une vérité jusqu'à preuve du contraire. Ce dernier point est ce qui le distingue d'un dogme.

Le principe de causalité remonte historiquement à loin et, comme c'est souvent le cas avec les idées qui remontent à loin, passe par la case Aristote, cette fois-ci sans moindre mal. Du coup, je ne vais pas en parler[330].

---

330 D'aucuns appelleront cela du mauvais esprit, j'appelle cela ma liberté.

Le principe de causalité raconte globalement deux choses distinctes qui — c'est le propre des principes — peuvent se passer naturellement d'explication ; la première, c'est que la conséquence d'une cause arrive toujours après sa cause. Une pomme ne se trouve pas au sol tant qu'elle n'est pas tombée de l'arbre. La deuxième chose que raconte ce principe, c'est qu'une conséquence ne peut pas avoir d'effet rétroactif sur sa cause. Il faut bien, pour ce point, se distinguer du cercle vicieux dans lequel la conséquence va provoquer une nouvelle instance de la cause ; le principe de causalité ne parle pas de cela, mais bel et bien d'un effet qui rétroagit sur sa propre cause — par exemple, dans le cycle de l'eau, la pluie va tremper le sol et cette humidité causera finalement de la pluie, mais il s'agira d'une nouvelle pluie, d'une autre pluie.

Il va m'être difficile d'en faire plus sur le sujet car, comme je l'ai dit, le principe de causalité, une fois exprimé, se passe d'explication ; on peut refuser d'y croire, mais il faut accepter que ce refus n'est qu'une croyance car le principe de causalité, s'il n'a pas été démontré, ne repose pas sur rien : aucune expérience, à ce jour, n'a jamais réussi à le mettre en défaut. Aucune.

« Mais euh, quel rapport dans le contexte ? »[331] Yvain

Le rapport est que, en accord avec le principe de causalité, le temps ne peut pas être cyclique. En effet, si le temps était cyclique — notez bien que je parle de *temps* cyclique, pas d'histoire cyclique — un événement A pourrait bien déclencher un événement B qui, au terme d'un cycle, pourrait à son tour avoir un effet sur l'événement A ; pas sur une nouvelle instance de A, mais bien sur l'événement A lui-même. Et quand bien même B n'aurait aucune incidence sur A, selon la position dans le cycle du temps, on pourrait bien considérer que B, l'effet, précède A, la cause. Vous l'aurez compris, à moins que le principe de causalité

[331] *Kaamelott*, Livre III, Morituri.

ne soit invalidé, ce dernier s'oppose par nature au fait que le temps puisse être cyclique. Il doit donc être linéaire.

104. Le voyage dans le temps

Le temps est linéaire et si cette ligne peut bien prendre diverses circonvolutions, elle ne boucle tout simplement pas. Pour autant, son flot n'est pas constant et les théories de la relativité, tant restreinte que générale, nous ont appris qu'elle peut bien être dilatée ou contractée, selon la gravitation, l'accélération, etc. Certes, mais un invariant persiste : le temps s'écoule toujours du passé vers l'avenir. C'est un fait qui ne rencontre, à ce jour, aucun obstacle. On appelle cela le cours du temps. Et c'est le frein majeur à une hypothétique[332] technologie de voyage dans le temps. Bon, ok, je ne peux pas lâcher ça comme ça, il va falloir que je précise un peu.

Le voyage dans le temps est non seulement possible, c'est une réalité que nous expérimentons tous à chaque instant : nous voyageons tous dans le futur d'une seconde à chaque seconde. Je sens bien que vous êtes un peu déçu par l'effet d'annonce, mais suivez-moi encore quelques instants, vous allez voir que c'est bien plus complexe qu'il n'y paraît.

Lorsqu'on parle de voyage dans le temps, nous pouvons faire référence à trois choses : la première et, de loin, la moins intéressante, mais qui, pourtant, reste la seule accessible à nous tous, se laisser simplement porter par le cours du temps. Voyez-vous, lorsque vous êtes à la dérive au beau milieu de l'océan, vous pouvez bien, à un moment, dériver vers l'est puis, un moment plus tard, dériver vers l'ouest, voire vers le nord. Pour le temps, c'est différent ; il n'est pas possible, en se laissant simplement porter, de remonter le temps en direction du passé. Nous ne pouvons

---

332 Se prononce « berhoun » en persan. Ceci était une information gratuite.

nous laisser porter par le temps que dans le sens de son cours, vers le futur. Du coup, oui, c'était une évidence mais, oui également, il était nécessaire de l'inscrire. La deuxième façon dont on évoque le voyage dans le temps est le voyage dans le futur ; c'est également une forme de voyage théoriquement possible, non seulement, mais déjà exercée par nous tous, encore une fois au quotidien[333]. La théorie de la relativité restreinte nous dit que lorsqu'on se déplace, notre temps est dilaté par rapport à ce qui ne se déplace pas. Ainsi, si vous êtes confortablement assis sur un banc en train d'attendre le bus à côté d'un Forrest Gump anonyme bardé de ses chocolats, les usagers dudit bus sont, par rapport à vous, en mouvement. Les aiguilles de votre montre tournent plus vite que les leurs. Les gens dans le bus voyagent donc dans votre futur. Rien de discernable, bien sûr, et il en faudrait des millions d'années pour en percevoir les effets, mais c'est un fait. De la même manière, la théorie de la relativité générale nous dit que la masse déforme l'espace-temps — causant ainsi la gravitation ; ainsi, pour un astronaute en orbite autour de la Terre, les aiguilles de sa montre tournent également plus vite que celles des gens à la surface du sol. Bon, en fait, non. Les aiguilles tournent à la même vitesse. Mais c'est simplement parce que les montres des astronautes sont conçues pour prendre en compte cette différence, faute de quoi les aiguilles tourneraient bel et bien plus vite. D'ailleurs, les satellites — notamment les satellites GPS — doivent constamment se resynchroniser sur le temps terrestre afin qu'il y ait corrélation entre leurs mesures et leur traitement au sol. Si l'effet est là bien plus conséquent que dans le cas où on attend simplement le bus, il faut quand même bien du temps pour en percevoir les effets. Cela dit, vous pouvez d'ores et déjà noter que lorsque vous marchez, vos pieds vieillissent moins vite que votre tête pour laquelle la gravité est un poil moindre, tout comme vos bras qui bougent bien plus que

333 Attention, nouvelle déception à venir.

votre corps. Compte tenu de cela, soyons tous heureux du fait que les effets à notre échelle sont insignifiants.

Mais en théorie — presque en pratique, mais pas encore tout à fait — si l'on voyage suffisamment vite dans l'espace, si l'on s'éloigne suffisamment de la gravitation terrestre, les aiguilles de nos montres doivent pouvoir tourner bien plus vite encore que celles des humains restés sur Terre. Il doit ainsi être tout à fait possible de voyager dans le futur ou, plus précisément — et encore, je dis « plus précisément » juste avant d'énoncer une phrase qui n'a quasiment aucun sens, mais qu'importe — il doit être possible d'aller plus ou moins vite dans le futur. Dans de nombreuses stations de ski, il existe aujourd'hui une attraction, un genre de bobsleigh monté sur rails au bord duquel on peut descendre une piste faite de nombreux virages, avec pour seul instrument à sa disposition un frein qu'on peut plus ou moins actionner pour ne pas trop tenter sa peur. Voilà ce que nous pouvons faire en guise de voyage dans le futur : nous pouvons jouer sur la vitesse à laquelle nous nous y rendons, c'est tout.

Ordres de grandeur du voyage dans le futur

Histoire de fixer les esprits, je vais simplement vous donner deux ou trois éléments de calcul pour comprendre à quel point voyager dans le futur tel qu'on l'imagine aujourd'hui n'est pas très efficace ; si l'on voyage à 80 % de la vitesse de la lumière — ce qu'on ne sait pas faire — pendant vingt ans, il ne se sera écoulé que douze ans pour un observateur au sol. Il faut donc, dans ces conditions, vingt ans de voyage ininterrompu à une vitesse aujourd'hui techniquement inatteignable pour voyager de huit ans dans le futur des autres. Ca, c'est pour la relativité restreinte.

Pour la relativité générale, en revanche, en admettant qu'on puisse se placer en orbite autour d'un objet particulièrement massif et déformant l'espace-temps de façon très significative — disons un trou noir — alors la gravitation serait telle qu'effectivement les astronautes à bord voyageraient « rapidement » dans le futur des autres personnes restées sur Terre. Mais il faut pour cela atteindre un trou noir — on n'est même pas au point pour aller sur Mars, alors un trou noir… — se placer en orbite autour — pourquoi pas, c'est en effet tout à fait possible, mais il ne faut pas se planter dans ses calculs — et enfin revenir.

Quant au troisième type de voyage dans le temps, quel est-il ? Celui des histoires de science-fiction, celui de Marty McFly et du Docteur[334], celui qu'on peut effectivement appeler « voyage » sans tromper personne : la capacité d'aller n'importe quand, simplement et rapidement, à l'aide d'une machine ou non ; et le problème majeur de cette façon de penser le voyage, c'est le voyage dans le passé. Voyons ce qu'il en est.

Outre le fait que nous n'avons strictement aucune idée de comment voyager dans le passé — et ne commencez pas à vous énerver devant ce livre en tentant de me parler de « trous de vers », je ne vous entends pas, ces mots ont été écrits il y a plusieurs mois déjà, et je suis actuellement sur un tout autre sujet[335] — outre ce fait, donc, le voyage dans le passé est par nature paradoxale. Inutile, donc, pour l'instant, de se poser la question du comment si la simple question du quoi est insoluble. Partons simplement de cette idée relativement simple qui est que si on montre l'impossibilité du voyage dans le passé, cela signifie que voyager dans le passé est impossible — ça semble très con, dit comme ça, j'en ai bien conscience, mais je sais d'expérience que sans cette phrase, à la fin de ma démonstration, vous auriez encore des doutes ; je préfère passer ponctuellement pour un con.

L'énorme problème que pose le voyage dans le passé est le principe de causalité — le chapitre juste avant celui-ci… c'est bien foutu, hein ?

---

334 Histoire de ne vraiment laisser personne sur le carreau, Marty McFly est le héros de la trilogie *Retour vers le futur*, et le Docteur est le héros de la série *Doctor Who*.

335 En réalité non, je viens à l'instant de les écrire, mais j'anticipe la lecture que vous en faites ; vous allez voir que le voyage dans le temps pose de sérieuses questions de concordance des temps.

— car il faut avoir à l'esprit une chose : si vous voyagez dans le passé, les événements que vous y vivrez, outre le fait qu'ils appartiennent au passé, appartiennent à votre futur. Enjaillons-nous donc sur la voie des paradoxes temporels et des casse-têtes de concordance des temps.

Paradoxes

Petite parenthèse au sujet des paradoxes car il est aujourd'hui traditionnel de considérer un fait impossible, contre-intuitif, voire parfois seulement étonnant, comme étant un paradoxe. Ce n'est pas le cas ; un paradoxe est une logique qui n'est pas seulement impossible mais qui est impossible à résoudre. Un exemple célèbre de paradoxe est le paradoxe du barbier, proposé par Bertrand Russell, maître de la logique, s'il en est : soit un village dans lequel il y a un seul barbier, qui ne rase que la barbe des habitants qui ne se rasent pas eux-mêmes et qui est le seul à les raser. Question : qui rase le barbier ? S'il se rase lui-même, alors le barbier est quelqu'un qui se rase lui-même ; si, en revanche, il ne se rase pas lui-même, alors il est censé être rasé par le barbier qui n'est autre que lui-même. Il est impossible de résoudre le cas, c'est un paradoxe.

Et pour fixer correctement les esprits, voici un paradoxe qui n'en est pas un : combien de personnes devez-vous faire entrer dans une pièce arbitrairement grande afin d'avoir 90 % de chances qu'au moins deux de ces personnes fêtent leur anniversaire le même jour ? Vous pensez sans doute qu'il en faut autour de 300 ou de 330, mais il n'en est rien. Il suffit de faire entrer 40 personnes dans la pièce. C'est étonnant, c'est contre-intuitif, mais cela comporte une réponse claire et définitive : ce n'est pas un paradoxe.

Le paradoxe du grand-père

On fait difficilement plus classique que celui-ci en terme de paradoxes temporels, et il est, avec ses différentes variantes, l'un des plus gros freins à l'écriture de romans de science-fiction mettant en œuvre des voyages dans le passé. L'idée de base est relativement simple : vous retournez dans le passé pour tuer votre grand-père avant qu'il n'engendre votre parent, peu importe vos motivations. Votre grand-père étant mort avant d'avoir la possibilité de donner naissance à votre lignée, vous ne naissez pas ; mais si vous ne naissez pas, vous ne pouvez pas retourner dans le passé pour tuer votre grand-père, ce qui fait qu'il aura vécu dans le passé, vous permettant de venir au monde pour le tuer dans le passé. Paradoxe !

Une variante très connue consiste à remonter dans le temps pour tuer Hitler avant qu'il ne prenne le pouvoir en Allemagne en 1933 ; du coup, pas de Seconde Guerre mondiale mais, des années plus tard, vous n'avez alors aucune raison de remonter le temps pour tuer ce peintre inconnu tué un soir dans une ruelle sombre sans aucun motif apparent ; du coup vous n'y allez pas et Hitler peut vivre, prendre le pouvoir et causer les morts qu'on lui connaît ; par conséquent, vous remontez le temps pour le tuer, etc. Paradoxe !

Le paradoxe de l'écrivain

Vous remontez le temps dans votre machine à voyager dans le temps pour aller à la rencontre du jeune William Shakespeare, des années avant qu'il n'écrive *Hamlet*. Vous lui donner le texte complet d'*Hamlet* en lui expliquant que cela sera un de ses plus grands chefs-d'œuvre, et vous vous en allez. Shakespeare lit la pièce et l'aime tellement qu'il décide, quelques années plus tard, de se l'approprier et de la faire mettre en scène ; des siècles plus tard, *Hamlet* est le monument de théâtre que l'on sait, et tout va bien dans le meilleur des mondes. Voici ma question : qui a écrit *Hamlet* ? On serait tenté de dire que c'est Shakespeare « la première fois », sauf que « la première fois » n'a aucun sens ; en effet, « la première fois » fait référence à la première occurrence dont j'ai parlé, mais il ne s'agit pas à proprement parler de « la première fois ». On se retrouve avec un livre fantastique qu'on peut lire mais qui, finalement, n'a jamais été écrit. Paradoxe !

Une variante célèbre de ce paradoxe consiste à fabriquer une machine à voyager dans le temps, quitte à y consacrer sa vie entière pour, une fois la machine fabriquée, remonter le passé et la remettre à son soi jeune ; ainsi, on ne passe pas sa vie à créer cette machine. On est ici dans une variation des deux paradoxes précédents à proprement parler car, du coup, qui fabrique la machine ? Paradoxe !

Bon, du coup, il y a des paradoxes, et ça ne sent pas bon pour un éventuel voyage dans le temps, un jour. Cela dit, pour s'en convaincre, il faut déjà déterminer s'il n'est pas possible de lever ces paradoxes ; en effet, si on ne le peut pas, alors il est inutile de perdre plus de temps sur le sujet, voyager dans le temps est tout bonnement impossible ; en revanche, si on peut résoudre ces paradoxes, alors cela vaudra quand même le coup d'y passer un peu de temps. Et, bien évidemment, pas question de résoudre le moindre paradoxe temporel sans garantir par ailleurs la validité du principe de causalité, c'est dire si cela va être simple.

Première solution : les lignes alternatives du temps

Solution très classique dans l'univers de la science-fiction — notamment dans la trilogie du *Retour vers le futur* — l'idée est la suivante : chaque action modifiée dans le passé entraîne la création d'un nouveau continuum espace-temps, une sorte de réalité alternative plus ou moins similaire. Ce qu'on pourrait appeler — à tort, mais ça ira — des univers parallèles — et si vous vous demandez pourquoi je dis que c'est nommé ainsi « à tort », je rappelle que lorsque deux machins sont parallèles, ils ne se croisent jamais, alors que dans le cas dont je parle, il y a très clairement une fourche à l'événement modifié qui déclenche l'existence de cette réalité alternative.

Ainsi, si vous remontez le temps pour tuer Adolf Hitler, l'univers que vous connaissez n'aura pas changé et vos manuels d'histoire traiteront toujours exactement la Seconde Guerre mondiale de la même manière ; en revanche, il existera une réalité alternative dans laquelle cette guerre n'aura jamais eu lieu — en tout cas pas du fait d'Hitler. Il n'y a plus de paradoxe. De la même manière, si vous allez refiler *Hamlet* à Shakespeare, ce texte aura été écrit par le Shakespeare de votre passé et refilé à un « autre » Shakespeare, ou plutôt à un Shakespeare « alternatif ». Il n'y a plus de paradoxe. Clairement, cette méthode va résoudre tous les paradoxes temporels puisqu'elle a été spécifiquement imaginée pour cet objectif. Avec une autre réalité, aucun risque d'arriver à un paradoxe du type « je suis vivant et je ne suis pas vivant » et, de plus, aucun risque d'enfreindre le principe de causalité puisque, passé ou pas, les effets ne se situent pas dans la même réalité que les causes. C'est une méthode qui fonctionne *par construction.*

Bon, il semble donc possible de résoudre les paradoxes temporels ; certes, la solution est assez tarabiscotée, mais ça reste une solution et, d'une certaine manière, cette solution est peut-être la plus simple. Oui, une réalité alternative complète pour chaque modification, et comprenons-nous bien : chaque respiration que vous prenez dans le passé est une modification par rapport à la « fois » où vous n'y étiez pas qui crée une réalité alternative. Donc il y a des milliards et des milliards de réalités alternatives créées à chaque seconde. C'est pourtant bien la solution la plus simple. Notamment au regard de la suivante.

Deuxième solution : la prédestination

Autrement appelée — par moi, notamment — la solution du « ça a toujours été le cas, bordel ! », cette solution a l'avantage de s'énoncer clairement : ce qui arrive dans le passé s'est toujours passé. Point. Simple, non ? Détaillons un peu, vous allez voir que je n'ai pas menti en disant que la solution précédente était la solution la plus simple car, bien sûr, celle-ci est beaucoup plus simple, mais le fait est qu'elle ne résout rien du tout.

L'idée est pourtant assez tentante, et certaines œuvres de science-fiction — notamment le bien-nommé film *Prédestination*[336] — reposent intégralement sur ce principe. Examinons les paradoxes, à commencer par celui du grand-père ainsi que ses variantes. Vous allez dans le passé pour tuer votre grand-père ; peut-être votre grand-mère est-elle déjà enceinte, peut-être votre grand-père n'est pas votre grand-père biologique, quelle que soit l'explication, il y en a une puisque, si vous avez tué votre grand-père, vous avez toujours tué votre grand-père, y compris alors même que vous ne pensiez pas encore possible de voyager dans le temps. Et si votre grand-père est vivant alors que vous partez dans le passé, c'est que vous avez toujours échoué à le tuer. La même chose est possible concernant Hitler, et on peut même pousser plus loin en disant que si vous voyagez dans le passé pour vous tuer vous-même — juridiquement, ce n'est pas un suicide tout en en étant un, ce qui est également un paradoxe — vous avez alors toujours tenté de vous tuer et vous avez toujours échoué[337]. Triste sort. Dans le cas du paradoxe de l'écrivain, c'est plus complexe : si vous confiez *Hamlet* à un jeune Shakespeare, alors vous le lui avez toujours confié, ce qui signifie que personne n'a, pour le coup, jamais écrit *Hamlet*. À moins, bien sûr, que vous n'échouiez à chaque fois que vous souhaitez remettre le manuscrit à son auteur.

Ainsi, cette solution repose plus sur votre incapacité à altérer le passé que sur le fait de voyager dans le passé et, certes, ça peut sembler une solution acceptable, mais il est inconcevable de penser que rien de ce qui arrivera durant votre passage dans le passé n'aura d'incidence sur la suite des événements, même le plus infime. Le principe de causalité n'a pas besoin de plus pour être violé. En conclusion, s'il est possible

---

336 *Predestination*, de The Spierig brothers, 2014.

337 Petite note, simplement pour rappeler à qui en a besoin que tuer des gens, c'est mal.

d'imaginer que la prédestination est une solution viable pour résoudre les paradoxes temporels, il y a fort à parier qu'elle viole le principe de causalité en ce qu'un des effets du voyage provoquera le voyage lui-même. Un effet qui agit sur sa cause, c'est interdit.

Troisième solution : l'univers dual

« L'univers dual » est une version simplifiée de la première solution, en ce qu'elle ne nécessite pas une infinité d'univers alternatifs, mais seulement deux univers par paradoxe. Dans le cas du grand-père, le paradoxe est le suivant : vous tuez votre grand-père, donc vous ne naissez pas, donc vous n'allez pas tuer votre grand-père qui, du coup, vit, donc vous naissez, donc vous allez tuer votre grand-père, etc. Deux univers suffisent à supporter ce paradoxe. Votre vous vit dans l'univers n°1 et vous retournez dans le passé tuer votre grand-père ; dès l'instant où vous l'avez assassiné, vous basculez dans l'univers n°2, un univers dans lequel personne ne sait qui vous êtes, si ce n'est un assassin, un univers dans lequel un autre vous ne viendra pas au monde — puisque le grand-père est mort. Mais, du coup, vous ne pourrez pas remonter le temps pour tuer votre grand-père qui, pour le coup, va vivre, mais dans l'univers n°1. De la même manière, vous retournez dans le passé pour donner *Hamlet* à Shakespeare qui, du coup, ne l'a pas écrit : vous êtes maintenant dans l'univers n°2. Des siècles plus tard, vous remonterez à nouveau le temps pour refiler *Hamlet* à Shakespeare, toujours dans l'univers n°2.

Cette solution est élégante, bien trop pour ne pas immédiatement voir qu'il ne s'agit que d'une simplification mathématique ; en effet, pour quelle raison le grand-père qui vit vivrait-il dans l'univers n°1 et pas dans un troisième univers, encore différent ? Et pourquoi diable resterions-nous avec Shakespeare dans l'univers n°2 ? Cette solution permet sans doute de simplifier le problème à son minimum en vue d'un jeu de l'esprit, ou pour réaliser un graphe simple permettant de saisir la chose, mais c'est sans compter le fait que, comme dit précédemment, chaque battement des cils est une modification qui va altérer le cours des événements ; alors peut-être que chaque battement des cils ne nécessitera que deux univers alternatifs, mais cela fait finalement des milliards et des milliards d'univers alternatifs par seconde. Nous voilà revenus dans la première solution.

Mais si on accepte la possibilité, même infime, de cette première solution, si on peut s'imaginer un instant qu'elle pourrait bien être valide, alors cela signifie que nos paradoxes temporels peuvent être résolus et qu'il n'est donc pas totalement inutile de réfléchir quelques instants à comment nous pourrions voyager dans le passé. Aujourd'hui, les hypothèses sur le sujet ne sont pas légion, il y en a pour ainsi dire trois — dont deux très similaires.

Première technique : la méthode Gödel

Kurt Gödel est logicien et mathématicien austro-américain, brillant comme peu de mathématiciens savent l'être ; le niveau d'abstraction de ce qu'il raconte est si perché que peu de gens comprennent ce qu'il raconte la plupart du temps. Il est à l'origine de travaux mathématiques et logiques fondamentaux dans le domaine de la complétude.

Théorèmes d'incomplétude

Vu la taille de l'encart, vous savez déjà que je ne vais pas rentrer dans le détail. Gödel s'intéresse à la complétude et à l'incomplétude, c'est-à-dire à l'ensemble des énoncés qui, dans un ensemble donné, sont démontrables ou réfutables. Il va établir dans le domaine deux théorèmes tout à fait fondamentaux, dits théorèmes d'incomplétude de Gödel.

Le premier théorème établit qu'une théorie suffisamment complexe pour y démontrer les théorèmes de base de l'arithmétique contient des énoncés qui ne sont ni démontrables ni réfutables ; il est impossible, pour tout un ensemble d'énoncés, de démontrer s'ils sont valides ou non. Cette théorie est alors dite cohérente. Et le second théorème d'incomplétude dit qu'une théorie cohérente ne suffit pas à démontrer sa propre cohérence.

Bref, Gödel est tranquille à converser avec son ami Albert Einstein au sujet de la relativité générale, notamment pour lui indiquer qu'il a réfléchi à des solutions mathématiques à son équation. Or il se trouve qu'une de ces solutions indique que si l'univers est en rotation sur lui-même — en rotation rapide sur lui-même — alors la déformation de l'espace-temps peut être telle que des boucles temporelles sont possibles, et même probables. Inutile de dire qu'Einstein, qui tient à un univers statique, n'aime pas beaucoup l'idée. Sans doute un des points majeurs qui distinguent le physicien du mathématicien : le physicien tient à ce que ce qu'il trouve ait du sens dans le monde tel qu'il le comprend — ou tel qu'il peut le comprendre — tandis que le mathématicien s'en moque éperdument. Pour ce dernier, un résultat mathématique correct est une solution possible. Toujours est-il que si Gödel a raison, alors il est possible de voyager dans le passé… en voyageant dans le futur. L'idée est la suivante : vous voyagez très vite en périphérie de l'univers jusqu'à ce que votre futur devienne votre passé. Et évidemment plusieurs problèmes se posent : d'abord, vous comprenez bien qu'il n'est pas aisé d'entreprendre un tel voyage — je rappelle que l'objet le plus éloigné de la Terre lancé par l'homme vient à peine de quitter le système solaire après un voyage de près de quarante ans. Donc on n'y est pas. De plus, on l'a déjà dit, voyager « très vite » est quelque chose dont on est encore aujourd'hui bien incapable. Enfin, et ce n'est pas le moindre problème, voyager dans l'espace-temps n'est pas que voyager dans le temps, mais également dans l'espace, du coup trouver une boucle spatiotemporelle ne permet pas de décider à quelle période du passé vous allez arriver, ni à quel endroit de l'espace. Bref, c'est une voie sans issue.

De toute façon, il a été prouvé ensuite que l'univers était en expansion, d'une part, et qu'il n'était pas en rotation sur lui-même, d'autre part. Donc Gödel a trouvé une très jolie solution mathématique, certes, mais sans aucune réalité physique. Cela dit, gardons en tête qu'il a démontré qu'une boucle spatio-temporelle était mathématiquement possible.

Deuxième technique : les trous noirs

On en a déjà parlé, mais il s'agit là d'un autre usage des trous noirs ; il ne s'agit plus « simplement » d'orbiter autour d'un trou noir pour profiter de sa grande gravitation, mais d'orbiter autour d'un trou noir en rotation très rapide sur lui-même ; en effet, ce que la relativité générale dit, c'est qu'il est possible, dans ce cas, qu'une boucle temporelle — comprendre « spatiotemporelle » — se forme autour du trou noir. Outre le fait que, cette fois-ci, rien ne vient démontrer l'impossibilité d'un tel phénomène, les problèmes restent sensiblement les mêmes : c'est très loin, il faut y aller vite, et on ne sait ni où ni quand on arrive — sans compter que la boucle est locale, ce qui signifie qu'on n'arrive sans doute pas très loin en terme d'espace, mais quid en terme de temps ; par ailleurs, on a également les problèmes inhérents aux trous noirs, à savoir que la gravitation y est très forte, alors il ne faut pas se tromper en calculant son orbite.

Troisième technique : les trous de ver

On parlera plus en détail des trous de ver, mais ce qu'on peut rapidement en dire ici est la chose suivante : un trou noir déforme assez conséquemment l'espace-temps, si bien qu'il est théoriquement possible que deux trous noirs se « touchent » et ouvrent un genre de tunnel entre deux points de l'espace-temps, ce qu'on appelle un trou de ver[338]. Si ces trous de ver existent et s'ils sont suffisamment stables et suffisamment gros — on suppose qu'il y en a constamment qui s'ouvrent et qui se ferment instantanément à l'échelle microscopique, et la théorie indique qu'on peut en créer un à l'aide d'une quantité massive d'énergie négative[339] — alors on peut envisager de passer au travers d'un de ces

---

[338] Voir le film *Interstellar*, de Christopher Nolan, 2014.

[339] Pas la peine de me demander, je n'en sais rien…

« tunnels » pour se retrouver à un autre endroit de l'espace et du temps. Et là encore, les problèmes sont les mêmes qu'auparavant.

Ok, du coup, on peut se dire qu'il n'est peut-être pas totalement impossible de voyager dans le temps — encore que — et qu'on n'a pour ainsi dire aucune idée de comment voyager dans le temps de façon pratique, à la manière des machines à voyager dans le temps qu'on peut rencontrer dans la littérature SF ou dans les séries TV et autres films — qu'il s'agisse du traîneau de Père Noël de H.G. Wells, d'une cabine de police britannique ou d'une DeLorean[340] — mais admettons ; admettons qu'on dispose d'une telle machine qui nous permet, instantanément ou presque, de voyager dans le temps ; cette machine dispose d'un cadran, on y indique une date et une heure, on appuie sur un bouton, et bim ! Nous voici projeté au moment dit. Cela peut-il aller aussi simplement ?

Bien sûr que non, et pour plusieurs raisons : d'abord l'espace et le temps sont partie d'un même continuum, donc si je suis avec ma machine au pied de la tour Eiffel et que je décide de voyager un mois dans le passé, à quel endroit vais-je apparaître ? D'un côté, la Terre est constamment en mouvement autour du Soleil, lui-même constamment en mouvement autour du centre de notre galaxie, elle-même en mouvement dû à l'expansion de l'univers. Peut-on simplement imaginer arriver au même endroit ? À cette question, je répondrai par une autre question : au même endroit par rapport à quoi ? Parce que, je le rappelle, il n'existe pas de point de référence absolu dans l'univers, c'est un des postulats de base de la théorie de la relativité qui, je le rappelle, fonctionne étonnamment bien. Du coup, il faut bien prévoir son coup, anticiper correctement — au mètre près — les mouvements respectifs de la Terre, du Soleil, de la Voie lactée, de l'amas local, etc.

---

340 Respectivement *La Machine à explorer le temps*, *Doctor Who* et *Retour vers le futur*.

pour s'assurer d'apparaître au bon endroit, faute de quoi on risque, au mieux, d'apparaître dans le vide de l'espace ou, au pire, par exemple, au cœur de la Terre, de Jupiter, du Soleil, etc. C'est la première difficulté qu'on rencontre. Mais admettons ; admettons que notre machine dispose d'un algorithme tel que, selon la date établie, elle est capable de nous transporter dans une autre époque rigoureusement au même endroit. Certes, il convient que nous prenions garde à ne pas nous transporter dans une époque où l'endroit d'où nous venons était englouti sous les eaux — la tectonique des plaques, je me permets de le rappeler, est une dynamique continue — mais un autre problème se pose ; reprenons le même exemple, au pied de la tour Eiffel, un mois plus tôt ; nous apparaissons exactement au même endroit, un mois plus tôt exactement, ce qui coïncide malheureusement avec le passage d'un groupe de touristes japonais ravis de voir d'aussi près la Dame de fer. Qu'arrive-t-il ? Sont-ils pulvérisés ? Désintégrés ? Le sommes-nous ? Fusionnons-nous ? Allons-nous laisser ce problème se résoudre naturellement de façon gravitationnelle, électromagnétique et nucléaire ? N'y a-t-il aucun risque que deux particules se trouvent au même endroit au même moment ? C'est un autre problème à gérer. Bon, admettons ; admettons qu'on avait prévu le coup et que le Champ-de-Mars était interdit au public un mois plus tôt ; le problème n'est pas pour autant résolu : il y a de l'air à l'endroit où nous apparaissons ; c'est sans doute moins impressionnant à visualiser mais le problème est rigoureusement le même. Bon, admettons ; admettons qu'on ait pensé à faire le vide total sur la zone d'atterrissage — oui, je sais pertinemment qu'il n'y a aucun atterrissage à proprement parler, mais j'ai du mal à parler de « zone d'apparition » sans qu'un sourire niais se forme sur mon visage fatigué — figurez-vous que, même dans ce cas, un autre problème se pose ; d'une part, en quittant l'espace-temps d'où nous venons, nous avons emporté en nous des milliards et des milliards de particules, laissant derrière nous un espace littéralement vide ; admettons que cela ne pose pas franchement de problème autrement qu'un « pop » sonore au moment où, la machine ayant disparu, l'air environnant s'empare de ce nouvel espace vide ; nous venons pourtant de retirer de la matière de l'univers pour l'apporter à un autre point de l'espace-temps. Or il se trouve qu'il existe un machin qu'on appelle la loi de conservation de l'énergie, qui stipule que dans un système isolé — par exemple, l'univers tout entier — la quantité totale d'énergie ne varie pas avec le temps ; pas avec l'espace-temps, hein ? Avec le temps ! Du coup, transférer de la matière d'un moment de l'univers à un autre moment, fût-ce à un autre endroit de cet univers, ça viole complètement la loi de conservation de l'énergie — à moins qu'on ne m'explique que la machine à voyager dans le temps ne fait pas partie de l'univers et que, du coup, le système n'est plus isolé, mais vraiment j'attends l'explication qui s'en suivrait.

Emmy Noether

Petite parenthèse qui va permettre de comprendre la phrase suivante. Emmy Noether est une mathématicienne spécialisée dans l'algèbre abstraite et la physique théorique. Contemporaine de Hilbert et de Einstein, elle est notamment célèbre — hors du domaine de l'algèbre qu'elle a parfaitement révolutionné — pour le théorème qui porte son nom, théorème de Noether, et qui raconte entre autres choses la chose suivante : dire que l'énergie totale d'un système isolé est conservée dans le temps est équivalent à dire que les lois de la physique ne changent pas avec le temps. Et quand je dis « est équivalent », d'un point de vue logique, cela signifie qu'on ne peut pas avoir l'un sans l'autre.

Du coup, s'il n'y a plus de conservation d'énergie, alors les lois de la physique ne sont plus immuables. C'est un problème. Et pas un petit.

Alors je propose qu'on se mette d'accord pour dire que le voyage dans le temps est très vraisemblablement une impossibilité physique. Il me semble que j'ai mis assez de gants pour ne pas froisser les fans de science-fiction — dont je suis.

Du coup, si nous revenons un peu à nos moutons, le voyage dans le temps étant *a priori* exclu, il nous apparaît que le temps ne semble s'écouler que du passé vers l'avenir et que nous n'y puissions pas grand-chose en vérité. Le fait que le temps s'écoule du passé vers l'avenir est ce qu'on appelle le cours du temps, et le fait qu'on n'y puisse pas grand-chose est ce qu'on appelle la flèche du temps. Assez logiquement, on doit se poser cette question dont un des pouvoirs magiques est de refiler la migraine à qui s'y attarde un peu trop longtemps : pourquoi la flèche du temps ?

105. Réversibilité des phénomènes physiques

À l'échelle microscopique, les phénomènes physiques ne sont pas réversibles. Cela signifie qu'un événement quelconque peut être reproduit à l'inverse. Comprenons-nous bien : je ne parle absolument pas de remonter le temps, mais simplement de renverser le sens de déroulement de l'événement ; si, par exemple, un objet se déplace d'un mètre de la droite vers la gauche en trois secondes, il est possible de le déplacer d'un mètre de la gauche vers la droite également en trois secondes. Si vous lancez un projectile en l'air, il est théoriquement possible, à chaque instant, de calculer les forces qui permettraient à ce projectile de repartir d'où il vient, en suivant rigoureusement la même trajectoire. Dans le cadre de la physique telle qu'on la comprend aujourd'hui, que ce soit dans le cadre du modèle standard — interactions nucléaires faible et forte, et électromagnétisme — en accord avec la relativité restreinte, ou que ce soit dans le cadre de la relativité générale, tous les phénomènes physiques semblent réversibles. Il n'y a donc aucune raison *a priori* pour que le temps ne s'écoule que dans un sens ; d'ailleurs, en physique théorique, on dit bien que le sens du temps est une convention. Pourtant, prenez un œuf frais, cassez-le et videz-en le contenu dans un bol. Mélangez vigoureusement le blanc et le jaune. Je vous mets maintenant au défi de séparer le blanc du jaune ou, pire encore, de remettre le tout ensuite dans la coquille avant de la refermer dans son état d'origine.

Certes, les phénomènes physiques à l'échelle microscopique sont réversibles. Mais à l'échelle macroscopique, ce n'est pas le cas ; nous faisons constamment l'expérience de phénomènes physiques qui ne sont pas réversibles; qu'il s'agisse d'une omelette impossible à reconstituer sous forme d'œufs, qu'il s'agisse d'un verre d'eau que vous laissez se briser au sol et qu'il est impossible de reconstituer, qui plus est avec son contenu de nouveau à l'intérieur, d'une bougie ou d'une cigarette qui se consume, etc., à notre échelle, les phénomènes physiques ne sont plus du tout réversibles ; ils sont irréversibles[341].

La flèche du temps est mise en évidence par l'existence de phénomènes physiques irréversibles. Si une expérience ne peut se produire, dans le temps, que dans un sens et pas dans l'autre, alors c'est qu'on peut parler de sens du temps ; plus que simplement donner un nom à ses deux « côtés » — passé et avenir — comme on peut le faire d'une dimension de l'espace — gauche et droite, par exemple, ou encore haut et bas — le sens du temps s'impose comme un impératif inviolable pour la plupart des expériences à notre échelle. C'est ce sens irrésistible du temps, du passé vers l'avenir, qu'on appelle la flèche du temps. Et comprendre pourquoi ces phénomènes sont irréversibles nous permettra, sinon de comprendre, au moins d'appréhender pour quelle raison cette flèche du temps existe plutôt que pas.

---

341 Je sais bien que ce n'est pas une révélation, en bout de phrase, mais il est essentiel d'introduire ce nom à cet endroit du chapitre.

106. Pourquoi la flèche du temps ?

D'où va émerger cette irréversibilité ? Qu'est-ce qui va faire qu'à partir de « quelque chose », peut-être est-ce l'échelle, peut-être est-ce le nombre croissant d'éléments en jeu — on va en parler — d'un coup surgit une irréversibilité. Pour comprendre la nature de ce qui se produit, imaginez un jeu de cartes classique, de cinquante-deux cartes. Ce jeu est parfaitement bien ordonné, de l'as au roi, d'abord de piques, puis de cœurs, puis de trèfles et enfin de carreaux. Si vous mélangez ce paquet, même si vous le mélangez longtemps, il y a deux choses que je peux quasiment vous affirmer : tout d'abord, il n'y a en pratique aucune chance que le jeu soit à nouveau parfaitement ordonné ; ensuite, l'ordre actuel des cartes est un ordre unique que vous n'aviez probablement jamais vu auparavant. Qu'est-ce qui me permet d'affirmer une chose pareille ? Une fois n'est pas coutume, on va faire un tout petit peu de maths — rien de bien méchant, ne vous inquiétez pas — et pour que ça ne vous choque pas trop, je vais le faire dans un encart.

Mélanger 52 cartes

Restez attentif et tout ira bien. Nous allons donc ordonner les 52 cartes de façon totalement aléatoire, c'est-à-dire les mettre dans un ordre donné, avec, en conséquence, une première position, puis une deuxième, puis une troisième, etc. Jusqu'à la cinquante-deuxième carte. Pour la première position, vous avez 52 possibilités de choix ; une fois cette carte choisie, pour la deuxième position, vous avez donc 51 possibilités de choix — les 51 cartes restant.
Si, pour chacune des 52 cartes, vous avez 51 deuxième carte possible, cela signifie que le nombre total de possibilités pour ces deux cartes est de :

$$52 \times 51 = 2\,652$$

Pour la troisième position, vous avez le choix parmi les 50 cartes restantes, puis parmi les 49 restantes, etc. jusqu'à ce qu'il n'en reste plus qu'une qui prendra la dernière position.
Mathématiquement, le nombre total de mélanges possibles — on parlera d'arrangements, ou de permutations — est calculé ainsi :

$$52 \times 51 \times 50 \times 49 \times 48 \times \ldots \times 4 \times 3 \times 2 \times 1$$

Il existe une notation pour cela en mathématiques, qu'on appelle factorielle, et qui permet de réduire la longueur de l'opération :

$$52\,!$$ [342]

Et la valeur de ce machin est ahurissante. Si je l'arrondis, il s'agit d'un huit suivi de soixante-sept zéros, soit environ huit mille milliards de milliards de milliards de milliards de milliards de milliards de milliards. Plus simplement — même si vous n'entendrez probablement jamais ce mot prononcé par qui que ce soit — huit mille décilliards[343].
Si chaque être humain — montons le chiffre à huit milliards d'individus pour que ce soit plus simple — vivant à la surface de la Terre effectuait un mélange par seconde, et en supposant que chaque mélange est différent, il faudrait quand même à l'humanité — l'espèce, pas le journal[344] — trente-deux mille milliards de milliards de milliards de milliards de milliards d'années pour en faire le tour. Je rappelle, si besoin est, que l'âge estimé de notre univers est de 13,7 milliards d'années seulement.

Il ne s'agit là que d'un paquet de cinquante-deux cartes. Un glaçon tout ce qu'il y a de plus normal est composé de millions de milliards de milliards de molécules d'eau. Et dans ce glaçon, ces molécules sont bien ordonnées, arrangées en cristaux les unes par rapport aux autres. Laissez fondre ce glaçon dans un verre d'eau et les molécules vont se déplacer, bouger presque librement et se mélanger aux autres molécules

---

342 Le point d'exclamation est l'opérateur « factorielle ». N'allez pas vous imaginer que je gueule « 52 ».

343 D'après les recommandations officielles. Sinon, on peut extrapoler avec les préfixes latins et appeler ceci huit undécilliards.

344 Ça m'avait manqué, tiens…

d'eau liquide ; tentez maintenant d'estimer la probabilité de voir ces millions de milliards de milliards de molécules se réorganiser en glaçon. C'est tout bonnement impossible — mathématiquement, pas la peine de gueuler, la probabilité quelque faible qu'elle soit n'est pas nulle, je le sais, mais on parle là de réalité physique.

Cette eau ne peut que se désordonner, et si on la refroidit suffisamment, certes on obtiendra un glaçon, mais il ne s'agira en aucun cas d'un glaçon formé des molécules du glaçon initial dans les mêmes positions qu'auparavant. Ces molécules ne peuvent que se désordonner.

En physique, il existe une notion[345], dont on a déjà parlé, qui permet de mesurer le niveau de désordre d'un système : l'entropie.

L'entropie, d'une certaine manière, prouve l'existence d'une flèche du temps à notre échelle, mais elle n'explique pas si cette flèche existe « dans l'absolu », c'est-à-dire à toute échelle, indépendamment de notre propre observation. En effet, notre observation est biaisée du fait même que nous sommes des êtres vivants dans un temps qui s'écoule toujours du passé vers l'avenir. Portons donc, du coup, notre attention sur l'échelle microscopique et le monde fabuleux des particules. Avant d'introduire la particule qui permettra de conclure ce chapitre dont je vous avais prévenu qu'il donnait la migraine, il me faut introduire un théorème qui va nous permettre de lui donner son point final.

---

345 *Prenez le temps d'e-penser*, Tome I, chapitres 54 et 66, Éd. Marabout.

Invariance CPT

Dans la physique des particules, il existe un théorème fondamental qui donne certaines contraintes de symétrie aux phénomènes physiques. Sans rentrer trop dans le détail, prenez un phénomène physique faisant intervenir des particules. Ces particules peuvent être des particules de matière ou d'antimatière[346].

La symétrie C est une symétrie dite de « conjugaison de charge » — d'où le C — pour laquelle chaque particule de matière est remplacée par son antiparticule[347], et inversement.

La symétrie P, pour Parité, bien plus classique pour nous, est une symétrie d'espace à la manière d'un miroir : la droite devient la gauche, la gauche devient la droite, mais le haut reste le haut et le bas le bas. Et notamment si quelque chose tourne dans le sens des aiguilles d'une montre, par symétrie P, ce même quelque chose tournera dans le sens inverse.

Enfin, la symétrie T, pour Temps, consiste à « dérouler le film » du phénomène à l'envers ; encore une fois, il ne s'agit en aucun cas de remonter le temps, mais bel et bien d'effectuer le même phénomène, dans le même temps, mais à l'envers.

Ce que nous dit la physique des particules telle qu'on la comprend aujourd'hui, c'est que tous les phénomènes de la physique des particules doivent respecter une invariance CPT ou, autrement dit, un phénomène physique explicable par les lois de la physique si l'on effectue ces trois symétries donnera un autre phénomène physique, certes, mais qui respectera les mêmes lois de la physique.

Si vous vous demandez d'où sort cette règle selon laquelle la symétrie CPT induit une conservation des lois de la physique, vous vous rappelez d'Emmy Noether et de son théorème[348] ? C'est de là que ça vient. Mathématiquement démontré, en cas de problème cela signifie que c'est le modèle standard qui est incorrect — on préfère généralement dire « incomplet », ça sonne moins comme un échec, et plus comme une opportunité de découvrir des merveilles.

---

346 On en parle plus tard, pas d'inquiétude pour l'instant.

347 La même particule, mais d'antimatière.

348 *Cf.* page 111.

Parfois il peut y avoir une asymétrie C, ou une asymétrie P, mais ce qui est sûr, c'est qu'il n'y a pas d'asymétrie CPT. Ah, et comme le temps est parfaitement symétrique, il n'y a pas d'asymétrie T, et donc il n'y a pas d'asymétrie CP — sinon il devrait y avoir une asymétrie T pour compenser.

Sauf qu'en fait, il existe des asymétries CP, et donc des asymétries T ; c'est tellement sérieux qu'on appelle ça une violation de la symétrie CP. Et il est temps pour moi de vous présenter le petit dernier de la classe, celui par qui tout arrive : le kaon neutre.

Le kaon neutre est un méson — sous-famille des hadrons, donc particule composée de quarks et d'antiquarks — qui est électriquement neutre. Et si je parle de ce petit gars, c'est qu'il a une particularité qui est la suivante : lorsque vous le laissez tranquille, ce gentil kaon neutre va, spontanément, se transformer en son antiparticule puis, après un temps, se retransformer en particule. Et il se trouve que la « durée de vie » du kaon en tant que particule de matière est plus longue — tout ceci est très court pour vous et moi, mais on est quand même de l'ordre de mille fois plus long, là — que sa « durée de vie » en tant qu'antiparticule. La façon dont il viole la symétrie CP est compensée par une violation de la symétrie T — donc CPT est sauf.

La découverte de cela est une excellente piste permettant d'expliquer pourquoi l'univers est composé de matière et pas d'antimatière, et tout ceci pourrait bien expliquer le fait que, dans un univers de matière, le temps a favorisé un sens, une flèche, la flèche du temps.

Alors, je ne sais pas vous, mais tout ceci m'a sacrément donné envie de me pencher un peu plus sur le fabuleux univers des particules. Ça sera sans doute complexe par moments, mais à cœur vaillant rien d'impossible.

La mécanique quantique

Vous n'avez que peu de raisons d'avoir peur…

« Vous allez pénétrer dans une autre Dimension, élargir votre cadre de vie habituel et déboucher dans une zone où la réalité peut à tout instant basculer dans le Fantastique. Attention ! Vous entrez dans la Quatrième Dimension ! »

Rod Serling[349]

[349] In *La Quatrième Dimension*, ou *The twilight zone* pour les intimes.

Voilà bien un sujet difficile à traiter ; que dis-je… extrêmement difficile à traiter. Et ce pour plusieurs raisons : tout d'abord, c'est un sujet d'une complexité mathématique telle qu'il est quasiment impossible d'en faire des analogies simples à comprendre ; de plus, le champ d'étude qu'il recouvre est, lui-même, d'une complexité ahurissante ; enfin — et pas des moindres — c'est un sujet dont les phénomènes ne correspondent à rien de ce que nous avons coutume d'appeler, naïfs que nous sommes, la réalité. Aussi, pour citer Richard Feynman — mais traduit par mes soins, je devrais plutôt dire « paraphraser » — je me contenterai de dire la chose suivante :

> « Il y a eu un temps où les journaux disaient que seuls douze hommes au monde comprenaient la théorie de la relativité. Je ne crois pas qu'une telle époque ait existé. Il y a sans doute eu un temps où un seul homme la comprenait, parce qu'il était le seul à s'y intéresser, avant qu'il ne la publie. Mais une fois que les gens ont pu lire son article, beaucoup de personnes ont compris la relativité, plus ou moins bien, mais de toute façon plus de douze. En revanche, je pense pouvoir affirmer que personne ne comprend la mécanique quantique. Ne suivez pas ma conférence trop sérieusement, avec la volonté de véritablement la comprendre, d'en comprendre les rouages ; détendez-vous et profitez de la conférence. Je vais vous raconter de quelle manière la nature se comporte. Si vous pouvez simplement l'admettre, vous trouverez que la mécanique quantique est une chose délicieuse, ravissante. Cessez de vous dire, si vous le pouvez, “comment diable est-ce possible ?” »
>
> Richard Feynman[350].

---

350 *The character of physical law*, Lecture 6, Cornell University, 9-19 novembre 1964.

Ne vous découragez pas ; ces mots ne sont pas là pour vous rebuter, mais bel et bien pour vous encourager. Si vous n'êtes pas physicien ayant l'ambition de travailler dans le merveilleux monde des particules, soyez déjà rassuré par le fait que les mathématiques qui le modélise, et qui sont parmi les plus abstraites du domaine des sciences, ces mathématiques ne vont pas nous intéresser, nous en ferons tout simplement l'impasse. Ce qu'il vous faut comprendre, en termes simples, c'est que lorsque nous parlerons d'une particule, par exemple l'électron, il nous sera impossible de rattacher son comportement à quelque chose de familier dans notre réalité quotidienne ; certes, parfois, il semblera se comporter comme une toute petite bille, et parfois comme une onde, mais n'est ni l'une, ni l'autre, ni les deux à la fois, ni tantôt l'une ou l'autre. Son comportement ne ressemble à rien d'autre qu'au comportement d'une particule ; la bonne nouvelle est que toutes les particules se comportent de façon similaire, donc s'il faudra certainement faire preuve d'imagination pour saisir la beauté de la mécanique quantique, vous n'aurez pas besoin d'une nouvelle dose d'imagination pour chaque nouvelle particule rencontrée. Mais, de la même manière, soyez également assuré d'une chose : à la fin de cette section du livre, vous aurez peut-être appris quelque chose sur la mécanique quantique, peut-être même de nombreuses choses, mais l'étendue de ce que vous ne comprendrez pas n'aura que peu diminué. La mécanique quantique est sans doute le plus beau, le plus élégant des modèles scientifiques conçus par l'Homme ; il n'en reste pas moins que la mécanique quantique est sans doute également la théorie scientifique la plus difficile à appréhender. Aussi, ne soyez pas étonné de voir cette section du livre parsemée de petites histoires.

107. Une histoire de baromètre

Cette anecdote, malgré sa circulation récurrente sur internet et les sources qui semblent lui être attachées, est fausse : elle n'a jamais eu lieu. Mais elle nous intéresse pour ce qu'elle raconte et donc, conscients du fait que cette histoire est une pure fiction, nous allons la présenter pour ce qu'elle nous raconte.

Aux environs de 1905, dans une université — peu importe laquelle, l'histoire n'ayant jamais vraiment eu lieu — un professeur vient voir son collègue le professeur Ernest Rutherford[351] pour lui soumettre un problème : « Un de mes étudiants a donné une réponse à son examen dont il estime qu'elle est totalement correcte, ce qui lui vaudrait de réussir son examen, et dont j'estime au contraire qu'elle est mauvaise, ce qui le ferait recaler ; nous nous sommes mis d'accord pour faire arbitrer ce litige par un professeur tiers, accepteriez-vous de jouer ce rôle d'arbitre ? » Intrigué par la situation, Rutherford accepte de se rentre auprès de l'étudiant pour trancher en connaissance de cause. L'étudiant n'est autre que Niels Bohr, jeune étudiant danois, qui deviendra par la suite l'un des pères de la mécanique quantique. La question posée à l'examen est la suivante : à l'aide d'un baromètre, déterminer la hauteur d'un immeuble.

La réponse attendue

Pour ce problème, la réponse attendue est assez simple ; il convient, à l'aide du baromètre, de mesurer la pression atmosphérique au pied de l'immeuble, de mesurer la pression atmosphérique au sommet de l'immeuble, d'en déduire la différence de pression entre le sommet et le pied de l'immeuble et, finalement, d'appliquer une formule mathématique permettant, pour une différence de pression, de trouver la hauteur correspondante ; cette hauteur est la hauteur de l'immeuble. Un exercice résolument simple pour un étudiant en physique.

351 *Prenez le temps d'e-penser*, Tome I, chapitre 4 et suivants, Éd. Marabout.

Bohr a proposé une autre réponse, la voici : je monte au sommet de l'immeuble et je suspends du sommet de l'immeuble le baromètre au bout d'une corde ; je laisse descendre le baromètre jusqu'à ce qu'il touche le sol, la hauteur de l'immeuble est la hauteur du baromètre à laquelle j'ajoute la longueur de la corde — ce qui est techniquement correct, vous en conviendrez, mais ne permet aucunement de déterminer les compétences de l'étudiant en termes de sciences physiques.

Rutherford, assez amusé par la rafraîchissante énergie de Bohr, pense qu'il est relativement simple de résoudre le litige, et propose de donner dix minutes à Bohr pour le laisser préparer une autre solution, qui mettrait en évidence ses compétences en physique. Après quelques minutes durant lesquelles l'étudiant reste tout à fait immobile sur sa chaise, Rutherford va le voir pour s'assurer que tout va bien : « Tout à fait, lui répond Bohr, j'ai trouvé de nombreuses autres solutions, je suis simplement en train de déterminer laquelle démontre mieux mes compétences en physique. »

Au bout des dix minutes, Niels Bohr s'avance devant les deux professeurs et donne sa réponse : « Je lâche le baromètre du haut de l'immeuble et je chronomètre le temps de sa chute ; en appliquant la formule de la chute des corps, je peux déterminer la distance parcourue durant le temps de la chute ; cette distance est la hauteur de l'immeuble. » Les professeurs conviennent que la réponse est correcte et accordent ses points à Niels Bohr.

Avant de partir, Rutherford retourne voir l'étudiant pour lui demander quelles autres solutions il avait trouvées, par curiosité.

> « En posant le baromètre au sol, on peut mesurer sa hauteur ainsi que la longueur de son ombre ; en connaissant la longueur de l'ombre de l'immeuble, on peut déterminer grâce au théorème de Thalès la hauteur de l'immeuble[352]. »

---

352 C'est d'ailleurs ainsi qu'on a mesuré la hauteur des pyramides pendant l'Antiquité.

« Une autre méthode consiste, connaissant la hauteur du baromètre, à reporter ce dernier tout le long de la façade de l'immeuble pour en déterminer, en hauteurs de baromètre, la hauteur. »

« On peut également suspendre le baromètre à une corde et laisser descendre ce dernier jusqu'à quasiment effleurer le sol depuis le sommet de l'immeuble ; ensuite, en laissant le baromètre se balancer, on peut mesurer sa période — le temps d'un aller-retour — puis appliquer la formule du pendule pour déterminer la longueur de la corde. »

« Enfin, si l'on cherche vraiment une solution plus simple, il suffit de frapper à la porte du concierge et lui dire que s'il nous donne la hauteur de l'immeuble, nous serons ravis de lui offrir ce magnifique baromètre. »

Rutherford, très amusé par ce jeune impertinent sans aucun doute très talentueux, lui demande quand même s'il connaît la réponse qui était attendue de lui ; Bohr répond que, bien évidemment, il sait ce qu'il peut faire avec un baromètre, mais que s'il s'est refusé à donner cette réponse, c'est parce qu'il en a assez qu'on lui explique de quelle façon il doit penser.

L'intérêt de cette anecdote qui, je le rappelle, est fictive, ainsi que ce qui permet d'expliquer sa pérennité — jusque dans certains manuels scolaires et universitaires — réside dans le fait que, d'une part, le comportement qu'on prête à Niels Bohr est assez en adéquation avec l'attitude réelle du gars, mais également dans le fait qu'il faut être capable de se mettre à penser différemment lorsqu'on souhaite s'attaquer à la mécanique quantique, de faire preuve d'inventivité et d'imagination.

Cela étant dit, rentrons « dans le dur ».

108. Ondes ou corpuscules ?

On a déjà rapidement abordé le sujet[353], il est maintenant temps de creuser. La lumière, on l'a vu, semble parfois se comporter comme une onde, une onde électromagnétique, mise en évidence par James Clerk Maxwell lorsqu'il a unifié électricité et magnétisme, mais elle semble également parfois se comporter comme un flux de petits grains, de corpuscules, mis en évidence par Einstein en 1905 et qu'on a appelés photons. Qu'est-ce que c'est que cette salade ? La lumière est-elle faite d'ondes ou de corpuscules ? Le photon, dont absolument aucun scientifique ne nie l'existence, est-il une propagation oscillante ou un petit grain ? Ou les deux ? Ou rien de tout ça ?

Comme je l'ai déjà — largement — introduit dans le chapitre précédent, j'annonce déjà qu'il n'y a pas de bonne réponse à cette question. En revanche, il y en a des mauvaises, et nous allons déjà tenter, en creux, de déterminer ce que n'est pas un photon avant de se préoccuper de ce que c'est.

Lorsque Maxwell détermine que la lumière est une onde électromagnétique, on peut en tirer deux conclusions : tout d'abord, les expériences qu'il effectue sont compatibles avec une lumière ondulatoire et, par ailleurs, les équations qui rendent compte de ces expériences semblent effectivement décrire des ondes. De la même manière, lorsqu'Einstein détermine que la lumière est composée de « grains », l'expérience en cause — l'effet de seuil photoélectrique — est compatible avec une lumière corpusculaire et, par ailleurs, les équations qui rendent compte de ce phénomène semblent effectivement décrire la lumière comme un

[353] *Prenez le temps d'e-penser*, Tome I, chapitres 6 à 10, Éd. Marabout.

phénomène discret[354]. Le problème que nous avons avec la nature de la lumière est que, une fois passée l'apparente contradiction des deux approches, la lumière, en effet, peut se comporter comme des ondes ou comme des corpuscules.

En aucun cas la lumière ne peut être considérée comme strictement l'un ou l'autre ; aussi, plusieurs nouvelles possibilités sont envisageables : on peut considérer la lumière comme étant les deux à la fois, on peut considérer la lumière comme étant l'un ou l'autre selon l'expérience, ou encore on peut considérer la lumière comme quelque chose de différent. Quel sera le bon choix ?

Mathématiquement, les équations contemporaines du comportement de la lumière — des photons, pour être précis — sont des équations très complexes qui, lorsqu'on les étudie depuis le bon point de vue, déclenchent un « tout se passe comme si » ; ainsi, selon l'expérience en cours, on pourra dire « tiens, tout se passe comme si la lumière était une onde », ou bien dire « tiens, tout se passe comme si la lumière était composée de grains de lumière », à savoir les photons. C'est un point essentiel. En effet, à une échelle que nous sommes incapables d'appréhender, les équations mathématiques nous permettent d'envisager des aspects de la réalité et, à vrai dire, peu nous importe que ces aspects ne correspondent pas à ce qu'est réellement la réalité — si tant est que cela ait un sens — dès lors que ces équations rendent suffisamment compte du comportement de la réalité[355]. Donc les mathématiciens ont les outils dont ils ont besoin pour travailler, indépendamment de

---

[354] En mathématiques, la discrétion n'a pas grand-chose à voir avec le fait de ne pas se faire remarquer ; la discrétion mathématique signifie la discontinuité ; par exemple, les nombres entiers 1,2,3,4… sont un ensemble discret, tandis que les nombres réels, avec des décimales leur permettant d'être aussi proches les uns des autres qu'on le souhaite, sont un ensemble connexe, ou continu, sans démarcation entre les éléments qui le composent.

[355] Je vous renvoie sur ce sujet à la première section du Tome I de ce livre.

la réalité même des particules. Mais si nous cherchons, ne serait-ce que par curiosité, à comprendre leur nature, que pouvons-nous en dire ?

Une bonne analogie reste celle du cylindre. Imaginez une boîte de conserve, nue, sans inscription ni label ; c'est un beau cylindre métallique. Suspendez-la en l'air et éclairez-la de façon qu'un de ses côtés ainsi que son haut projettent des ombres. L'ombre projetée au sol est clairement un disque, tandis que l'ombre projetée sur le mur est — tout aussi clairement — un rectangle.

Il serait ainsi facile de s'imaginer, selon son point de vue, que ce qu'on observe est un disque ou un rectangle alors que, en réalité, il n'en est rien : nous n'observons que des projections de ce qui est en fait un cylindre. N'est-on pas confronté avec les particules à quelque chose de similaire ? Sous un certain « angle », on observerait une onde et, sous un autre, un corpuscule ? L'idée, quelque séduisante soit-elle, n'en est pas moins incorrecte. En effet, dire cela reviendrait à dire que nous n'avons qu'une vision partielle de ce qu'est une particule, que nous n'en voyons que des projections partielles, et qu'avec suffisamment de « points de vue » nous pourrions être à même de reconstituer une image complète de ce qu'est une particule, et ainsi en connaître la nature exacte. Il n'en est rien. C'est la limite de l'analogie de la boîte de conserve ; en effet, nous pouvons observer l'aspect ondulatoire ou l'aspect corpusculaire de la lumière selon ce qu'on observe, mais la nature même des particules est tout simplement hors de notre portée. L'accepter, et avancer.

En réalité, les particules sont… différentes. Comme je l'ai dit précédemment, nous avons quand même une chance : les particules sont différentes, certes, mais elles sont toutes différentes de la même manière ; un photon et un électron sont des particules qui sont hors de notre entendement, mais de la même manière ; elles sont de même nature. Si l'on donnait un nom à ce machin qu'on croit parfois être une onde ou un corpuscule, si l'on appelait cette « forme », par exemple, un « saçurnajouçakoule », alors les photons et les électrons seraient des saçurnajouçakoules. On se contentera de dire que ce sont des particules, et tant pis si le terme a déjà une résonnance dans notre esprit et dans notre expérience. De la même manière que l'espace de la physique et le temps de la physique ne sont pas les mêmes que l'espace et le temps que nous expérimentons au quotidien, les particules de la physique n'ont pas la définition qu'on peut imaginer donner à une particule : « Très petite partie de quelque chose », Larousse.

Si l'on peut déjà admettre cela, on est prêt pour la suite des événements.

109. L'expérience des deux fentes

Voici une des expériences les plus célèbres de la mécanique quantique qui va nous permettre de bien comprendre à quel point la nature de ce qui nous constitue nous échappe totalement. Le protocole est — relativement — simple à mettre en œuvre. Dans un premier temps, nous allons présenter l'expérience avec… des balles de tennis.

Vous disposez d'une machine capable de lancer une à une, à la vitesse et au rythme que vous souhaitez, des balles de tennis. Cette machine est fixée sur un pied et ne peut donc pas se déplacer. En revanche, elle peut effectuer une rotation afin de tirer de gauche à droite. Quelques mètres plus loin, vous placez un mur muni de capteurs ; nous allons régler la vitesse d'éjection des balles afin que les balles lancées n'aient pas le temps de tomber avant de frapper le mur. À chaque fois qu'une balle frappera le mur, le capteur du mur en contact sera activé, et on pourra noter le nombre de fois que la balle a frappé cet endroit du mur. À ce stade, si on tire des centaines de balles en balayant de droite à gauche de façon aléatoire, l'ensemble du mur sera impacté en moyenne de la même façon.

Plaçons un obstacle entre la machine et le mur ; nous allons placer un « mur-obstacle » avec une ouverture A suffisante pour laisser passer les balles lorsque la machine pointe vers elle. Tirons des centaines de balles en balayant de gauche à droite. La plupart des balles rebondissent sur l'obstacle, tandis que quelques balles passent par l'ouverture A pour frapper le mur du fond dans une zone relativement bien définie et alignée avec la machine et l'ouverture. Rien de surprenant.

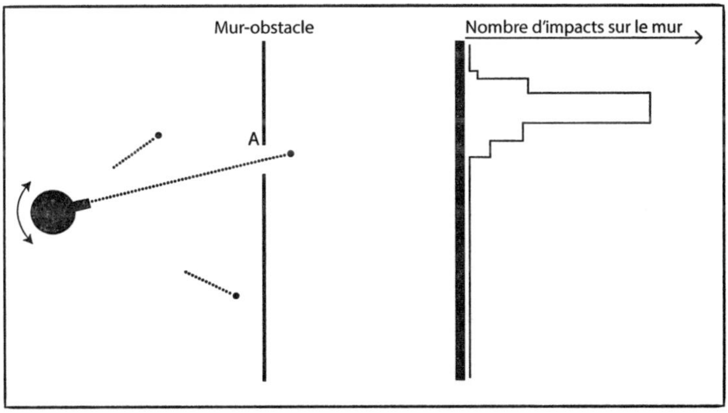

Rien de surprenant, en effet ; plus on va approcher du centre de la fente et plus les balles auront de probabilités de traverser pour frapper le mur. On pourrait d'ailleurs refaire exactement la même expérience avec une autre ouverture B placée à un autre endroit du « mur-obstacle », et on obtiendrait quelque chose de tout à fait similaire.

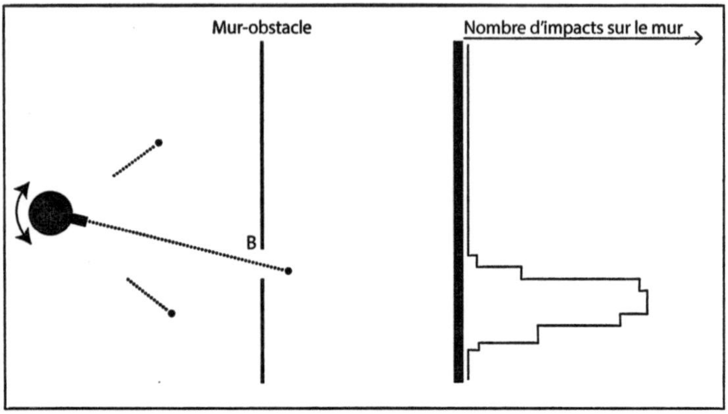

Du coup qu'arrive-t-il si, dans le même temps, nous plaçons les ouvertures A et B et que nous retentons l'expérience ? Notre intuition nous indique que nous allons voir un genre de combinaison des impacts précédents avec beaucoup d'impacts dans l'alignement de l'ouverture A, beaucoup d'impacts dans l'alignement de l'ouverture B, et quasiment rien par ailleurs. En effet, il est assez naturel de se dire qu'une balle de tennis passe par l'ouverture A, par l'ouverture B, ou rebondit contre l'obstacle et ne vient jamais frapper le mur.

Qu'on tire les balles à un rythme très lent pour suivre chaque impact individuellement, ou qu'on mitraille comme des dingos, rien ne change le fait qu'une balle passera par une des ouvertures pour se loger — après une course en ligne droite — contre le mur, ou alors ne passera pas l'obstacle, suite à quoi aucun impact ne sera enregistré sur le mur. Et, en effet, c'est le résultat qu'on observe en effectuant l'expérience.

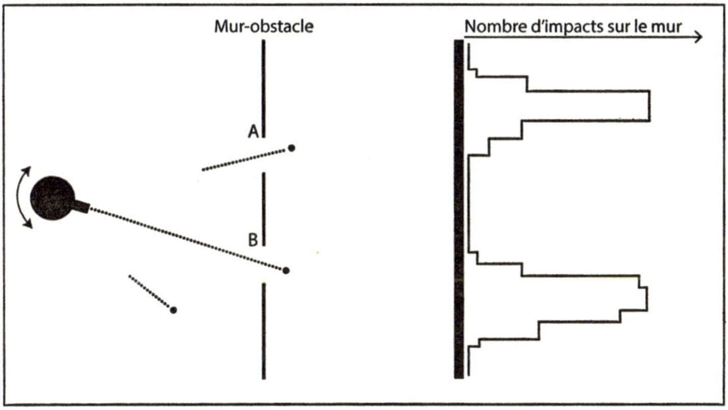

Cette expérience est la version « corpusculaire » d'une expérience extrêmement célèbre proposée par Thomas Young, physicien britannique et pionnier de l'optique ondulatoire[356], en 1801, expérience qui a permis de mettre en évidence un phénomène important de l'optique ondulatoire, la diffraction. Pour comprendre cette expérience, réalisons-la avec une source ondulatoire, à savoir la surface de l'eau.

Le protocole est le suivant : un bassin contient de l'eau, pure, calme et dont la surface est parfaitement plate. À une extrémité du bassin, un mur un peu particulier puisqu'il est composé de capteurs permettant de mesurer le niveau maximal de l'eau ; peu nous importe quelle unité de mesure est effectivement mesurée, qu'il s'agisse de la hauteur de l'eau, de la pression de l'eau, du déplacement, tout ce qui nous importe est que plus le niveau d'eau monte à un endroit donné, plus le capteur donnera une information élevée. De l'autre côté du bassin,

---

356 *Prenez le temps d'e-penser*, Tome I, chapitre 6, Éd. Marabout.

une plaque, de la largeur du bassin, à la surface de l'eau va permettre, de façon automatisée et parfaitement réglable, de générer une ride, comme lorsqu'on jette un caillou dans l'eau, à la différence près qu'on est ici capable de régler parfaitement le rythme et l'intensité des ondes produites. Du fait que la plaque mesure la largeur du bassin, les rides apparaîtront comme étant droites et se propageant dans le sens de la longueur du bassin en direction du mur. Entre celui-ci et la plaque, comme dans l'expérience précédente, un mur-obstacle muni d'une fente A. On envoie des ondes ; les rides bien parallèles se propagent jusqu'à arriver à l'ouverture A, et, à partir de là, un phénomène de diffraction se produit ; les ondes vont alors « émaner » de cette ouverture en dessinant des classiques ronds dans l'eau. Au niveau du mur, un peu de la même manière que dans l'expérience précédente, on constate une intensité plus grande en face de l'ouverture ; bien évidemment, cette fois-ci, puisqu'il s'agit d'une onde, l'intensité baisse ensuite progressivement jusqu'à donner une jolie courbe.

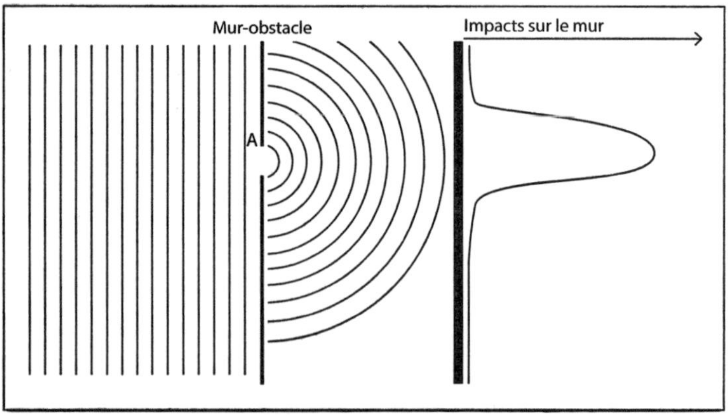

De la même manière, si, comme auparavant, on remplace l'ouverture A par l'ouverture B, on obtient une courbe assez similaire, cette fois-ci alignée sur l'ouverture B. Mais qu'obtient-on en laissant les deux ouvertures A et B ? Alors qu'on pourrait sans doute s'attendre à, comme dans le cas précédent, voir apparaître deux zones clairement plus impactées à mesure qu'on s'aligne sur une des ouvertures, ce qu'a pu montrer Young en 1801, c'est qu'il se produit quelque chose de particulier et tout à fait typique du comportement ondulatoire. On voit apparaître une figure d'interférence. Lorsque les rides provoquées à l'issue de l'ouverture A rencontrent les rides provoquées à l'issue de l'ouverture B, selon leur position relative les ondes peuvent s'accumuler, ne pas s'altérer, voire même s'annuler complètement.

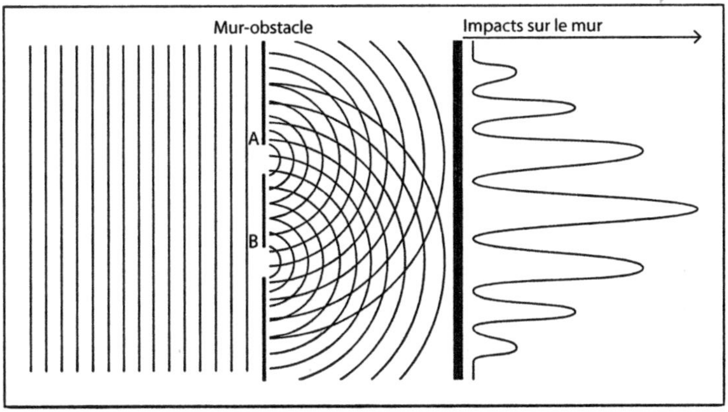

Cette figure d'interférence est tout à fait typique du comportement ondulatoire.

Du coup, il est temps pour nous de tenter l'expérience, non plus avec des balles de tennis ou avec de l'eau, mais avec des particules issues du monde quantique. Young effectua cette expérience avec des photons — de la lumière — et il put conclure que la figure d'interférence ainsi obtenue était la preuve de la nature ondulatoire de la lumière. Nous allons, de notre côté, réaliser cette expérience avec un canon à électrons, toujours capable de tourner sur lui-même vers la droite ou vers la gauche, et capable d'envoyer les électrons un par un, au rythme auquel on le souhaite.

Des petites billes ?

Réalisons d'abord la première expérience avec une seule fente, et balançons des électrons à un rythme assez soutenu. Ce que nous constatons, sur le mur du fond, c'est bien un paquet d'impacts — un par électron envoyé — répartis autour d'une zone dans l'axe de la fente. Quelque chose comme ça :

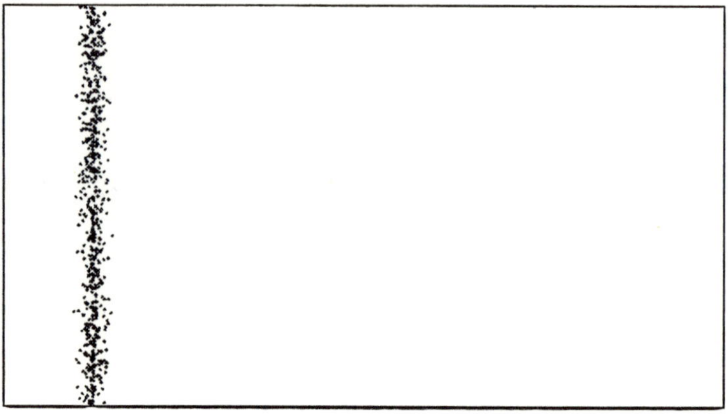

Et vous pensez bien qu'évidemment, si on tente la même expérience avec la fente B ouverte en lieu et place de A, on obtient quelque chose de similaire :

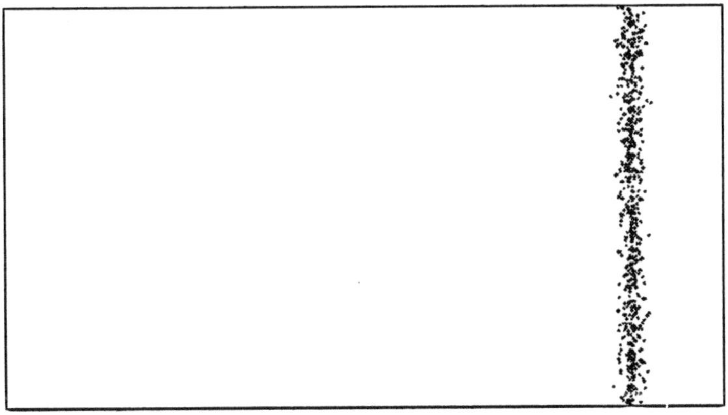

Du coup, et assez logiquement, on pourrait s'attendre, du fait que tout semble se comporter comme des corpuscules, à ce qu'une fois les deux fentes ouvertes, on obtienne quelque chose comme ça :

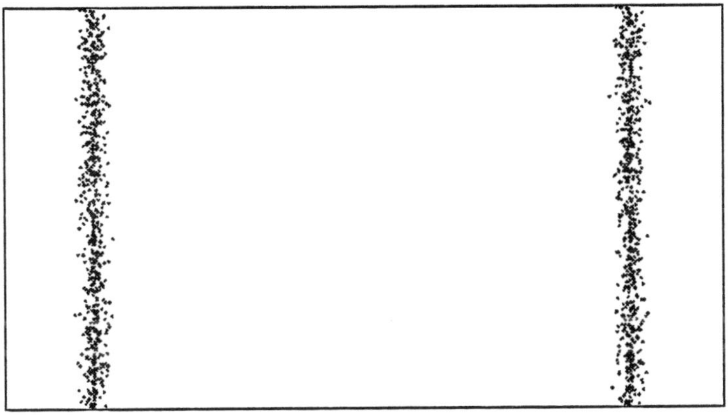

Ce n'est pas ce qu'on constate — ce serait trop simple. Non, en l'occurrence, on obtient — sans grande surprise, puisque j'ai déjà annoncé que photons et électrons se comportent de la même manière[357] — une figure d'interférence.

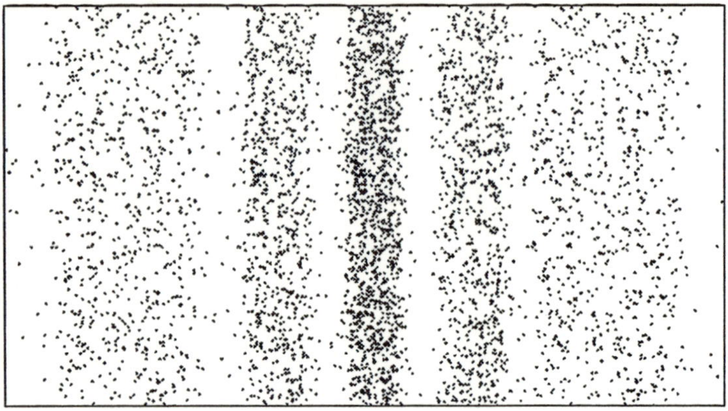

Bon, tout ceci est très bien ; en tout cas, on peut au moins se dire quelque chose du type : « très bien, c'est noté ». Cela dit, il faut quand même qu'on tente d'expliquer une chose ; si un électron était une onde, il n'y aurait pas de point d'impact à proprement parler. Mais si l'électron était une bille, il n'y aurait aucune raison de voir apparaître une figure d'interférence. Voici un exemple tout à fait frappant de la complexité du comportement tantôt corpusculaire et tantôt ondulatoire des électrons. Tentons de le comprendre un peu mieux, et ralentissons le rythme d'envoi des électrons.

Des ondes, alors ?

Si on envoie les électrons un à un, en notant précisément la position de chaque impact avant d'envoyer l'électron suivant, bien évidemment, dans les cas où il y a une seule fente, on trouve ce à quoi on s'attend : une bande d'impacts localisée dans l'axe de la fente. Bien. Mais si

---

357 C'est un chapitre un peu compliqué, il faut suivre, les gens. Ok ?

on ouvre les deux fentes, et qu'on envoie les électrons un à un, de la même manière, avec une pause suffisante entre chaque impact, qu'observe-t-on ? On observe très précisément la même figure d'interférence que précédemment, sauf que cette fois-ci on la voit se former point par point. Et cela pose un problème.

Si les électrons se comportent comme des ondes, alors, effectivement, quand on en envoie quasi simultanément un paquet, il est normal que les uns interfèrent avec les autres. Mais pourquoi diable y aurait-il une interférence lorsqu'on envoie les électrons un par un ? Avec quoi un électron interfère-t-il ? Lui-même ? L'électron d'avant qui est déjà arrivé depuis longtemps ? L'électron d'après qui n'est pas encore parti ? Tout ceci n'a aucun sens.

En effet, tout ceci n'a aucun sens si on voit l'électron comme une onde. Une onde n'interfère pas avec elle-même, elle interfère avec d'autres ondes. Pour autant, si l'électron était simplement une petite bille, on ne verrait pas apparaître une figure d'interférence. Donc comment interpréter cet électron ? Il faut l'interpréter comme un « machin » quantique, un machin qui nous dépasse et qui ne ressemble pas à quoi que ce soit de connu. À moins que…

Oui, il y a bien une autre option ; si l'on imagine qu'un électron puisse passer simultanément par les deux fentes, alors il peut effectivement, au titre d'onde, interférer avec lui-même. Alors, je sais, cette option semble totalement tombée de nulle part et ne pas chercher un instant à rendre compte de la moindre réalité de la chose, mais le fait est que les mathématiques ne s'y opposent pas nécessairement. Alors admettons… S'il est en effet possible de savoir par quelle fente passe l'électron, alors la question pourrait bien être résolue. Fort heureusement, il existe un moyen relativement simple de déterminer par laquelle l'électron passe ; il suffit, juste après chaque fente, d'observer si chaque électron passe par A ou par B. Le protocole est relativement simple : on « éclaire » la sortie de chaque fente, c'est-à-dire qu'on envoie des photons, et lorsqu'un électron passe par une des fentes, les photons qui vont le croiser seront dispersés et seront enregistrés par un capteur ; ce sera comme un flash et nous pourrons dire que l'électron est passé par A, par B, ou par les deux fentes à la fois.

Le mystère s'épaissit

Réalisons précisément cette expérience ; les deux fentes sont ouvertes, on envoie les électrons un par un, et un capteur enregistre, à chaque électron envoyé, si celui-ci est passé par A ou par B. On constate que parfois l'électron passe par A, et parfois l'électron passe par B. Mais jamais l'électron ne passe par les deux fentes à la fois. « 100 % des électrons passent soit par le premier trou, soit par le second[358]. » Nous voilà rassurés. Et qu'en est-il, du coup, de notre figure d'interférence ? Est-elle modifiée et, si oui, comment saurons-nous l'expliquer ? Voici ce qu'on obtient :

[358] *The character of physical law*, Richard Feynman, Lecture 6, 9-19 novembre 1964.

Il n'y a plus de figure d'interférence. Du tout. Lorsqu'on observe précisément par quel trou l'électron passe, alors il n'y a plus de comportement ondulatoire. Cela, est-il possible de l'expliquer ? En partie, oui. Et je dis bien uniquement « en partie » car il y a des choses qui persistent à résister à nos esprits.

Résumons un peu, histoire de savoir où nous en sommes.

Lorsqu'une seule fente est ouverte, les électrons se comportent comme des billes ; lorsqu'on ouvre les deux fentes, les points d'impact attestent du fait que les électrons restent localisés — comme des billes — mais la figure d'interférence semble indiquer un comportement ondulatoire. De plus, même si on envoie les électrons un par un, les interférences semblent indiquer que tout se passe comme si chaque électron passait en même temps par les deux ouvertures. En revanche, dès qu'on observe précisément par quelle ouverture est passé l'électron, alors l'interférence disparaît et les électrons, même avec deux fentes ouvertes, se comportent uniquement comme des billes, comme si le simple fait d'observer l'électron modifiait, sinon sa nature, au moins son comportement.

S'il ne vous fallait qu'un seul argument pour attester que les particules ne sont ni des corpuscules ni des ondes, cette expérience vous donne certainement de quoi étayer. Cela étant, est-il possible de comprendre ce qui se produit dans cette expérience ? Car, dualité onde-corpuscule ou non, on finit quand même par avoir, avec le même protocole, deux résultats radicalement différents. Et cela, c'est inexplicable... sauf que non, en fait, c'est tout à fait explicable ; bien sûr, c'est un poil compliqué, et, bien sûr, on ne saisira pas mieux pour autant la nature des particules après l'explication mais, au moins, on ne restera pas sur cette idée reçue selon laquelle, un peu magiquement, le fait d'observer une particule change son comportement. Et si je dis « un peu magiquement », ce n'est pas gratuit, j'ai souvent entendu des gens me dire « mais comment sait-elle qu'on l'observe ? C'est incroyable, quand même ! Non ? » — Non.

Le problème de la mesure quantique

Comment fait-on pour capter la présence d'un électron au passage d'une des fentes ? On ne peut pas mettre un écran pour en percevoir l'impact, évidemment, sinon il n'atteindra jamais le mur du fond. Alors comment fait-on ? Je l'ai dit, on balance de la lumière, et les photons qui la composent passeront tranquillement leur chemin tant qu'il n'y aura pas d'électron ; mais dès qu'ils en croiseront un, ils seront dispersés et il sera possible d'enregistrer le fait que « quelque chose » a perturbé la trajectoire des photons, et ce quelque chose est notre électron. Pour le dire très simplement, ce qu'on fait, c'est qu'on observe à la sortie de chaque trou pour voir si un électron passe ou non. Avec des balles de tennis, on comprend bien que si on place un observateur devant chaque trou qui se met à gueuler — on prendra un juge de ligne d'un tournoi du grand chelem, ils sont particulièrement compétents quand il s'agit de gueuler au passage d'une balle de tennis — dès qu'une balle passe par l'ouverture dont il est en charge de la surveillance. Et, bien évidemment, cet observateur ne peut opérer dans l'obscurité totale, il faut bien que la zone qu'il surveille soit éclairée. Ainsi, mais à une autre échelle, le protocole est très exactement le même.

À une différence près, toutefois, et pas des moindres : on comprend bien que lorsqu'on éclaire une balle de tennis en plein vol, cela n'affecte pas sa trajectoire de façon notable ; mais peut-on assurer qu'un photon qui vient couper la trajectoire d'un électron ne va pas l'affecter de façon significative ?

C'est tout le problème que pose la mesure à l'échelle quantique ; la moindre observation quantique fait intervenir des particules au beau milieu d'une expérience… sur des particules. Évidemment, cela affecte l'expérience, il n'y a rien de magique à cela ; éclairer un électron est sans doute équivalent, à notre échelle, à tirer au fusil sur la balle de tennis quand elle passe par un des trous. Mais, du coup, puisque l'observation des électrons les a suffisamment affectés pour que la figure d'interférence disparaisse, peut-on toujours garantir que lorsqu'on ne les observe pas, les électrons ne passent pas par les deux fentes en même temps ? Peut-on expliquer la figure d'interférence ?

Une tentative de réponse à cette question consiste à faire le constat suivant : si l'on ne cherche pas à observer les électrons en sortie de fente, il y a interférence, et si l'on observe suffisamment intensément les électrons pour n'en rater aucun, il n'y a plus d'interférence ; n'est-il pas possible, du coup, d'observer moins intensément les électrons afin de moins les affecter ? Pouvons-nous ainsi voir de quelle manière on passe de la figure nette, à deux bandes, à la figure d'interférence ?

Le problème, c'est que la lumière, elle aussi, se comporte de façon quantique, et éclairer moins intensément les électrons signifie envoyer moins de photons. Et si l'on envoie moins de photons, alors on risque de rater un électron quand il passe. Ainsi, avec une lumière suffisamment ténue, lorsqu'on envoie les électrons un par un, on pourra parfois détecter que l'électron est passé par A ou B, mais il arrivera — et il en arrivera d'autant que la lumière sera ténue — qu'un électron vienne frapper le mur du fond sans pour autant qu'on ait pu déterminer s'il est passé par tel ou tel trou. Mais puisqu'on est capable de voir les impacts des électrons sur le mur du fond, on pourra quand même distinguer la figure formée par les électrons qu'on observe de celle formée par ceux qu'on rate. Les électrons captés au passage formeront la figure à deux bandes bien nettes ; et les électrons qu'on a ratés au passage formeront une figure d'interférence.

Conclusion ?

Que peut-on conclure de cette expérience ? Ce que la science a toujours postulé, c'est que nous devrions être capables d'expliquer n'importe quel phénomène physique, pour peu qu'on en connaisse suffisamment tous les mécanismes. Jetez une pièce en l'air pour la tirer à pile ou face ; bien sûr, il nous est en pratique impossible de prédire si la pièce va tomber sur pile ou si elle va tomber sur face, mais nous savons bien que c'est parce qu'il y a trop de paramètres en jeu. Si nous prenions en compte la composition précise et les fluctuations de l'air, les aspérités à la surface de la pièce, le mouvement précis initial de la pièce, il serait théoriquement possible d'écrire une équation qui permettrait de prédire de quel côté la pièce tombera. De la même manière, si nous étions capables de contrôler précisément tous les paramètres de ce lancer, et si nous étions capables de toujours lancer la pièce exactement de la même manière et dans les mêmes conditions, alors nous pourrions prédire de quel côté la pièce tomberait. Nous nous sommes habitués à l'idée selon laquelle les mêmes causes produisent les mêmes effets et, reconnaissons-le, c'est souvent le cas ; mais l'expérience des deux fentes prouve que c'est tout simplement faux dans certains cas. En effet, il nous est tout simplement impossible de prédire par quelle ouverture passera un électron si nous ne l'observons pas — s'il nous était possible de le prédire, alors il n'y aurait pas de figure d'interférence. La mécanique quantique n'est certes pas le premier domaine des sciences à massivement s'appuyer sur des probabilités — qui sont la pierre angulaire de la thermodynamique — mais c'est le premier domaine des sciences à prétendre que son fondement même est probabiliste ; il ne s'agit pas d'ignorance de notre part, pas plus qu'il ne s'agit de complexité insurmontable pour nous, il s'agit simplement de la nature même de ce qui constitue la mécanique quantique : rien n'est sûr, tout n'est que plus ou moins probable. Et cela va en énerver plus d'un, croyez-le bien — Einstein en tête — mais on aura l'occasion d'y revenir.

110. Copenhague

Vous pensez bien qu'il ne s'agit pas juste de la ville, hein ? Je ne vais pas, d'un coup d'un seul et sans aucune transition, me mettre à parler d'une ville, comme ça, sans raison. Si ? Bon, alors vite fait.

La charmante ville de Copenhague

À la fois capitale et plus grande ville du Danemark, Copenhague — ou comme on l'appelle là-bas, København — est située sur la côte orientale de l'île de Seeland et reliée à Malmö, en Suède, par le pont de l'Øresund. Son maire actuel est le socio-démocrate Frank Jensen, lui-même successeur de la tout autant sociale-démocrate Jytte Ritt Bjerregaard, elle-même native de Copenhague — et là, on va dire que la boucle est bouclée et que cette blague est déjà bien trop longue.

Ce que j'appelle ici Copenhague est ce qu'on a coutume d'appeler indifféremment l'école de Copenhague ou l'interprétation de Copenhague. Ce nom lui est attribué au fait que l'Institut de physique que dirigeait Niels Bohr, et dont des gens comme Heisenberg et Pauli étaient des tôliers, y est situé. Mais trêve de contextualisation, qu'a-t-on fondé dans cet Institut ?

Les honorables et distingués scientifiques qui ont opéré sur place ont tout simplement fondé la mécanique quantique, en ce qu'ils ont mis en place les fondations sur lesquelles celle-ci continue, encore aujourd'hui, de s'élever comme la plus complexe et, dans le même temps, la plus aboutie des théories scientifiques conçues par l'humanité — l'espèce, pas le journal.

Cette interprétation résume assez bien ce qu'on a vu dans le chapitre précédent — c'est bien foutu, hein ? — et peut se résumer ainsi : tout d'abord, la mécanique quantique est avant tout un cadre formel, mathématique, permettant de rendre compte d'un certain comportement de la matière, mais qu'il convient de ne pas confondre avec une éventuelle réalité de son comportement ; dit autrement, la mécanique quantique est un corpus d'équations mathématiques aussi fascinantes qu'abstraites, qui ont le bon goût de permettre de généraliser le comportement de la matière, mais dont il ne faut pas se leurrer à croire qu'elles décrivent une réalité. De plus, il existe une échelle en deçà de laquelle nos habitudes scientifiques n'ont plus cours ; ainsi l'observateur, qui est au cœur de la méthode scientifique, ne peut pas, à l'échelle quantique, se prétendre distinct de ce qu'il observe. Certes, à notre échelle, l'observation et la prise de mesures scientifiques, s'agissant de mesures faites avec nos sens humains ou à l'aide de machines de mesures, sont présumées ne pas avoir d'effet notable sur ce qui est observé. À l'échelle quantique, ce n'est plus le cas, et cela ne peut plus être considéré comme tel. Il n'est plus possible de décrire le monde en prétendant ne pas être partie de ce qu'on décrit ni n'avoir aucune influence sur ce qu'on décrit. Une des conséquences directes de l'interprétation de Copenhague est qu'il est impossible de décrire précisément ce qui peut se produire entre deux observations. Ce qui se produit entre deux observations n'est qu'un ensemble de potentialités qui sont immédiatement réduites au moment d'une observation — on parlera de « réduction du paquet d'ondes », et d'ailleurs on en parlera plus loin[359]. La limite de la connaissance de ces potentialités est ce qu'on appellera classiquement incertitude ou, plus correctement, indétermination.

359 *Cf.* page 168.

111. La preuve par vieux : Werner Heisenberg

Avant d'être immortalisé à la télévision comme étant « celui qui frappe à la porte[360] », Werner Heisenberg est un physicien allemand du début du XXe siècle au moins autant associé à la mécanique quantique que des gens comme Niels Bohr ou Erwin Schrödinger. Il aura d'ailleurs le prix Nobel de physique en 1932 pour « la création de la mécanique quantique », rien que ça.

Je passe rapidement sur ses études brillantes — encore que l'adjectif ne rend pas vraiment compte ici du caractère ahurissant de brillance de ces études-là. Après son doctorat à l'âge de 22 ans — faites le calcul, déduisez la brillance — il travaille comme assistant de Max Born avant de travailler comme assistant de Niels Bohr. Heisenberg est au bon endroit, au bon moment[361].

Max Born et la fonction d'onde

Bon, Max Born en quelques mots — en même temps, je me rends bien compte que je ne lui rends pas suffisamment hommage en procédant de la sorte, mais vous comprenez bien que ce livre doit avoir un nombre fini de pages. Un des fondateurs de la mécanique quantique, on doit à ce physicien allemand l'interprétation de ce qu'on appelle la fonction d'onde.

Vous vous rappelez — je vous tanne avec ça depuis suffisamment de pages — qu'il ne faut pas prendre les particules pour des corpuscules ou pour des ondes, ou pour les deux ; ce problème vient du fait qu'il existe des équations décrivant le comportement des particules qui peuvent, tantôt être lues comme décrivant le comportement de corpuscules et, tantôt comme décrivant le comportement d'ondes. Ce que dit Max Born, c'est qu'une des propriétés de la fonction d'onde — le carré du module, pour ceux à qui ça parle — peut être interprétée comme la densité de probabilité de présence d'une particule. Pour imager ce propos, dans l'expérience des deux fentes du chapitre

---

360 In *Breaking Bad*, Vince Gilligan, 2008-2013.

361 Ce qui est tout à fait cocasse pour Heisenberg, comme vous allez le voir.

précédent, on peut considérer la figure d'interférence comme indiquant la probabilité qu'un électron vienne impacter le mur à un endroit donné. Du coup, il devient possible d'interpréter une particule comme étant un « paquet irréductible de matière/énergie » dont la localisation précise, on l'a dit, n'est que potentialités ; mais à cette particule est associée une onde, qui se propage et qui est la probabilité de présence de cette particule si on l'observait. Ainsi, pour vraiment schématiser, si dans une circonstance particulière une particule a 10 % de chances d'être située à un endroit donné, et si on était capable — on ne l'est pas — de faire des milliers d'observations dans les mêmes circonstances, alors on observerait cette particule à cet endroit dans 10 % des cas. Ce qui est notable, outre l'exploit mathématique que cela suppose, c'est que c'est la première interprétation « dans le réel » d'une des grandes équations de la mécanique quantique.

On notera également, au sujet de Heisenberg, que c'est un mathématicien émérite qui, sans connaissance particulière du calcul matriciel, va quand même s'engager dans cette branche particulière des maths et va, tout seul et comme un grand, redécouvrir les grands résultats de ce domaine des maths. Un peu comme si quelqu'un qui n'a aucune connaissance géométrique se mettait à étudier les triangles et, pour ce faire, reconstruisait tout seul la géométrie euclidienne.

Heisenberg va développer en 1925 la première formalisation mathématique de la mécanique quantique, basée justement sur le calcul matriciel, alors et tandis que Schrödinger, de son côté, fera de même, mais en se basant sur le calcul différentiel[362]. En 1927, Heisenberg découvre le principe d'incertitude, que je continuerai d'appeler ainsi, bien que manifestement « principe d'indétermination » est plus correct.

---

362 Schrödinger montrera d'ailleurs plus tard que ces deux formalisations sont équivalentes et qu'à partir de l'une, on peut retrouver l'autre. Ce qui est classe.

Origines d'un nom à la con

« Principe d'incertitude », c'est le nom qu'on connaît, et c'est un très mauvais nom. En effet, il n'y est pas question d'incertitude, mais d'indétermination, comme nous allons le voir. L'origine du problème est à chercher dans une mauvaise traduction de l'allemand à l'anglais. En effet, alors que Heisenberg utilise quasi indifféremment les termes *Unsicherheit* et *Ungenauigkeit*[363], il décidera ensuite de modifier les termes pour les remplacer par le plus explicite *Unbestimmtheit*[364], mais l'article a d'ores et déjà été traduit en anglais et le terme *uncertainty* — incertitude — se propage.

Voici ce que raconte le principe d'incertitude ; à chaque particule est associé un certain nombre d'informations, intrinsèques ou non : sa masse, sa charge électrique, sa position, sa vitesse, etc. Ce que dit le principe d'incertitude, c'est qu'il y a des couples de ces informations qu'il est tout simplement impossible de mesurer précisément en même temps — par « en même temps », il faut entendre « durant la même observation, la même mesure ». Précisons deux ou trois points ; quand je parle de « mesurer précisément », ce n'est pas ce que Heisenberg dit, c'est bel et bien ce que je dis pour simplifier le propos ; Heisenberg est plus précis que cela, évidemment, ce principe découlant d'équations mathématiques. Ce qu'il faut comprendre, c'est qu'il y a une limite à la précision des mesures qu'on est capable de prendre de certains couples d'informations[365] ; à noter également qu'il n'existe pas — en tout cas pas du fait de ce principe — de limite à la précision des mesures d'une seule information, mais bel et bien des mesures conjointes de deux informations données, ce qu'on traduit traditionnellement par « on peut savoir précisément où se trouve une particule, à quelle vitesse elle se déplace, mais on ne peut savoir les deux ».

---

363 Respectivement *incertitude* et *imprécision.*

364 Indétermination.

365 Pour les amoureux des maths, cette limite est $h/4\pi$, où h est la constante de Planck.

Procédons par analogie pour comprendre de quoi il retourne.

Attention

Je vais maintenant imager mon propos en parlant des ondes à la surface de l'eau ; cette analogie est tout à fait propre à expliquer la nature du principe d'incertitude, mais rappelez-vous bien qu'en aucun cas une particule ne peut être simplement assimilée à une onde.

Mettons que j'observe les rides à la surface d'un lac et que je souhaite déterminer conjointement la longueur d'onde de ces rides et leur position précise. Déterminer la longueur d'une onde est un jeu d'enfant ; vous observez les ondes et vous mesurez la distance qui sépare deux crêtes de cette propagation ondulatoire : cette distance est la longueur d'onde.

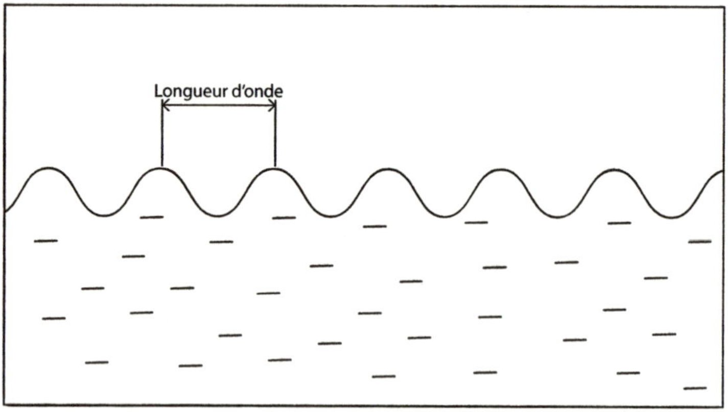

On peut donc précisément mesurer cette longueur d'onde ; mais à la question de sa position, il est impossible de dire précisément où se trouve cette onde ; elle est un peu partout à la fois.

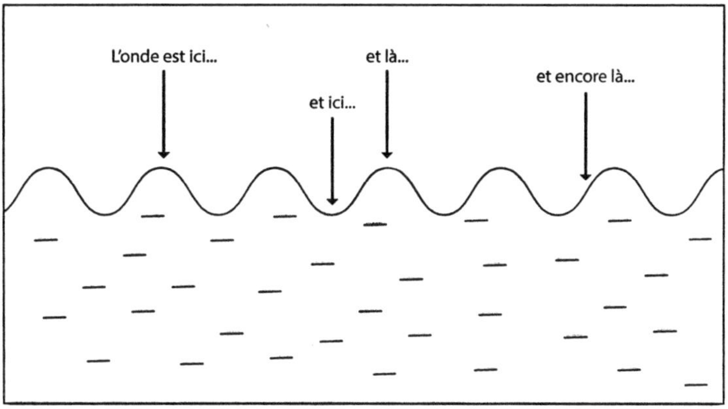

On peut bien mesurer la longueur d'onde de l'onde — *sic* — mais pas sa position. Qu'en est-il d'une simple pulsation à la surface de l'eau ? Quelque chose de bien localisé ? Pour sûr, il est tout à fait possible de localiser cette pulsation précisément.

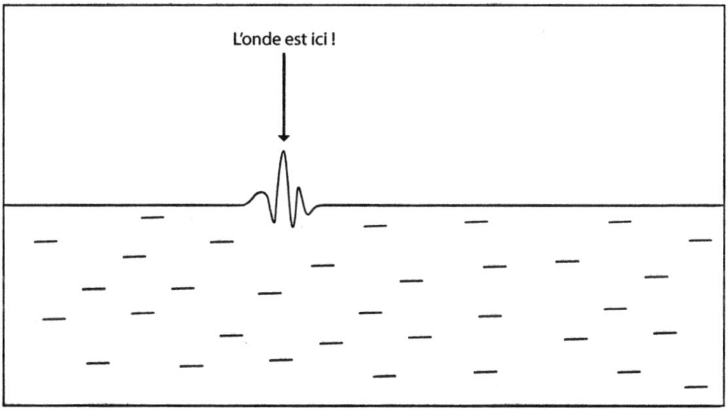

Est-il pour autant possible de mesurer sa longueur d'onde ? En l'absence d'une oscillation régulière, c'est tout à fait impossible. Voici un exemple pratique d'un cas où il est impossible de mesurer précisément et conjointement deux informations données. Certes, il y a des couples d'informations que l'on peut mesurer, et le principe d'incertitude ne s'y oppose pas ; ce que nous dit ce dernier, c'est qu'il y a des couples d'informations — pas tous, mais certains — pour lesquels une mesure précise et conjointe est impossible. Ainsi, pour une particule, il est impossible de connaître précisément à la fois sa position et sa quantité de mouvement.

Quantité de mouvement

On a déjà parlé dans le Tome I de quantité de mouvement[366], mais il n'est pas inutile de faire une petite piqûre de rappel. On appelle la quantité de mouvement d'un corps en déplacement le produit de sa masse par sa vitesse. Un tel produit peut sembler totalement arbitraire, mais sachez qu'il permet de rendre compte d'une propriété qui, sinon, pourrait être ignorée. Ainsi, si vous imaginez un avion de ligne roulant sur le tarmac à 20 km/h et que, dans le même temps, vous imaginez une balle de tennis roulant sur le même tarmac à 20 km/h, on peut bien évidemment dire que ces deux corps se déplacent à la même vitesse ; pourtant, on devine bien que vu la masse de l'avion par rapport à celle de la balle, il y a plus en jeu pour faire avancer l'avion. Il faut une plus grande quantité d'énergie, de force, de quelque chose — ces termes sont volontairement impropres d'un point de vue scientifique — pour faire avancer l'avion que pour faire avancer la balle. On peut rendre compte de cette quantité *via* la quantité de mouvement.

D'après le principe d'Heisenberg, si on mesure la variation de quantité de mouvement d'une particule et si on mesure conjointement la variation de position de cette particule, le produit de ces deux variations sera toujours supérieur à une limite fixe et indépendante des outils de mesure[367] ; cela signifie notamment qu'on ne pourra jamais mesurer exactement la position d'une particule ou sa quantité de mouvement — selon le cas,

366 *Prenez le temps d'e-penser*, Tome I, chapitre 52, Éd. Marabout.

367 $h/4\pi$, je le rappelle.

l'une ou l'autre variation serait alors nulle et le produit des deux égal à zéro, en totale violation du principe. Une imprécision dans la mesure est intrinsèque aux théories de la physique quantique ; à moins d'un nouveau modèle venant remettre en cause ce que les expériences viennent pourtant confirmer — donc ce n'est pas tout à fait demain la veille — la physique quantique nous échappera toujours partiellement.

Petite précision subsidiaire un peu hors de propos, mais « pas tout à fait en fait » : on est en droit de se poser la question de ce qu'est l'espace ou le temps à l'échelle d'une particule, parce que c'est bien beau de vouloir mesurer la position ou la vitesse d'un électron à un instant précis, mais parler d'un instant précis ou d'une position précise à l'échelle d'un électron, qu'est-ce que cela signifie ? Est-ce la notion « classique » à laquelle nous sommes habitués ? Non, si je dis ça, c'est sans doute pour tenter un double salto en guise de transition avec le chapitre suivant, mais le fait est que la question se pose. Parce que s'il s'agit des mêmes notions, alors on peut comprendre que certaines personnes en viennent à trouver la physique quantique quasiment magique…

112. Superposition des états quantiques

Bon, là, en toute logique, sur les quatre mots du titre, il ne doit y avoir que le mot « des » qui ne vous pose pas problème. Alors prenons les choses dans l'ordre et avant de commencer à vouloir superposer des machins, on va déjà préciser ce que sont ces machins.

Dans un système physique classique — comprenez par là « non quantique » — qu'on peut de fait qualifier de *déterministe*, on peut à tout instant, pour peu qu'on dispose de suffisamment d'outils de mesure, déterminer l'état de ce système. Ainsi, si je laisse glisser une bille sur un plan incliné, je peux à tout instant connaître la position de la bille, sa vitesse, mais il est également possible, par ailleurs, de connaître sa masse, son volume, son albédo[368], sa température, etc. Connaître toutes ces informations, c'est connaître l'état du système en question. En matière de mécanique quantique, on l'a vu, il n'y a plus de déterminisme, c'est terminé ; nous sommes face à des phénomènes qui ont plus ou moins de probabilités de se produire de telle ou de telle manière. Pour autant, les équations de la mécanique quantique nous permettent de connaître précisément ces probabilités, de la même manière que si je lance un dé, j'ai beau ne pas savoir, en pratique, le nombre de points que celui-ci va m'afficher, je sais que chacun des nombres possibles, de un à six, a autant de probabilité de sortir.

En mécanique quantique, c'est en quelque sorte pareil ; je ne sais pas précisément où est un électron tant que je ne l'observe pas, mais je sais qu'il a 10 % de chances de se trouver ici, 20 % de chances de se trouver là, etc. Par ailleurs, je connais la masse d'un électron, je connais sa charge électrique, je connais tout un tas d'informations, dont certaines sont précises et déterminées, et dont d'autres ne sont que probabilités. Cet ensemble d'informations constitue ce qu'on appelle l'état quantique du système formé par cet électron et, dans des cas plus complexes, par un système complet de particules.

Cela dit, une partie de cet état n'est effectivement pas déterminée, ce qui signifie, par exemple, qu'un électron dans un état donné peut se trouver ici comme il peut se trouver là-bas. Formellement, mathématiquement, il existe une notation propre à cette situation et qui va affiner un peu plus précisément ce qu'on appelle un état quantique ; on va ainsi dire que l'électron avec sa masse et sa charge, etc., qui se trouve ici, constitue un état quantique — on pourrait dire un état quantique possible. Et de la même manière, le même électron qui se trouve là-bas constitue un autre état quantique.

---

[368] Sa capacité à réfléchir la lumière.

Et du fait que tant qu'on n'observe pas pratiquement l'électron, ces deux états quantiques ont des chances d'« exister », on notera que ces deux états coexistent sous la forme d'une superposition. On parlera ainsi de superposition des états quantiques.

En notant mathématiquement ainsi[369] un état quantique E :

$$|E>$$

On peut ainsi dire que si un état A est possible à 20 % et un autre état B est possible à 80 %, alors l'état quantique E complet est :

$$|E> = \frac{20}{100}.|A> + \frac{80}{100}.|B>$$

C'est tout pour les mathématiques, c'est promis. Quant à l'interprétation de cela, il ne faut pas s'y méprendre : oui, plusieurs états différents sont possibles, mais cela ne signifie en aucun cas que ces états différents existent en même temps : un système quantique n'est que dans un seul état « en vrai ». Mathématiquement, on peut effectivement manipuler ces différents états comme coexistant avec plus ou moins de probabilité effective, mais il ne s'agit là que de manipulation mathématique. Clarifier ce point est essentiel, ne serait-ce que pour tordre le cou aux idées reçues sur la mécanique quantique en général et sur la superposition des états quantiques — ou superposition quantique — en particulier.

Ainsi, et malgré ce qu'on peut entendre régulièrement sur le sujet, une particule ne peut pas être à deux endroits différents en même temps, elle ne peut pas disposer simultanément de deux vitesses, etc. Un spécialiste de la physique des particules qui manipule les équations mathématiques à longueur de journée peut accepter que, mathématiquement, tout se

---

369 La notation se fait avec une barre à gauche et une flèche à droite, et on la nomme notation *bra-ket* ; elle a été mise en place par Paul Dirac.

passe comme si un électron était à deux endroits différents en même temps, par exemple, mais gardez bien à l'esprit que ces mathématiques, si belles soient-elles, ne correspondent pas à la réalité physique qui est qu'un électron n'est pas à deux endroits distincts en même temps : il dispose de diverses probabilités d'être situé ici ou là à un instant donné. Ce qui rend la chose difficile à comprendre, c'est que si vous prenez l'analogie d'un étang dans lequel se trouve un seul poisson, alors oui, votre poisson a telle ou telle probabilité de se trouver ici ou là ; mais la limite de l'analogie est que vous savez bien que le poisson est, en réalité, à un endroit et un seul. Le poisson n'est pas dilué dans l'étang. L'électron, d'une certaine manière, si. Voilà tout.

113. Spin et nombre quantique

Parfois, quand on fait de la vulgarisation, on est confronté à un machin qu'il est tout bonnement illusoire de chercher à expliquer ; d'une certaine manière, la mécanique quantique porte déjà en elle-même la graine d'un tel machin, mais on s'arrange avec : on tourne autour de la question, on multiplie les analogies, on bourre le texte de formules telles que « c'est comme si » ou encore « ça ressemble à ». Mais en matière de spin, n'ayez pas plus d'illusion que moi. Le spin ne correspond à rien de ce que vous ou moi connaissons. Il faut pourtant bien en parler, et il faut en parler bien. Mettez-vous les doigts de pieds en éventail, qu'à défaut de comprendre, on soit bien confortable. Et pour être bien à l'aise, on va commencer par un peu d'histoire.

En 1913, le modèle atomique de Bohr décrit assez proprement les atomes d'hydrogène ; on a déjà parlé des modèles atomiques[370], mais pas encore de celui de Bohr.

---

370 *Prenez le temps d'e-penser*, Tome I, chapitre 5, Éd. Marabout.

Modèle atomique de Bohr

Dans le modèle atomique de Rutherford, on a une vision un peu planétaire de l'atome avec un noyau autour duquel gravitent les électrons. Cela dit, les expériences en spectroscopie[371] ont montré que lorsqu'on excite des atomes d'hydrogène, ceux-ci émettent un rayonnement dont les plages de longueurs d'ondes sont extrêmement réduites, qu'on appelle des raies spectrales — si on diffracte la lumière émise au moyen d'un spectre, on obtient des raies de lumière de couleurs parfaitement caractéristiques. Et le modèle atomique de Rutherford n'explique pas ce phénomène.

Niels Bohr envisage la chose de la façon suivante ; il imagine que les électrons orbitent effectivement autour du noyau, mais sur des orbites parfaitement prédéfinies, comme des rails. Pour l'atome d'hydrogène, par exemple, il envisage un certain nombre d'orbites possibles sur lesquelles l'électron se déplace ; lorsqu'il est excité, il « saute » littéralement sur une orbite plus éloignée du noyau et, quand il se désexcite, il redescend sur une orbite plus basse en émettant un photon de lumière dont la longueur d'onde dépend de son orbite de départ et de son orbite d'arrivée. Ce modèle est bien sûr incomplet et ne rend globalement compte correctement que de l'atome d'hydrogène — ce qui est léger — mais il a le bon goût de fournir une explication simple et claire aux raies spectrales des hydrogénoïdes.

Dans ce modèle, donc, l'électron de l'atome d'hydrogène dispose de plusieurs orbites possibles sur lesquelles évoluer. Ces orbites étant parfaitement prédéfinies, Bohr décida de les désigner par un nombre entier n, l'orbite la plus proche du noyau étant appelée 1 suivie, en s'éloignant du noyau, de 2, puis 3… Ainsi, il est possible de noter une information sur l'état de l'électron dans cet atome à l'aide d'un simple nombre, qu'on appelle nombre principal, et qu'on désigne par la lettre « n », permettant de dire sur quelle orbite se trouve l'électron.

371 *Prenez le temps d'e-penser*, Tome I, chapitre 3, Éd. Marabout.

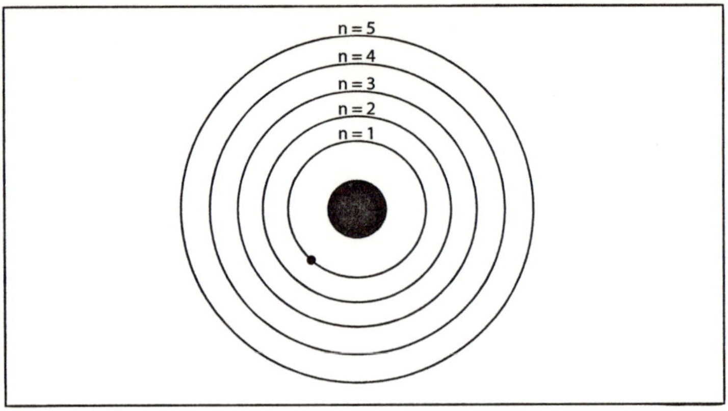

Bien que le modèle de Bohr soit aujourd'hui largement dépassé, ce nombre reste une information qui fait partie de l'état quantique d'un électron. Mais le modèle est quand même dépassé. Notamment, on comprit très vite que ce modèle ne permettait pas de rendre compte de la structure des atomes comportant plusieurs électrons. Ce modèle fut donc généralisé en 1916 par Arnold Sommerfeld, un physicien allemand, en donnant aux électrons deux degrés supplémentaires de liberté, outre le fait de sauter d'une orbite à une autre : d'abord la possibilité d'orbiter sur une trajectoire elliptique — dont le noyau est un des foyers, comme les planètes autour du Soleil — mais également la possibilité que cette ellipse même puisse être modifiée en présence d'un champ magnétique — un électron étant chargé négativement, il se comporte sur son orbite comme un minuscule circuit électrique, et est sensible de ce fait aux variations de champs magnétiques.

Ce modèle, dit de Bohr-Sommerfeld, permis de mieux rendre compte du fonctionnement des atomes ; mais ne vous leurrez pas, celui-ci aussi est aujourd'hui dépassé. En revanche, il a permis de fournir deux informations supplémentaires sur l'état d'un électron dans un atome ; tout d'abord une information sur la nature elliptique de l'orbite, qu'on a nommé nombre orbital, ou azimutal, désigné par la lettre « ℓ », et qui, comme le nombre principal, prend des valeurs entières 0, 1, 2, etc. et pouvant aller jusqu'à (n – 1), où n est le nombre quantique principal. La deuxième information, relative à l'orientation de l'orbite suite à une variation du champ magnétique, est naturellement appelée nombre magnétique — ou parfois nombre tertiaire — et est désignée par la lettre « m » ; ses valeurs possibles vont de $-\ell$ à $+\ell$, ℓ étant le nombre orbital — la possibilité positive ou négative est due à la possibilité, par symétrie, que l'orbite se déplace dans une direction ou une autre.

Ainsi, pour un électron sur l'orbite n = 1, son nombre azimutal est nécessairement $\ell = 0$ — puisqu'il est compris entre 0 et (n – 1) — ce qui signifie que son nombre magnétique est également m = 0. Mais plus l'électron va s'éloigner du noyau — n croissant — plus les orbitales elliptiques possibles seront nombreuses — ℓ allant de 0 à (n – 1) — et plus le nombre magnétique pourra prendre de valeurs différentes.

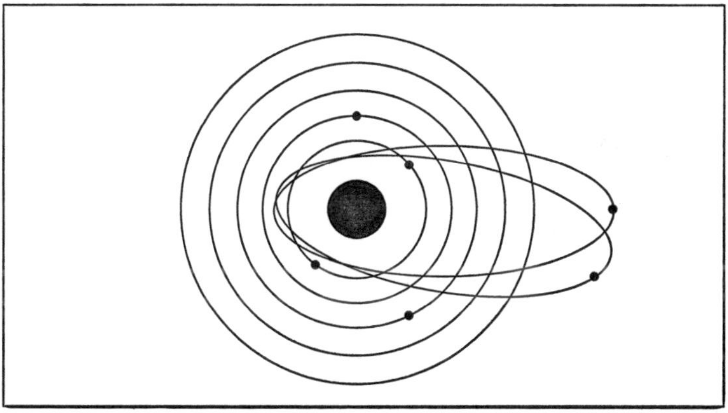

Revenons quelques instants sur cette histoire de champ magnétique sur laquelle je suis passé un peu vite. Cet effet du champ magnétique sur l'électron a été découvert en 1896 par le physicien néerlandais

Pieter Zeeman — il aura le prix Nobel de physique en 1902 pour cette découverte — effet qu'on appelle l'effet Zeeman.

Alors qu'il étudiait le spectre du sodium avec un prisme — la raie spectrale émise par le sodium, d'une longueur d'onde de 589 nm, cette raie étant la première historiquement observée, en 1752 — il constate que s'il approche un aimant de son dispositif, la raie jaune caractéristique se subdivise pour laisser apparaître deux raies supplémentaires de part et d'autre de celle précédemment visible ; c'est la preuve indéniable de l'effet du champ magnétique sur les niveaux d'énergie des électrons — la longueur d'onde mesurée étant précisément et directement liée à la variation des niveaux d'énergie des électrons.

Mary Poppins

Oui, vous l'avez bien lu, je vais parler de Mary Poppins. Aujourd'hui, au cinéma, on a l'habitude que certaines scènes soient tournées sur fond vert, parfois encore sur fond bleu — comme c'était quasiment toujours le cas avant l'apparition du numérique — mais dans l'histoire du cinéma, âgé d'à peine plus de cent ans, il a bien fallu inventer ce système. L'idée était assez simple à la base : avoir un fond d'une couleur donnée qu'on pourrait ensuite retirer de l'image — on parle de détourage — pour ne garder que les personnages filmés devant et les composer avec un autre fond. Les studios Disney ont trouvé une solution brillante à ce problème. En éclairant un fond parfaitement blanc avec des lampes au sodium — comme des néons, mais avec du sodium au lieu du néon, hein ? — on se retrouve avec un fond éclairé en jaune, mais pas n'importe quel jaune ; le jaune tout à fait caractéristique du sodium, et dont la longueur d'onde est de 589 nm. À l'aide d'un prisme, il est ensuite possible de séparer uniquement cette couleur des autres, ces dernières terminant leur chemin dans l'objectif d'une caméra. On a ainsi un système optique capable de détourer les images pendant le tournage — alors que, sinon, cela demandait des efforts considérables en main-d'œuvre en post-production, on parle d'une époque où l'ordinateur n'existe pour ainsi dire pas encore. Disney achètera le brevet de ce système et en fera fabriquer une seule caméra équipée. Les scènes de Mary Poppins au milieu d'un décor de dessin animé[372] seront réalisées avec cet équipement. La location de ce matériel auprès de Disney étant extrêmement onéreuse, les autres studios mettront au point d'autres techniques pour aboutir finalement au fond bleu, puis vert.

Revenons à nos moutons. Le modèle de Bohr-Sommerfeld est bien plus complet que celui de Bohr, mais il reste quand même un modèle dépassé, je l'ai dit. Comment le sait-on ? L'effet Zeeman dont j'ai parlé juste avant a aussi un autre nom, plus précis : l'effet Zeeman normal. Parce que, oui, il existe un effet Zeeman anormal, ou encore « anomal ». Dans le cas normal, la raie originelle est toujours présente et on voit apparaître de part et d'autre un nombre égal de raies supplémentaires portant le total des raies à un nombre impair — des paires de part et d'autre et la raie centrale.

Mais voilà, lorsque le champ magnétique autour du sodium est suffisamment intense, la raie centrale se subdivise en deux raies supplémentaires. La raie centrale disparaît, et on se retrouve face à un nombre pair de raies spectrales. C'est l'effet Zeeman anomal. Ce nom lui est notamment donné du fait qu'il est impossible avec la connaissance d'alors de l'atome d'attribuer ce résultat aux mouvements orbitaux des électrons.

Mais ce n'est pas tout ; un autre problème se pose. En 1922, les physiciens allemands Otto Stern et Walther Gerlach réalisent une expérience qui consiste à faire passer un faisceau d'atomes d'argent dans un champ magnétique orienté verticalement. Les atomes d'argent n'étant pas excités — on dit qu'ils sont dans leur état fondamental — le faisceau devrait traverser le champ magnétique sans être le moins du monde dévié et, sur un écran mis en place plus loin, une seule tache d'impact devrait apparaître. Or il en apparaît deux : une vers le haut et une vers le bas.

---

372 Supercalifragilisticexpialidocious.

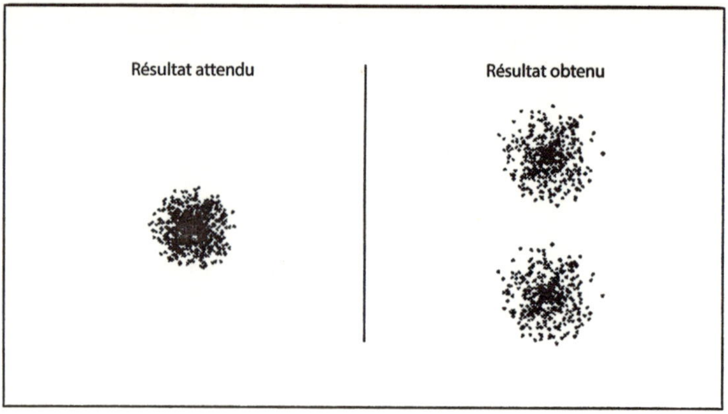

Rien de ce qu'on connaît des orbitales ne permet d'expliquer ce phénomène. Le physicien Wolfgang Pauli — dont on va reparler — pense qu'il est possible qu'outre les trois nombres quantiques, dont on dispose déjà, il en existe un quatrième, une propriété cachée de l'électron. Et en 1925, les physiciens hollandais George Uhlenbeck et Samuel Goudsmit proposent l'existence d'une telle propriété, assimilable à un moment angulaire, c'est-à-dire « se passant comme si » les électrons, outre leurs mouvements autour du noyau, étaient en rotation sur eux-mêmes. Ils appellent cette propriété moment du *spin*[373] ou, plus simplement, *spin*.

Là, je sens que parmi vous, il y en a qui se disent que j'ai un peu exagéré l'impossibilité de compréhension du spin, mais ne vous y trompez pas : l'électron n'est pas une bille, n'a pas d'équateur et ne tourne pas sur lui-même autour d'un axe central comme le fait la Terre autour de l'axe formé par ses pôles. D'ailleurs, si tel était le cas, un point de l'équateur de l'électron se déplacerait, du fait de cette rotation, plus vite que la lumière, ce qui est impossible. Non, l'idée d'une rotation

---

373 Spin signifiant en anglais « tourner », comme une toupie tourne sur elle-même.

est une analogie provenant du fait que, mathématiquement, le spin est assimilable à une grandeur physique classique, à savoir le moment angulaire, découlant d'une rotation.

Le spin est une caractéristique de l'électron — et de n'importe quelle particule, d'ailleurs — qui est propre à la physique quantique et n'admet pas d'équivalent à notre échelle. Et comme les autres caractéristiques de la mécanique quantique, celui-ci ne peut pas prendre n'importe quelle valeur ; dans le cas d'un électron, le spin peut valoir (+ 1/2) ou (– 1/2). On parlera arbitrairement, dans le premier cas, d'un spin tourné vers le haut, et, dans le second cas, d'un spin tourné vers le bas — évidemment, ça n'a strictement aucun autre sens qu'un sens symbolique de représentation. Ce qu'on peut dire du spin de l'électron, en revanche, c'est que c'est une caractéristique de l'électron qui lui permet de se comporter comme un tout petit aimant, avec ses deux pôles Nord et Sud, et que l'orientation de ces pôles est directement liée à la valeur du spin.

Ainsi donc nous sommes arrivés en 1925 avec une caractérisation de l'état quantique d'un électron qu'on appelle « nombre quantique », et qui est composé comme suit :

- nombre quantique principal n : nombre entier à partir de 1 ;
- nombre quantique azimutal ℓ : nombre entier variant entre 0 et (n – 1) ;
- nombre quantique magnétique m : nombre entier variant entre – ℓ et + ℓ ;
- spin : valant + 1/2 ou – 1/2 — dans le cas de l'électron.

114. Modèle quantique de l'atome et principe d'exclusion

Avec la compréhension que l'on a aujourd'hui de ce qu'est un électron, il va de soi que les modèles atomiques précédents, ceux qui ressemblent de près ou de loin à notre système solaire, sont hors de propos. Bien sûr ils permettent de comprendre certaines choses sur la structure des atomes, mais ce sont des modèles trop simplifiés pour être vraiment utiles aux scientifiques. En 1926, fort de sa formalisation mathématique, Erwin Schrödinger propose un nouveau modèle atomique. Dans celui-ci, l'électron n'est plus une bille, et n'est pas vraiment non plus tout à fait une onde. Dans ce modèle, l'électron n'est pas tant représenté qu'il n'est symbolisé, et comme la boîte qui dissimule le mouton parfait du *Petit Prince*, l'électron est figuré par l'ensemble de ses positions possibles et les probabilités qu'il y soit. On parle alors de nuage électronique. Cette image a quelque chose de remarquable qu'il convient de noter : sur ce modèle on ne voit plus un électron comme quelque chose de localisé mais comme quelque chose d'étendu, et cette étendue rend compte d'une certaine réalité des atomes ; c'est elle qui permet de *concrétiser* la matière.

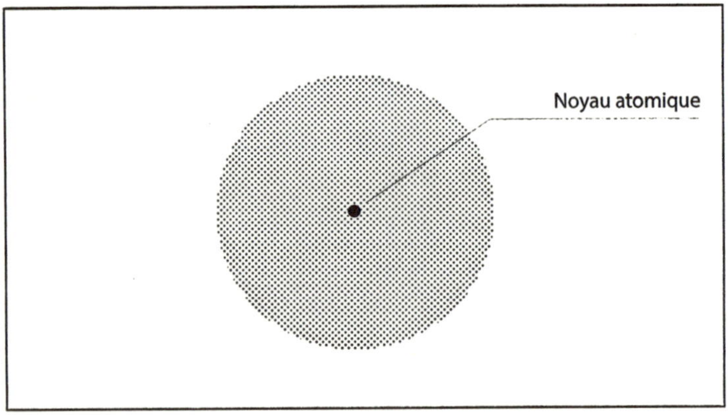

Pour comprendre cela, faisons un rapide point : un atome, c'est un noyau et des électrons autour de ce noyau. Le noyau est environ cent mille fois plus petit que l'atome, et les électrons sont bien plus petits que le noyau. Pour le dire simplement, un atome, c'est plus de 99 % de vide. Aussi comment se fait-il, quand je prends un objet, une pièce de monnaie, dans ma main, comment se fait-il que cette pièce ne traverse pas ma main ? Cette pièce est composée à plus de 99 % de vide, tout comme ma main est composée à plus de 99 % de vide ; la logique voudrait que tout devrait pouvoir passer à travers tout.

Dans le chapitre 15 du Tome I de cet ouvrage[374], j'avais expliqué pour quelle raison on ne touche jamais vraiment rien, pourquoi lorsque je pose mes mains sur une table, il n'y a aucun contact physique, au sens où on l'entend classiquement, à l'échelle atomique. Je l'avais dit, c'est lié aux interactions électromagnétiques et au fait que les électrons, chargés électriquement négativement, se repoussent les uns les autres — et plus ils sont proches, plus ils se repoussent violemment. Dans le cas où les électrons seraient localisés, comme des petites billes, il est vraisemblable que les objets solides pourraient effectivement se traverser les uns les autres, vu les vides gigantesques entre les différents composants de la matière ; deux électrons provenant d'atomes différents n'auraient quasiment aucune chance de se croiser et de se repousser. Mais un électron étendu, c'est une autre histoire ; bien sûr, un électron n'est pas un volume autour du noyau, mais il est comme un volume de possibles avec une surface externe ; et cette surface se trouve suffisamment proche des autres surfaces d'électrons d'atomes voisins pour les repousser. C'est pour cela que lorsque je frappe mes mains l'une contre l'autre, celles-ci ne se traversent pas l'une l'autre.

---

374 *Prenez le temps d'e-penser*, Tome I, chapitre 15, Éd. Marabout.

Mais on peut aller un peu plus loin que cela ; vous savez bien que deux objets ne peuvent pas occuper le même espace au même moment, n'est-ce pas ? Prenez deux balles de tennis ; elles ne peuvent pas être au même moment au même endroit, et ce n'est pas simplement une histoire de matières qui ne se traversent pas ; une balle de tennis, lorsqu'on la pose quelque part, pousse l'air ailleurs, car l'air non plus ne peut pas occuper le même espace que cette balle en même temps. Pas la peine d'en faire des caisses sur ce sujet, vous comprenez bien l'impossibilité d'une telle concomitance. Qu'en est-il d'un électron ? Dès lors qu'un électron n'a que des positions possibles, on ne peut plus vraiment parler d'être au même moment au même endroit ; mais plusieurs électrons peuvent-ils se partager le même ensemble de positions possibles ? Ce qu'a découvert Wolfgang Pauli, et qu'on appelle le *principe d'exclusion* — parfois le principe d'exclusion de Pauli — c'est que deux électrons ne peuvent pas simultanément se trouver dans le même état quantique — c'est-à-dire à la fois le même nombre principal, le même nombre orbital, le même nombre magnétique et le même spin. Ce principe, qui est une des pierres angulaires de la mécanique quantique au même titre que la superposition des états quantiques ou l'intrication quantique, est l'équivalent quantique de l'impossibilité, en physique classique, pour deux corps d'occuper le même espace au même moment.

115. La preuve par vieux : Erwin Schrödinger

En voilà un dont tout le monde connaît le nom — souvent pour une sombre histoire de chat, d'ailleurs. Et dans la série « je suis un père fondateur de la mécanique quantique », Schrödinger est clairement en excellente position pour se disputer cette paternité avec Niels Bohr et Werner Heisenberg.

Si Heisenberg est célèbre pour avoir « créé » la mécanique quantique du point de vue matriciel, Schrödinger a sans conteste créé la mécanique quantique du point de vue différentiel.

Le calcul différentiel

Le calcul différentiel est, avec le calcul intégral, un pilier du calcul infinitésimal. Il consiste en l'ensemble des méthodes et règles permettant de calculer les variations, si infimes soient-elles, des valeurs de fonctions mathématiques. Par exemple, la vitesse d'un corps est le calcul de la variation de sa position au cours du temps, comme l'accélération d'un corps est le calcul de la variation de sa vitesse au cours du temps. D'une certaine manière, le calcul intégral est l'inverse du calcul différentiel, consistant mathématiquement à calculer des surfaces sous-tendues par des fonctions mathématiques mais pour lequel, par exemple, l'intégrale d'une accélération est une vitesse, et l'intégrale d'une vitesse une position.

Il existe un débat sur la paternité du calcul infinitésimal, savoir si on doit l'attribuer à Leibniz ou à Newton. En réalité, les premières approches du calcul infinitésimal sont à attribuer à Archimède. De plus, Pierre de Fermat est à l'origine du calcul permettant, par passage à la limite, de calculer la tangente à une courbe — partie intégrante du calcul différentiel — même si cela ne sera exposé au public qu'après avoir été rapporté par Huygens en 1667, plus de trente ans après son élaboration.

En 1924, alors qu'il est âgé de trente-deux ans, Louis de Broglie — duc de Broglie, oui — soutient sa thèse, purement théorique, devant un jury composé notamment de Paul Langevin et Jean Perrin — déjà, ça, c'est fait. Sa thèse lui permettra quelques années plus tard d'être d'abord nobélisable, puis nobélisé à trente-six ans. Sa thèse, révolutionnaire pour l'époque, est que toute matière est dotée d'une onde associée. Non seulement cela, mais, qui plus est, la longueur d'onde de cette onde est directement liée à la quantité de mouvement de la matière en question par une relation mathématique extrêmement simple.

Pourquoi je parle de ça ? Parce qu'au moment de la publication de cette thèse, le physicien et chimiste hollandais Peter Debye dit à Schrödinger que puisque ce dernier ne travaille sur rien de particulier en ce moment, pourquoi n'étudierait-il pas un peu l'hypothèse de De Broglie qui semble animer alors une bonne partie de la communauté scientifique. Schrödinger s'exécuta et prépara une conférence sur le sujet, que Debye qualifia d'enfantine, ajoutant au passage qu'il est inutile de parler ainsi d'ondes sans disposer d'une véritable équation. Vexé, Schrödinger décidé de se mettre au boulot et, comme n'importe qui d'autre à sa place l'aurait fait, réunit les conditions suffisantes pour pouvoir travailler calmement le sujet : il annonce à sa femme qu'il va partir deux semaines en retraite dans les Alpes avec une maîtresse[375] et une paire de bouchons d'oreille. La légende raconte qu'il eut quasiment une épiphanie dans les bras de sa maîtresse — dont l'identité reste aujourd'hui un mystère — mais il est plus vraisemblable que, plus prosaïquement, après avoir passé un peu de temps l'un dans l'autre, il plaça ses bouchons d'oreille et se mit au travail. Il comprit qu'il était possible de passer du formalisme corpusculaire de la matière au formalisme ondulatoire en remplaçant certains paramètres — les coordonnées hamiltoniennes, pour ceux à qui ça parle — par des opérateurs différentiels. L'équation de Schrödinger est écrite, on est en 1926.

L'exercice est difficile : parler de façon aussi complète que possible de l'équation de Schrödinger sans jamais l'aborder de façon mathématique. Tout d'abord, et comme je l'ai déjà dit, Schrödinger montrera que son équation est équivalente à celle de Heisenberg, basée sur le calcul matriciel. Ensuite, on peut parler du contexte de cette équation ; s'il s'agit aujourd'hui sans doute du socle fondateur des mathématiques de

[375] La sexualité de Schrödinger n'est vraiment pas le sujet de ce livre, mais disons simplement que lui et sa femme étaient des gens plutôt libres, flirtant souvent avec le ménage à trois et l'échangisme pur et dur.

la physique quantique, il est bon d'avoir deux choses à l'esprit : tout d'abord, lorsque Schrödinger l'établit, elle n'est qu'un postulat, pas vraiment démontrée. Le fait est qu'elle s'avérera toujours se conformer aux résultats expérimentaux et aux observations dans les limites de son cadre — elle ne concerne que les particules non relativistes, on en parlera après — et s'est donc montrée, avec les années, d'une extrême fiabilité. En outre, Schrödinger lui-même n'a jamais prétendu qu'elle offrait une représentation de la réalité quantique, et il a même clairement expliqué qu'elle n'était guère plus qu'un outil mathématique qui fonctionne et dont il ne faut pas nécessairement aller chercher des interprétations. Pour autant, si l'on veut en parler sans faire de maths, on ne coupera pas à une tentative d'interprétation ; alors, cette équation, que dit-elle ?

Cette équation décrit les états d'un système quantique, et les physiciens qui ont suivi ont formulé un postulat : les solutions de cette équation, qu'on appelle communément la fonction d'onde, et qu'on désigne par le caractère grec ψ, cette fonction d'onde contient toutes les informations qu'il est possible de connaître sur l'état d'un système quantique. D'après eux, et à moins d'une nouvelle théorie, il est impossible de connaître d'autres propriétés d'un système quantique.

Avant de lier cette fonction d'onde à une notion de probabilité, il est nécessaire d'avoir en tête deux ou trois principes simples concernant la probabilité : tout d'abord, une probabilité est toujours une valeur limitée, allant de 0 pour 0 % de probabilité, à 1 pour 100 % de probabilité ; par ailleurs, lorsqu'on mesure l'évolution, dans le temps, des probabilités d'issues d'un événement donné, l'ensemble de toutes les issues possibles devant nécessairement valoir 100 % des probabilités, cela signifie que si une issue donnée voit sa probabilité de survenir augmenter, alors une autre issue doit voir sa probabilité baisser.

Cela étant dit, comment peut-on interpréter la fonction d'onde ? Déjà, ses valeurs peuvent diverger et aller jusqu'à l'infini avec des ondes régulières et continues, ce qui ne permet pas d'interprétation en termes de probabilités ; mais puisque la lumière, par exemple, se propage en émissions brèves de photons, on adopte l'idée, non plus vraiment d'ondes, mais de paquet d'ondes.

Paquet d'ondes

Notion essentielle de la mécanique quantique, un paquet d'ondes est un nombre arbitraire mais petit d'ondes réunies dans une seule enveloppe, ou paquet. Si on relie la notion de paquet d'ondes au principe d'incertitude, on retrouve bien l'idée selon laquelle plus le paquet va être petit et localisé, plus il sera possible de déterminer précisément sa position, sans pour autant être du coup capable d'en déterminer la quantité de mouvement.

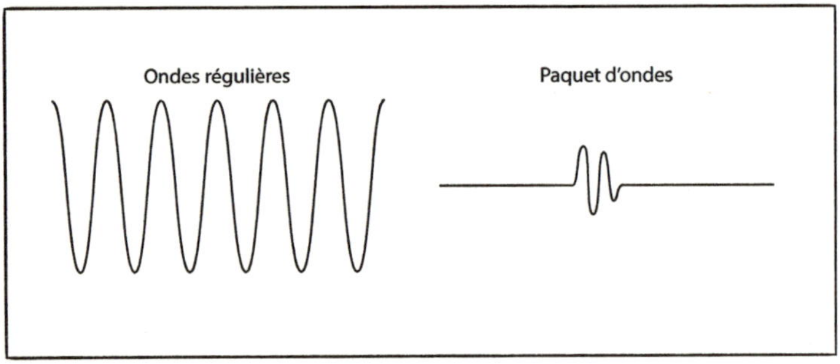

Avec la notion de paquet d'ondes, la fonction d'onde ne diverge plus vers l'infini, c'est une première bonne nouvelle. Mais comme on l'a dit, pour qu'elle puisse rendre compte d'une probabilité, il faut encore que sa valeur numérique puisse être ramenée à un nombre compris entre 0 et 1 ; or la fonction d'onde fait intervenir des nombres complexes.

Nombres complexes

Les nombres sont répartis, en mathématiques, dans des ensembles. S'il est possible de créer n'importe quel ensemble — l'ensemble des nombres pairs,

l'ensemble des nombres inférieurs à 5, l'ensemble « 1, 2 et 3 », etc. — certains ensembles sont plus classiques que d'autres. On retrouve ainsi en premier lieu l'ensemble des nombres dits *naturels* — tous les nombres entiers positifs : 0, 1, 2, 3, etc. — cet ensemble étant inclus dans l'ensemble suivant, celui des nombres *relatifs* — tous les nombres entiers positifs et tous les nombres entiers négatifs — lui-même inclus dans l'ensemble des nombre *rationnels* — toutes les fractions de nombres entiers : 1/2, 1/3, 1/4, 2/5, etc. — lui-même inclus dans l'ensemble des nombres *réels* — tous les nombres, entiers ou non, positifs ou négatifs, rationnels ou non : 8, 3,22, π, √2, etc.
Voici les grands ensembles de nombres que vous et moi utilisons au quotidien, sans y prêter la moindre attention. Mais il existe d'autres grands ensembles de nombres que les mathématiciens ont élaborés pour résoudre des problèmes hautement complexes ; ainsi, l'ensemble des nombres *complexes* contient l'ensemble des nombres réels, mais se définit par un niveau de complexité supplémentaire : chaque nombre complexe est composé de deux parties, l'une dite réelle — puisque s'agissant d'un nombre réel — et l'autre dite *imaginaire* — pour la distinguer de la partie réelle. Il est relativement aisé de représenter un nombre complexe graphiquement car ses deux parties lui confèrent une analogie certaine avec des coordonnées x et y — abscisse et ordonnée.
Enfin, et même si l'on ne va pas spécialement s'étendre là-dessus, car cela n'a pas d'intérêt particulier dans ce chapitre, les nombres complexes font intervenir un nombre *ad hoc* intitulé *i* et qui est défini par l'équation : $i^2 = -1$, équation qui ne possède pas de solution dans l'ensemble des nombres réels, un carré y étant toujours positif.
Quelques exemples de nombres complexes : $(3 + 2.i)$, $(5 - 4.i)$, $(\pi^2 + \pi.i)$…

Si la fonction d'onde fait intervenir des nombres complexes, alors il n'est pas question d'en faire une probabilité — qu'est-ce qu'une probabilité « imaginaire » ? En revanche, les nombres complexes sont assimilables à des vecteurs dont il est possible de calculer le *module* — c'est le nom savant pour dire « la longueur » d'un vecteur — et ce module est toujours un nombre réel. Un des aboutissements des travaux sur l'équation de Schrödinger a été de montrer que le carré du module de la fonction d'onde correspond à la densité de probabilité de présence d'une particule à une position donnée, merci Max Born[376].

Et lorsqu'on a demandé à Schrödinger ce qu'il pensait du fait que son équation permettait ainsi de décrire précisément la probabilité de présence d'une particule, qu'a-t-il dit ?

> « I don't like it, and I'm sorry I ever had anything to do with it[377]. »

Oui, parce que, ça, j'ai oublié de le dire, mais Schrödinger n'est pas dans la team « probabiliste » qui considère qu'il existe un niveau d'informations aléatoire qu'on ne pourra jamais parfaitement préciser ; il rejoint en cela la team « déterministe » dont le membre le plus éminent est sans conteste Albert Einstein. Et la lutte des déterministes contre les indéterministes va durer quelques années, avec, au cœur du débat, l'intrication quantique et l'argument EPR, et qui mènera Schrödinger à raconter une certaine histoire de chat.

116. L'intrication quantique

L'intrication quantique est un phénomène pour le moins curieux par lequel deux objets quantiques deviennent, d'une certaine manière, indissociables. Dans certains cas, en effet, l'état quantique de deux objets ne peut être décrit que globalement — on dit alors que les deux objets sont intriqués, ou enchevêtrés — et il existe alors une corrélation directe entre les propriétés de l'un et celles de l'autre — précisément, sans interférence externe, il y a conservation globale de certaines propriétés du système. Le problème fondamental que pose l'intrication

---

376 Vous vous rappelez ? On en parlait page 145.

377 Je n'aime pas ça, et je regrette d'avoir jamais eu quoi que ce soit à voir là-dedans.

quantique n'est pas simplement la relation qui peut lier deux objets quantiques, qu'il s'agisse de photons, d'électrons ou d'autres particules ; non, le problème fondamental que pose l'intrication quantique est le problème de la localité. En effet, même si une grande distance vient séparer nos deux particules, celles-ci restent pourtant irrémédiablement liées, et les propriétés de l'une restent directement liées aux propriétés de l'autre. En quoi est-ce précisément un problème ? Deux aspects totalement incompatibles entre eux viennent se heurter à cette notion d'intrication à distance ; tout d'abord, le principe de localité, issu de la théorie de la relativité restreinte, selon lequel deux objets suffisamment distants ne peuvent pas avoir d'influence directe l'un sur l'autre ou, comme le dit mieux Einstein :

> « Sans l'hypothèse de l'existence mutuellement indépendante des choses séparées spatialement les unes des autres, hypothèse qui trouve son origine dans la pensée de tous les jours, la pensée physique qui nous est familière ne serait pas possible. On ne voit pas comment les lois physiques pourraient être formulées et vérifiées sans une telle séparation. »

D'autre part, je le rappelle, l'interprétation de Copenhague prétend que certaines propriétés d'un ou de plusieurs objets quantiques sont par nature indéterminées avant d'être mesurées, qu'elles ne sont que probabilités avant d'être déterminées. Du coup, si vous prenez deux électrons intriqués dont la somme des spins est nulle, alors vous savez que chaque électron a une probabilité d'avoir un spin de (+ 1/2) ou de (– 1/2) et, du fait de la conservation au sein du système, vous savez que si vous mesurez le spin d'un de ces électrons, mettons (+ 1/2), alors le spin de l'autre électron sera immédiatement fixé, dans ce cas à (– 1/2). Là où le bât blesse, c'est que si vos deux électrons sont séparés par des millions de kilomètres et si, comme le prétendent les « copenhaguiens », le spin que vous allez mesurer est *réellement* indéterminé avant la mesure, cela signifie qu'au moment de la mesure, moment auquel le spin du premier électron est fixé, une information doit se transmettre immédiatement et sur des millions de kilomètres pour que le spin de l'autre électron soit également fixé. Et une information qui parcourt instantanément des millions de kilomètres, c'est une information qui se propage plus vite que la lumière dans le vide, c'est un phénomène réputé impossible par la théorie de la relativité restreinte que, jusque-là, rien ne vient remettre en cause.

117. Le paradoxe EPR

En 1935, Albert Einstein, Boris Podolsky et Nathan Rosen, tous trois partisans du déterminisme, signent un article connu sous le nom d'EPR[378] dans lequel ils présentent ce qu'il convient d'appeler l'argument EPR.

Rappelant que le principe d'incertitude prétend qu'il existe des couples de propriétés physiques dites *incompatibles* et dont il est impossible de connaître simultanément la valeur précise, l'argument EPR consiste à présenter deux arguments qui sont contradictoires : soit le modèle de la théorie de la mécanique quantique est incomplet, soit ces couples de propriétés physiques incompatibles n'ont tout simplement pas de réalité objective simultanée — sinon on devrait pouvoir les mesurer. L'hypothèse EPR est que, bien évidemment, les propriétés incompatibles ont une réalité objective et que c'est bien la théorie de la mécanique quantique qui est incomplète, s'opposant ainsi à l'école de Copenhague pour qui, au contraire, la théorie de la mécanique quantique est bien complète et pour qui le principe d'incertitude montre bien l'impossibilité pour des couples de propriétés incompatibles d'avoir une réalité objective simultanée.

---

[378] Je vous laisse deviner pourquoi…

Notion de réalité

Einstein fournit une définition de ce que l'article appelle « réalité » afin de lever toute imprécision : si l'on est capable de prédire avec certitude la valeur d'une quantité physique d'un système sans l'affecter ou le perturber, alors il existe une notion de réalité à cette quantité physique. Autrement dit, un phénomène physique peut être qualifié de réel si l'on peut prétendre le décrire indépendamment d'un observateur — c'est, d'une certaine manière, la réponse à la question philosophique consistant à déterminer si un arbre tombant au milieu de la forêt fait du bruit s'il n'y a personne pour l'entendre.

Afin de défendre sa position, l'équipe EPR propose une expérience de pensée qu'on peut simplifier — c'est nécessaire, croyez-moi — de la façon suivante : au centre d'un laboratoire sphérique arbitrairement grand et dont la surface est tapissée de capteurs de photons, on place un atome stimulé de telle façon qu'il émet ponctuellement des photons, deux par deux. Pour des raisons de symétries, les deux photons seront toujours émis dans des directions opposées et, effectivement, les capteurs capteront simultanément les deux photons émis parfaitement alignés avec l'atome central — donc émis dans des directions littéralement diamétralement opposées. Voilà une expérience qui ne semble pas poser de problème a priori, sauf qu'elle ne nous pose pas de problème d'un point de vue *classique*. D'un point de vue quantique, en revanche, un photon n'est pas censé avoir de direction précise avant qu'on ne la mesure, il n'est censé avoir que des probabilités plus ou moins grandes de directions possibles. Pourtant l'expérience montre bien qu'immanquablement, les photons sont émis dans des directions opposées. Pour l'équipe EPR, cela montre bien que le modèle théorique de la mécanique quantique est, au mieux, incomplet, et que les propriétés physiques prétendument indéterminées des photons ne sont pas tant indéterminées qu'elles ne nous sont simplement inconnues. Selon eux, les particules recèlent des *variables cachées locales* qui, si on les connaissait, nous permettraient de déterminer à l'avance ces fameuses propriétés « indéterminées ».

Je suis persuadé que Dieu ne joue pas aux dés[379]

Einstein n'en démordra pas ; l'idée que de façon sous-jacente à la réalité physique se joue un jeu même partiellement aléatoire le répugne au plus haut point. Jusqu'à la fin de sa vie, il rejettera l'idée d'un lien non prédéfini entre deux particules intriquées séparées par de grandes distances. Une image montre assez bien sa position sur ce sujet : imaginez une paire de chaussures que vous séparez pour mettre chaque chaussure dans une boîte, les deux boîtes étant absolument identiques. Un tiers choisit au hasard une de ces boîtes et l'emporte sur la Lune. Tant qu'aucune des boîtes n'est ouverte, il est impossible de dire quelle chaussure est sur la Lune. Mais il va de soi que si vous ouvrez l'autre boîte restée avec vous et que vous constatez qu'il s'agit de la chaussure gauche, vous pouvez déduire, sans même avoir besoin de regarder, que dans la boîte sur la Lune se trouve la chaussure droite. Qui plus est, la chaussure droite a toujours été sur la Lune. Voilà l'idée d'Einstein concernant les particules intriquées ; il ne peut en aucun cas s'agir de ce qu'il qualifiera de *spooky action at a distance*[380].

Pour l'équipe EPR, l'intrication quantique n'est pas un lien mystérieux et incompréhensible entre deux particules ; certes, elle existe, mais elle doit pouvoir s'expliquer par des propriétés qu'on ne connaît tout simplement pas encore. Pour le dire simplement, les théoriciens de la mécanique quantique n'ont, pour l'équipe EPR, tout simplement pas fini leur travail : la théorie est incomplète, il n'y a toujours rien qui se transmet miraculeusement plus vite que la lumière, et le principe d'incertitude n'est que l'expression des choses que nous ignorons encore et qu'il nous reste à découvrir. Cette idée poursuivra Einstein jusqu'à sa mort en 1955.

---

379 Lettre n°52, *Correspondance entre Albert Einstein et Max Born*, 4 décembre 1926.

380 Action surnaturelle à distance.

118. John Bell et John Clauser

Si cette question de l'intrication quantique fut considérée, pendant des années, comme étant quasiment une question philosophique, on trouve au début des années soixante-dix un étudiant en doctorat d'astrophysique, à l'université de Columbia, qui est confronté à un problème : la mécanique quantique est une matière avec laquelle il a beaucoup de difficulté et qui est sans doute la seule qui pourrait lui faire échouer son année et rater son diplôme. Une idée folle va alors lui traverser l'esprit : s'il arrive à démontrer qu'Einstein avait raison, alors les fondements de la mécanique quantique s'effondrent et, dans le même temps, il aura démontré quelque chose de suffisamment significatif pour s'assurer l'obtention de son doctorat. Derrière cette présentation qui le fait sans doute un peu passer pour un glandu, ne vous y trompez pas : John Clauser n'est pas mauvais, loin de là. Et il va, pour tenter d'atteindre son objectif, réaliser une expérience imaginée par un physicien théoricien un peu obscur du nom de John Bell quelques années plus tôt.

John Stewart Bell est donc un physicien théorique irlandais né en 1928 qui posa la question de la non-séparabilité des particules intriquées : doivent-elles être effectivement considérées comme un système global ? Ou bien peuvent-elles être séparées ?

Comprenons bien la portée de cette question en la posant différemment ; imaginons deux particules intriquées :

- soit elles sont effectivement inextricablement liées de la façon présentée par l'école de Copenhague, c'est-à-dire que, d'une part bien évidemment, certaines propriétés du système qu'elles forment doivent être conservées — notamment le moment angulaire de leur spin — mais également que, d'autre part, ces propriétés sont par nature indéterminées avant qu'on en mesure une ;

- soit elles portent d'ores et déjà en elles des variables — peut-être une quantité énorme de variables aussi finement réglées que complexes — qui permettraient, pour peu qu'on disposât des équations correctes, de prédire ces fameuses propriétés indéterminées — qui, du coup, ne le seraient plus.

John Bell propose une expérience pour résoudre ce problème, expérience qui peut être présentée — en la simplifiant — comme suit.

Préalable à l'expérience théorique de John Bell

Lorsqu'on dispose de deux particules intriquées de telle manière que la somme de leur spin est nulle, et sans même se préoccuper de la nature de cette intrication, on sait que si on mesure le spin d'une de ces particules dans une direction donnée, alors la mesure du spin de la seconde particule dans la même direction sera son opposée — par exemple (+ 1/2) et (– 1/2). Si, pour simplifier, on imagine qu'on mesure verticalement le spin d'une particule qui est « orientée » verticalement, alors il y a 50 % de chances que son spin soit orienté vers le haut — positif — et 50 % de chances qu'il soit orienté vers le bas — négatif. Mais si, pour la même orientation verticale de particules, on mesure dans une direction à 120° avec la verticale, alors on a 75 % de chances que le spin mesuré soit positif, et négatif dans seulement 25 % des cas — on ne va pas entrer dans les maths de la chose, c'est lié au cosinus de l'angle en question.

Ce qu'il faut comprendre avant d'aller plus loin, c'est que les spins mesurés seront effectivement opposés si tant est que la direction de la mesure est la même dans les mesures des deux particules intriquées, et que l'angle avec lequel on mesure ce spin fait varier les probabilités de voir apparaître une mesure positive ou une mesure négative.

Expérience de John Bell

John Bell va jouer sur ces paramètres afin de trancher sur la nature de l'intrication quantique. Imaginons un appareil de mesure qui va, de manière aléatoire, parfois mesurer le spin d'une particule dans une direction verticale, parfois avec un angle de 120° vers un côté et parfois avec un angle de 120° vers l'autre côté.

L'idée de John Bell est de mesurer, pour des milliers de particules intriquées, le spin de l'une et l'autre *via* deux de ces appareils de mesure — avec, donc, pour chaque cas et pour chaque particule, une direction possible parmi trois. On va tenter, avant d'expérimenter, de déterminer la probabilité que la somme des spins soit effectivement nulle. Évidemment, lorsque la mesure est prise pour les deux particules selon la même direction, alors la somme reste nulle. Mais que se passe-t-il dans les autres cas ?

De deux choses l'une : soit il y a là-dedans quelque chose d'indéterminé par nature — école de Copenhague — soit il y a des variables en jeu qui font qu'on devrait pouvoir déterminer à l'avance le spin qui sera mesuré.

D'après l'école de Copenhague, lorsqu'une des mesures est faite, alors on a une chance sur trois que l'autre mesure se fasse dans la même direction, et deux chances sur trois que l'autre mesure se fasse avec un angle de 120°, auquel cas on obtiendra le résultat attendu dans 75 % des cas. Cela signifie que d'après l'école de Copenhague, on devrait trouver notre résultat dans 50 % des cas[381].

Ainsi donc, si Copenhague a raison, on devrait trouver le bon résultat dans 50 % des cas. Mais qu'en est-il s'il existe des variables cachées ?

---

381 Parce que 2/3 de 75 % = 2/3 x 3/4 = 2/4 = 1/2 = 50 % — désolé pour les maths.

Si tel est le cas, cela signifie qu'avant chaque mesure, si on disposait de suffisamment d'informations, on pourrait prédire le résultat de la mesure pour n'importe quelle direction. Pour imager ce propos, appelons indifféremment les trois angles de mesure A, B et C, et disons simplement que le résultat de chaque mesure peut n'être que ↑ ou ↓.

Voici tous les cas possibles pour une mesure donnée :

	A	**B**	**C**
Cas 1	↑	↑	↑
Cas 2	↑	↑	↓
Cas 3	↑	↓	↑
Cas 4	↓	↑	↑
Cas 5	↑	↓	↓
Cas 6	↓	↑	↓
Cas 7	↓	↓	↑
Cas 8	↓	↓	↓

Il va de soi que puisqu'on sait déjà que lorsqu'on mesure les spins des deux particules avec la même direction — le même angle — les spins obtenus sont opposés, cela signifie qu'on peut en déduire que si, pour une particule, la mesure à l'angle A est ↑, alors la mesure de l'autre particule à l'angle B est automatiquement ↓. Ainsi, par exemple dans le cas 1, les mesures seront toujours opposées, quel que soit l'angle des deux détecteurs. Mais dans le cas 2, si la première mesure se fait selon l'angle A et la seconde mesure selon l'angle C, alors les deux mesures donneront ↑. En calculant — assez simplement — tous les cas possibles, on peut conclure que s'il existe effectivement une prédétermination à ces mesures, alors on trouvera des résultats opposés dans au moins 55 % des cas — précisément, il s'agit d'un minimum de 5/9 cas, ce qui vaut 55,555...% des cas.

John Clauser et Alain Aspect

John Clauser mit en pratique l'expérience théorique de John Bell ; on lui reprocha de n'avoir pas suffisamment écarté la possibilité d'interférence, ou de corrélation, entre les mesures, mais son résultat sera confirmé quelques années plus tard par le physicien français Alain Aspect, qui réalisera l'expérience entre 1980 et 1982 avec les contraintes suivantes :

- la source de particules intriquées doit être suffisamment efficace pour permettre un temps d'exécution court ;

- elle doit, notamment grâce au premier point, mais pas seulement, garantir qu'il n'y a pas de corrélation entre les mesures liée à un effet perturbateur se propageant à une vitesse inférieure à celle de la lumière — en clair, pas d'interférence entre chaque détecteur ;

- enfin, elle doit coller au maximum au protocole imaginé par John Bell afin de pouvoir conclure par rapport à ses calculs théoriques — qui sont un poil plus compliqués que ce que je viens de vous présenter.

Le résultat de cette expérience est qu'on mesure des spins opposés dans 50 % des cas. La thèse des variables cachées doit donc être écartée, à moins d'imaginer que les particules se transmettent des mises à jour de ces variables à des vitesses plus grandes que celle de la lumière.

La nature de l'intrication quantique reste un mystère, et certains tenteront d'y apporter une interprétation — notamment par l'existence de trous de ver entre les particules intriquées — mais il reste que l'intrication quantique est une réalité et que l'action surnaturelle à distance n'est pas un mythe[382].

---

382 On sait aujourd'hui reproduire l'expérience d'Aspect en séparant les photons intriqués de plus de 30 km.

Toutefois, et même si cela aurait été une maigre consolation pour Einstein, il reste un consensus scientifique autour du fait que bien qu'on ne comprenne pas bien la nature de cette intrication, rien ne permet d'affirmer qu'une information se transmet plus vite que la lumière — cela peut sembler paradoxal, ce qui n'est pas si exceptionnel que ça en matière de mécanique quantique, mais le fait est que c'est un consensus.

119. Le chat de Schrödinger

Sans doute une des expériences les plus mal interprétées par le grand public ; déjà parce qu'on oublie trop souvent qu'il s'agit d'une expérience de pensée, d'une part, mais également parce qu'on ne dit que trop rarement que cette expérience de pensée est là justement pour montrer le contraire de ce qu'on pense qu'elle raconte, d'autre part. Je m'explique.

Suite à la publication de l'article EPR en 1935, les déterministes argumentent autant que faire se peut avec des probabilistes pour lesquels il n'y a aucun problème à imaginer de la matière dans plusieurs états différents en même temps, y compris sur de grandes distances avec des effets physiques non localisés. Qu'il s'agisse d'Einstein ou de Schrödinger, ça énerve. Einstein finira par dire qu'avec ces cons-là[383], on va bientôt pouvoir parler d'un baril de poudre qui est à la fois dans un état « pas encore explosé » et « déjà explosé ». Schrödinger, bien énervé de son côté également, en remet une couche en proposant quelque chose de plus vicelard : plus qu'un simple trait d'esprit, qu'une simple interjection agacée, il va présenter un protocole d'expérience scientifique totalement absurde. Et qu'on ne me suspecte pas d'interpréter Schrödinger sur ce

[383] Je paraphrase, bien sûr ; Einstein ne se serait jamais permis un tel *ad hominem*.

coup, voici ce qu'il a écrit en prologue de son protocole concernant l'expérience du fameux chat :

> « On peut même imaginer des cas **tout à fait ridicules** : un chat est placé dans une boîte en acier, avec le dispositif suivant... »[384]

Il le dit lui-même — je paraphrase encore — « Attention : le cas qui va suivre est tout à fait ridicule. » Cette expérience, quelle est-elle ?

Vous prenez un chat, vivant, vous le mettez dans une boîte en acier, sans trou ni paroi transparente. Avec le chat, vous placez dans la boîte le dispositif suivant : un peu de matière radioactive, si peu qu'en une heure il est possible qu'un seul de ses atomes ait émis une particule, mais également qu'aucun de ses atomes n'ait émis de particule. Un compteur Geiger qui va, si une telle particule est émise, déclencher un marteau qui va casser une fiole hermétique contenant de l'acide cyanhydrique mortel. Je vous la fais simplement : un atome qui va peut-être — mais peut-être pas — émettre une particule et, s'il l'émet, du poison mortel se répand dans la boîte. Pourquoi fournit-il autant de détails ? Schrödinger veut montrer que la boîte est totalement autonome et ne dépend aucunement d'une observation ou d'une action externe. On ferme la boîte et on attend une heure. Le bon sens nous dit qu'après une heure soit le chat est vivant parce qu'aucune particule n'a été émise, soit elle a été émise et le chat est mort. Ce que prétend la fonction d'onde, c'est que tant qu'on n'a pas effectué de mesure, l'atome a et n'a pas émis de particule, ce qui signifie que le chat est à la fois vivant et mort tant qu'on n'ouvre pas la boîte. Ce qui est évidemment faux.

Bon. Déjà, pour la petite anecdote, une fois que Schrödinger a exposé son expérience, Einstein modifia sa propre histoire de baril de poudre pour

---

384 Erwin Schrödinger, *Die gegenwärtige Situation in der Quantenmechanik.*

lui accoler un chat à proximité. Mais quel est le but de la manœuvre ? Que cherche à démontrer Schrödinger avec ceci ?

Il expose clairement que ce que l'école de Copenhague prétend rendre compte de la réalité n'a aucun sens à une échelle macroscopique ; plus précisément, il dit :

> « Il est typique de ces cas qu'une indétermination, originellement limitée au domaine atomique, devienne une indétermination macroscopique pouvant être résolue par une observation directe. Cela nous empêche **d'accepter si naïvement comme valide un "modèle flou"** pour représenter la réalité [...] Il y a une différence entre une photo floue et la photo de nuages ou de brouillard. »[385]

Bim ! Voilà comment on casse l'argument de Copenhague. Bon, ok, on le casse sans le casser vraiment. On se contente en fait de montrer qu'il ne rend compte de rien de ce qu'on connaît — ce qu'on savait déjà — mais, dans le même temps, certes, on montre aussi que l'indétermination quantique n'est pas nécessairement une « élégance » de la fonction d'onde ; il peut tout aussi bien ne s'agir que d'ignorance ou d'incomplétude — je rappelle que c'est Schrödinger lui-même qui a pondu cette fonction d'onde, c'est dire si le gars est remonté.

Cela étant, Schrödinger pose, au travers de son histoire de chat, une question importante, fondamentale même, de la mécanique quantique : à l'échelle d'une particule, les « choses » se comportent avec des bizarreries quantiques ; à l'échelle macroscopique, les « choses » se comportent classiquement, sans étrangeté ; où se situe la frontière entre les deux ?

---

[385] Erwin Schrödinger, *Die gegenwärtige Situation in der Quantenmechanik.*

Et qu'est-ce qui explique ces différences évidentes de comportements ? Croyez-bien qu'il n'y a pas d'incohérence entre ces deux échelles[386].

120. La décohérence

La question est une évidence : quand c'est tout petit, c'est bizarre, et quand c'est grand, ce n'est plus bizarre ; à partir de quelle taille est-ce que ça cesse d'être bizarre ? Oui, la question est évidente, mais vous allez voir que la réponse ne l'est pas pour autant.

À mesure qu'on étoffait la théorie de la mécanique quantique, on s'est rapidement rendu compte que puisque quel que soit le corps dont on cherche à décrire le comportement, qu'il s'agisse d'un avion, d'une bille, d'une voiture, d'un gaz ou d'un liquide, ce corps est composé de machins qui sont composés de machins qui, au bout du chemin, sont toujours composés d'atomes, de particules, et que, par ailleurs, ces particules se comportent conformément au modèle théorique de la mécanique quantique, alors il y avait fort à parier que les règles de la physique classique pouvaient se déduire des règles de la mécanique quantique. Il n'en est rien. Toutes les théories — et il y en a eu un paquet — pour trouver cette déduction se sont échouées plus ou moins misérablement. Mais en 1970, un physicien théorique allemand du nom de Heinz-Dieter Zeh — ou plus communément H. Dieter Zeh — a conçu une théorie qui, certes, ne résout pas tous les problèmes, mais en résout déjà un bon paquet. Cette théorie s'appelle la décohérence.

---

386 Jeu de mots un peu idiot qu'on ne peut comprendre que si on sait que le phénomène de passage du comportement quantique au comportement classique s'appelle *décohérence*.

Qu'est-ce que c'est que ce nom ?

On ne va pas y couper, il va falloir être un poil technique — mais juste un poil. En mécanique quantique, on appelle *cohérent* l'état d'un oscillateur harmonique quantique qui se comporte comme un oscillateur harmonique classique — et là, vous me dites que ça fait bien plus qu'un poil, mais ayez confiance. Un oscillateur est un machin qui effectue le même mouvement de façon périodique — il oscille — et cet oscillateur est dit harmonique si les oscillations sont, d'une part, sinusoïdales — les belles courbes qu'on montre quand on parle d'ondes — et, d'autre part, si elles ne dépendent que de l'oscillateur — cela signifie, par exemple, que la fréquence n'est pas déterminée par un objet extérieur.

Une simple particule, ou encore deux particules intriquées, se comporte naturellement ainsi et est en état cohérent. Pour reprendre l'exemple de l'expérience des deux fentes, un électron qui a été lancé est en état cohérent jusqu'au moment où il vient frapper la paroi du fond — le moment de la réduction du paquet d'ondes.

Du coup, quand il n'y a plus cette cohérence, c'est tout logiquement qu'on parle de décohérence — c'est bien une cohérence « perdue ».

Cette théorie de la décohérence, nous apprend-elle à partir de quelle « taille » on perd le comportement quantique bizarre ? Oui et non. Ce qu'il convient de comprendre, et même si cela semble *a priori* contre-intuitif — ça ne l'est pas, vous verrez — c'est qu'il ne s'agit pas d'une histoire d'échelle. Certes, à notre échelle, les comportements quantiques n'ont plus cours, mais ce n'est pas tant lié à la taille qu'aux interactions des objets quantiques avec leur environnement. Parce que, oui, j'ai oublié de vous dire un truc sur toutes les expériences, s'agissant des deux fentes, de l'expérience de Clauser ou d'Aspect ; ces expériences sont réalisées dans des conditions ahurissantes d'extrémisme : température proche du zéro absolu, vide quasi complet, obscurité totale, écartement de toute interférence électromagnétique, etc. Une particule, par exemple un électron, on l'a vu, est très sensible au simple fait d'être « observé » pour être mesuré ; on peut dire qu'il est, en quelque sorte, fragile. Or plus l'échelle va être conséquente, plus le nombre d'interactions entre les particules à observer — entre elles, d'une part, mais également avec ce qui les entoure — et l'air, la lumière, la matière, l'électromagnétisme, d'autre part, plus toutes ces interactions vont se multiplier jusqu'à, disons-le ainsi, *avoir raison* de leur caractère indéterminé, quantique. C'est très exactement ce à quoi nous mène l'idée du chat de Schrödinger. Lors de la décohérence, la superposition des états quantiques possibles n'est tout simplement plus maintenable, et les fonctions d'onde des différentes particules ne peuvent plus interférer les unes avec les autres ; il y a réduction brutale des paquets d'ondes.

On peut directement lier ce phénomène à un autre phénomène qui nous a intéressé[387] : la décohérence se produit en même temps qu'un système d'abord quantique interagit avec son environnement de façon thermodynamiquement irréversible. Notez bien que j'ai uniquement dit « se produit en même temps » et prenons quelques pincettes pour dire ce qu'on va dire : la décohérence ne produit pas d'effondrement des paquets d'ondes ; la décohérence se produit *avec* l'effondrement des paquets d'ondes. On a, d'une certaine manière — oui, sur ce chapitre, je dis beaucoup de « en quelque sorte », « d'une certaine manière » et autres expressions analogues, mais il serait totalement présomptueux, et faux, de ne pas le signaler comme tel — on a, donc, d'une certaine manière, un système dont la nature quantique *fuit* dans son environnement.

Peut-on dire précisément ce qui se produit avec la décohérence ? Oui et non. En imaginant que j'aie le niveau mathématique suffisant pour comprendre ce que racontent précisément les équations, et sans même chercher à savoir si vous avez également ce niveau, les équations nous disent ce qui se produit tant que tout est quantique ; elles nous permettent également, en quelque sorte, de quantifier la décohérence — notamment de voir qu'elle n'est pas instantanée, et on y reviendra — mais quant

---

387 *Cf.* page 112.

à expliquer ce qui se produit, sincèrement, à part dire ce que j'ai déjà dit et utiliser des formules laissant entendre qu'une particule peut être épuisée et ne plus avoir assez d'énergie — entendre le mot « énergie » dans son sens commun et pas scientifique — pour rester quantique, je ne pourrai pas dire grand-chose de plus.

Un processus analogue se produit d'ailleurs avec l'effondrement du paquet d'ondes ; revenons deux secondes sur l'expérience des deux fentes ; alors que l'électron est sur le point de frapper le mur, il peut être à plusieurs endroits différents, il existe une probabilité, fluctuante, qu'il se trouve ici ou là. Au moment où l'électron vient frapper le mur, exactement comme dans le cas où on le détecte après son passage par une des fentes — le fait de frapper le mur est une détection en soi — l'électron interagit avec « trop d'environnement externe », et cesse d'être proprement quantique. Reconnaissez que le phénomène est le même. Eh bien le fait est qu'on est aujourd'hui capable de comprendre mathématiquement ce comportement, qu'on est capable de décrire mathématiquement la probabilité de trouver l'électron à tel ou tel endroit du mur au moment où il le frappe, mais on reste absolument incapable de comprendre pour quelle raison, lors de la réduction du paquet d'ondes, l'électron « choisira » tel endroit plutôt qu'un autre. L'électron ne choisit pas toujours l'endroit où il a le plus de probabilités d'apparaître, bien sûr que non. La seule chose qu'on puisse prédire, c'est que l'endroit où l'électron à 2 % de chances d'apparaître, si on émet suffisamment d'électrons, détectera 2 % de ceux-ci. Mais pour chaque électron, pourquoi tel endroit plutôt qu'un autre ? Cela nous ramène au vieux débat philosophique qui oppose Copenhague et EPR, dans un premier temps, mais également d'autres courants de pensée dans un second temps. Peut-être s'agit-il de quelque chose de réellement aléatoire, aussi inacceptable que cela puisse paraître à certains, peut-être y a-t-il une infinité d'univers parallèles dans lesquels l'électron finit par prendre toutes les positions possibles — du coup, pourquoi choisir telle position dans tel univers ? La question reste ouverte — et d'autres possibilités encore.

Cela dit, une expérience permet peut-être de résoudre cette question, au moins partiellement : l'expérience du chat de Schrödinger.

121. Le chat de Schrödinger

Là, immédiatement, vous vous dites qu'il y a un problème, vous avez déjà lu ce chapitre il n'y a pas si longtemps — il y a deux chapitres, en fait. Faux ![388]

Il ne s'agit pas ici du même chat de Schrödinger, malgré l'article défini qui, je le reconnais volontiers, prête à confusion. Il existe un phénomène dans la mécanique quantique qu'on appelle chat de Schrödinger, évidemment en référence à l'expérience discutée tantôt. Un chat de Schrödinger, c'est un objet à l'échelle macroscopique — ou dans un état trop grand ou trop complexe pour normalement rester quantique — qui se comporte de façon quantique ; on aurait pu parler de licorne, de loup blanc, de cygne noir, le fait est qu'on parle de chats de Schrödinger.

Est-il possible d'observer ce genre de félins ? Après tout, on est parfaitement conscient du fait que rien, à notre échelle, ne se comporte de façon quantique. Et imaginer un protocole qui permettrait d'observer quasiment à l'œil nu un vrai phénomène quantique, voilà bien une idée révolutionnaire. Trois chercheurs ont eu cette idée ; en réalité, bien plus que trois chercheurs ont eu cette idée, mais trois y sont arrivés. Aaron O'Connell, doctorant en physique à l'université de Californie, sous la supervision de Andrew N. Cleland et John M. Martinis, a permis de réaliser un chat de Schrödinger de la taille approximative d'un cheveu.

---

[388] Norman Thavaux *in* NormanFaitDesVideos, 2011.

Sans doute vous dites-vous qu'un cheveu, ce n'est pas ce qu'on peut à proprement parler une échelle macroscopique, mais relativisez bien : la largeur de ce cheveu est environ cent mille fois plus grande que la largeur des atomes qui le composent.

L'expérience est un peu complexe, mais on va la simplifier autant que faire se peut. On a une boîte, très froide — mais vraiment très froide, proche du zéro absolu[389] — dans laquelle on a fait le vide — un vide aussi parfait que possible — et dans laquelle aucune lumière ne passe ; déjà, les conditions sont idéales pour limiter les interférences ; oui, parce que clairement, ce qu'on va chercher à faire, c'est à éviter la décohérence, et donc tout faire pour qu'elle ne se produise pas ; imaginez les films de hold-up — *Les spécialistes*, *Ocean's 11*, la scène au siège de la CIA dans *Mission : Impossible*[390], dans lesquels les protagonistes déjouent tous les systèmes de sécurité, imaginez le jeu Docteur Maboul dans lequel vous devez opérer un patient sans toucher la moindre paroi ; nous sommes littéralement sur le point de faire « faire le mur » à un objet sans que ses parents « la décohérence » ne soient alertés. Du coup, on bouge le plus silencieusement possible, on n'allume pas la lumière, etc., ce qui, dans notre cas, consiste à être dans l'obscurité, le vide et le froid.

Dans cette boîte, bien évidemment, on ne va pas placer un chat — parce que vu les conditions, pas besoin de fonction d'onde pour savoir qu'il est déjà mort — mais un petit système composé de la façon suivante : une fine lamelle — mais vraiment fine, de l'ordre de la dizaine de microns[391] — est suspendue de telle façon qu'il est possible de la faire vibrer ; et alors qu'il serait facile de la faire vibrer au moyen d'un faible

---

389 0,025 K, soit –273,125 °C.

390 Respectivement de Patrice Leconte, de Steven Soderbergh et de Brian de Palma.

391 De l'ordre du centième de millimètres, soit un cheveu très fin.

courant électrique, on va plutôt, pour ce faire, utiliser un mécanisme quantique appelé « jonction Josephson » — on ne va pas détailler ici, mais cela consiste à faire passer un courant électrique entre deux couches de supraconducteur séparées par un isolant — pour produire ce faible courant électrique et faire vibrer la lamelle. Pourquoi un tel système pour produire de l'électricité plutôt qu'un bête circuit électrique ? Parce que notre jonction Josephson est un — plus petit — système quantique, dont il est donc possible qu'il se trouve dans un état superposé dans lequel le courant passe et, « en même temps », le courant ne passe pas.

Je vais juste clarifier un peu ce « en même temps » ; j'ai dit plus haut qu'une particule ne pouvait pas être réellement dans deux états différents en même temps, mais que, plus simplement, elle avait une probabilité associée à chaque état possible ; le fait est que dans notre cas, concernant le courant qui est induit ou non, on se retrouve dans cette même situation avec un courant qui a des probabilités de passer ou pas.

Ce que l'on va mesurer avec cette expérience, c'est la probabilité que la lamelle soit en train de vibrer. Si on force un courant électrique, alors la lamelle vibre de façon certaine et cette probabilité vaut 1. Si, à l'inverse, on s'assure qu'aucun courant ne passe, alors la lamelle ne peut pas vibrer et cette probabilité vaut 0. Mais laissons faire notre Josephson ; qu'observe-t-on ?

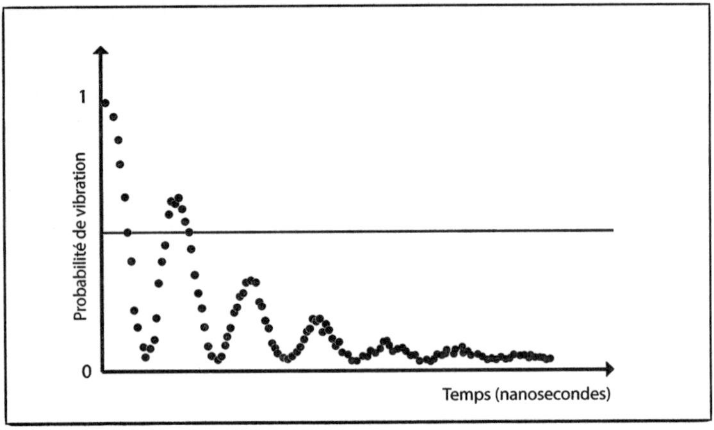

Tout d'abord, on peut observer qu'avec le temps, la probabilité de vibration chute totalement ; ce phénomène est dû au fait qu'après un temps quand même relativement court — quarante milliardièmes de seconde — la jonction Josephson elle-même n'est plus quantique ; on voit ici la progression de la décohérence de cette jonction. Mais qu'observe-t-on de plus significatif ? On observe que lorsque la mesure de la probabilité est sur la ligne marquée en gras sur le schéma, la lamelle est dans un état quantique dans lequel on peut raisonnablement considérer, de façon équiprobable, qu'elle vibre et qu'elle ne vibre pas, en même temps.

122. Des effets bizarres

Au-delà des propriétés quantiques des particules, telles que la superposition des états quantiques, la réduction du paquet d'ondes, et tout ce dont on a parlé jusqu'à maintenant, il y a une variété de phénomènes et d'effets qui n'existent qu'à l'échelle quantique — terme assez impropre pour signifier les conditions dans lesquelles un objet quantique va se comporter de façon quantique. Nous avons déjà abordé l'effet Zeeman, et nous allons maintenant faire le tour de deux autres de ces effets, à commencer par l'effet tunnel.

L'effet tunnel

L'effet tunnel est un de ces exemples capables de montrer à la fois la bizarrerie quantique et, dans le même temps, une application pratique, à notre échelle, de cette bizarrerie. Mais l'effet tunnel, qu'est-ce que c'est ?

À l'échelle macroscopique, lorsque vous émettez une onde en direction d'une paroi — par exemple si vous éclairez un mur — une partie de cette onde va se réfléchir et, en quelque sorte, rebondir contre le mur ; de la même manière, si vous envoyez une balle contre un mur, elle va rebondir. À l'échelle quantique, au fond, il se passe la même chose. Si vous envoyez un objet quantique contre une paroi…

Ah, oui ! Peut-on parler de paroi à l'échelle quantique ? Oui et non. On peut bien parler de paroi, en ce sens qu'on peut constituer une espèce de limite non franchissable, mais, en même temps, non, il ne s'agit pas d'un mur. Il s'agit en réalité de *barrière de potentiel.*

Barrière de potentiel

On appelle *barrière de potentiel* un niveau d'énergie donné qu'une particule de niveau d'énergie inférieur ne peut pas franchir. La meilleure analogie que je puisse trouver pour en parler — mais qui va être étonnamment ridicule au regard de ce qu'est en réalité une barrière de potentiel — est une route qui passe sous un pont. Devant le pont, une mention indique que seuls les véhicules de moins de 3,90 m peuvent passer car le pont est sans doute à 4 m au-dessus de la chaussée. Cela constitue une barrière de potentiel, mais « inversée » dans la mesure où, dans ce cas, seuls les véhicules plus hauts ne peuvent pas passer, alors que dans une barrière de potentiel, ce sont les objets quantiques qui n'ont pas un niveau d'énergie suffisamment élevé qui sont bloqués.

Du coup, revenons à notre objet quantique lancé contre une « paroi » — en réalité une barrière de potentiel. Si cette paroi est suffisamment épaisse, la fonction d'onde ne dispose tout simplement d'aucune probabilité de se trouver de l'autre côté, et notre objet quantique va rebondir contre cette paroi, formant des interférences similaires à celles qu'on peut obtenir lorsqu'on fait des ronds dans l'eau d'un aquarium contre une de ses parois. Mais si la paroi est suffisamment fine — bien que toujours présente — alors il existe une probabilité non nulle de retrouver la fonction d'onde de l'autre côté de la paroi, et notre objet quantique a une chance non nulle de traverser celle-ci. On se retrouve avec une particule qui traverse littéralement une barrière prétendument infranchissable. C'est l'effet tunnel. En réalité, la fonction d'onde s'atténue sur toute l'épaisseur de la paroi et, selon l'objet quantique et l'épaisseur de la paroi, une traversée devient possible. C'est un effet qui n'a aucun équivalent à l'échelle de la mécanique classique, et toute analogie — par exemple l'idée d'une balle qui traverse un mur s'il est suffisamment fin — ne sera que, dans le meilleur des cas, totalement hasardeuse.

L'effet tunnel a de nombreuses applications, la plus fameuse étant sans doute le microscope à effet tunnel. En effet, le meilleur des microscopes ne saurait permettre d'observer des atomes ; mais le microscope à effet tunnel permet de faire « comme si » on voyait les atomes. Le principe est relativement simple, mais sa réalisation l'est moins. Un dispositif muni d'une pointe métallique de l'épaisseur de l'ordre de l'atome — déjà, ça, c'est chaud, même si c'est faisable, par exemple avec de l'or qu'on peut « aiguiser » jusqu'à avoir un seul atome d'or en pointe — est relié à un appareillage électrique avec, de l'autre côté du circuit, une surface en métal. On rapproche ensuite la pointe métallique de la surface métallique, mais sans qu'ils ne se touchent. Évidemment, vous pensez bien qu'expérimentalement, cela est très compliqué, on fait le vide entre la pointe et la surface, on s'assure que le tout est parfaitement stable, etc.

Si l'on déplace cette pointe très près de cette surface, lorsque la pointe se situe au-dessus de rien de spécial, alors aucun courant n'est mesuré ; mais lorsque la pointe passe au-dessus d'un atome, un électron peut traverser le vide qui le sépare de la pointe par effet tunnel — le vide joue le rôle de barrière — et le déplacement de cet électron ferme le circuit et provoque un courant électrique certes incroyablement faible, mais mesurable. Ainsi, lorsqu'on déplace la pointe du microscope, si on note la position de la pointe là où il y a du courant et là où il n'y en a pas, on peut cartographier la position des atomes à la surface du métal. On ne voit pas les atomes, à proprement parler, mais on peut dire avec suffisamment de confiance où ceux-ci se situent. Cet appareillage permet notamment d'observer scientifiquement la structure d'une surface métallique.

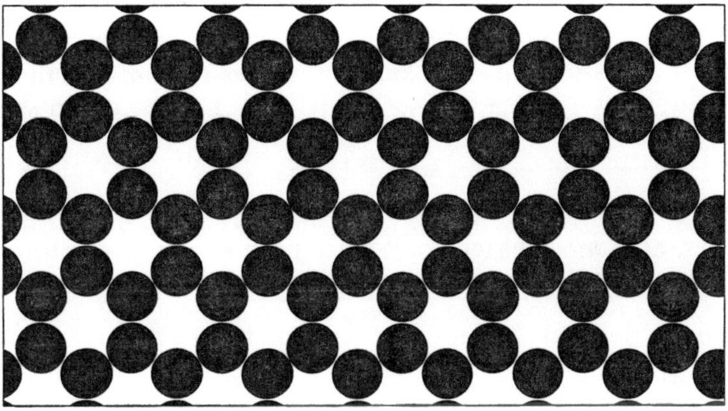

Structure du graphène

Comme je l'ai dit, cet appareil est relativement simple à comprendre — relativement — mais sa réalisation est une prouesse technologique hallucinante : outre le système antisismique nécessaire à ce que tout soit parfaitement stable, il faut bien comprendre qu'à notre échelle, cela revient à peu de chose près à renverser l'Empire State Building et à le déplacer à un millimètre de la surface de la 5e avenue.

Le principe de la jonction Josephson dont on parlait précédemment repose également sur l'effet tunnel pour faire passer du courant « à travers » une couche suffisamment fine d'isolant. De la même manière, les mémoires informatiques de type MRAM utilisent l'effet tunnel ; ces mémoires, parlons-en pendant quelques lignes ; tout d'abord, comme la mémoire vive de votre ordinateur, elle est immédiatement accessible — à l'inverse de la mémoire d'un disque dur, mémoire de stockage qui, pour être lue, doit d'abord être chargée en mémoire vive — mais c'est une mémoire qui ne nécessite aucune énergie pour être conservée — comme un disque dur, cette fois-ci. Dans une mémoire vive classique, le courant électrique permet de conserver, par des charges électriques, le stockage des données. Dans une MRAM, c'est l'orientation magnétique qui permet cela en changeant, par effet tunnel, le spin des électrons qui composent ses *cellules de stockage*. Celles-ci constituent une fine couche d'isolant prise en sandwich entre deux couches ferromagnétiques. L'écriture de données dans cette mémoire consiste à orienter le spin des électrons par effet tunnel entre les deux couches ferromagnétiques, et la lecture des données fait appel à la magnétorésistance par effet tunnel. C'est très complexe, évidemment, mais si le spin de l'électron ne peut être orienté que de deux façons différentes, alors on peut le traduire en 0 et en 1, et donc en bit informatique. L'utilisation du spin de l'électron en informatique ou, plus généralement, dans des circuits électriques, est appelée *spintronique* — comme l'électronique pour l'utilisation de déplacements d'électrons.

L'effet Casimir

Certes, pour l'enfant que je fus dans les années 1980, cet effet a un nom absolument ridicule. Mais ce n'est pas de la faute du physicien néerlandais Hendrik Casimir, c'est tout simplement son nom. Cet effet Casimir est pour le moins déroutant, et on aura l'occasion d'en reparler un peu plus loin[392] dans ce livre. L'idée est la suivante : si on place deux plaques métalliques parallèles très proches l'une de l'autre dans le vide — expérimentalement, c'est une tannée, ce qui explique pourquoi, bien que prédit en 1948 par Hendrik Casimir, la première expérience concluante de cet effet date de 1997 — normalement, en l'absence de tout champ électromagnétique, rien ne devrait se produire. Il y a le vide, pas de champ cherchant à pousser l'une ou l'autre plaque, il ne doit rien se passer. Pourtant, les deux plaques se trouvent attirées l'une contre l'autre. Si je dis que cet effet est déroutant, il l'est bien plus qu'il n'en a l'air. En effet, s'il n'y a rien entre et autour des deux plaques, mais que celles-ci sont mises en mouvement, cela signifie que de l'énergie est venue de quelque part, ce quelque part étant vide ; cet effet est en violation directe avec le principe de conservation de l'énergie, et… comme je l'ai dit, on en parlera plus tard, dès qu'on aura fait un peu le tour de la théorie quantique des champs[393].

123. La théorie quantique des champs

Prenons deux minutes pour nous poser et faire le point. Parmi les grandes théories scientifiques, deux théories sont venues redessiner intégralement, radicalement, la façon dont nous comprenons l'espace, le temps, la matière, bref l'univers tout entier : la théorie de la relativité d'Einstein — qu'il s'agisse de relativité restreinte ou de relativité générale — et la mécanique quantique. Certes, ces deux grandes théories sont bien plus difficiles à appréhender que les théories qui les ont précédées — la mécanique classique newtonienne, par exemple.

---

[392] *Cf.* page 223.

[393] *Cf.* page 223.

Pourtant, il faut accepter le fait que ces deux théories ont su faire des prédictions qui se sont toutes avérées exactes, que les mesures expérimentales testant ces théories n'ont permis que de les renforcer, bref, ce sont des théories tout à fait efficaces. Mais, comme vous l'imaginez, ces théories centenaires ont depuis été affinées, complétées parfois, en un mot elles ont évolué. La première de ces évolutions, qu'on appelle la seconde révolution quantique, on la doit à Paul Dirac, physicien et mathématicien britannique qui, en 1928, arrive à compléter l'équation de Schrödinger pour décrire un électron relativiste. Les mathématiques sous-jacentes sont extrêmement velues, mais l'équation sera ensuite régulièrement attaquée par les expériences sans être prise en défaut.

Une des idées que Dirac pousse est la suivante : la vision classique d'un atome d'hydrogène — pour partir d'un atome simple — est celle d'un noyau contenant un proton chargé positivement et un électron chargé négativement, se déplaçant de façon plus ou moins chaotique autour de ce noyau ; ce déplacement génère classiquement un champ électrique et, par voie de conséquence, un champ magnétique : un champ électromagnétique. Mais à l'échelle de l'atome, un tel champ doit être quantique, et l'idée émerge de champs quantiques. Cette nouvelle évolution de la mécanique quantique qu'on appelle théorie quantique des champs repose sur l'idée que les objets quantiques élémentaires, qu'il s'agisse de photons, d'électrons, de quarks, etc. ne sont en réalité que des oscillations locales de champs *ad hoc* — champ photonique, électronique, etc. — existant partout dans l'univers — en l'occurrence partout dans l'espace. Ainsi, un électron ne serait qu'une manifestation locale du champ électronique.

Si cette théorie est exacte, cela signifie que partout autour de nous s'étendent à perte de vue des champs quantiques, et que la moindre particule qui constitue le moindre de nos atomes n'est rien d'autre qu'une déformation locale de ces champs. Vous pourriez bien sûr vous demander si cette nouvelle représentation n'est pas qu'une nouvelle façon mathématique de résoudre des problèmes scientifiques sans pour autant n'offrir aucune interprétation qu'on soit à même d'observer expérimentalement. Vous auriez tort. Car cette théorie est une des pierres angulaires du modèle standard, permettant d'unifier trois des quatre interactions fondamentales de notre univers : l'électromagnétisme, l'interaction nucléaire faible et l'interaction nucléaire forte.

Les unifications

L'idée d'une théorie quantique de l'électromagnétisme ne tombe pas de nulle part, bien sûr. En physique, il n'est pas rare que des théories distinctes décrivent des phénomènes distincts ; en revanche, lorsque deux domaines ne sont pas si distincts que cela, il convient de valider que les théories qui décrivent ces deux domaines ne sont pas incompatibles. C'est par exemple ce que fit Maxwell en unifiant électricité et magnétisme, dès lors qu'il s'avérait qu'un courant électrique induisait un champ magnétique et qu'un champ magnétique pouvait produire du courant électrique. En l'occurrence, dans le cas qui nous intéresse, les champs électromagnétiques interagissent par nature avec des particules chargées électriquement, ne serait-ce qu'avec des électrons ; il convient donc de vérifier au plus vite qu'une théorie scientifique décrivant, entre autres choses, le comportement d'un électron, est compatible avec les théories admises de l'électromagnétisme. De plus, l'interaction nucléaire forte est la « force » qui permet de maintenir collés l'un à l'autre protons et neutrons dans le noyau d'un atome, alors que les protons, chargés positivement, devraient se repousser ; de la même manière que pour l'électromagnétisme, l'interaction nucléaire forte doit pouvoir être compatible avec la mécanique quantique. Enfin, l'interaction nucléaire faible, « force » responsable de la radioactivité, doit également être compatible avec la mécanique quantique. La théorie qui va concilier la mécanique quantique avec l'électromagnétisme est appelée *électrodynamique quantique*. Celle qui va concilier la mécanique quantique avec l'interaction forte est appelée *chromodynamique quantique*. Et ces théories reposent mathématiquement sur une compréhension quantique des champs.

---

124. La preuve par vieux : Paul Dirac

Bon, je ne vous refais pas le début, il n'est que quelques lignes plus haut. En revanche, ce serait un affront de réduire Paul Dirac à un seul paragraphe — tout comme ce serait un affront de prétendre depuis le Tome 1 de ce livre que Niels Bohr est au cœur de la mécanique quantique et de n'en avoir pour ainsi dire pas encore parlé.

En revanche, les travaux de Dirac sont hautement mathématiques ; aussi vais-je simplement me contenter de dire ce qu'il a prédit ou découvert sans trop entrer dans les détails ; il s'ensuivra malheureusement que ce chapitre sera beaucoup plus court qu'il ne devrait, et je prie Dirac, où qu'il soit, de bien vouloir me pardonner.

L'équation de Dirac est un effort pour décrire les particules de spins demi-entiers — les particules dont le spin vaut (1/2), comme les électrons, par exemple, et comme les fermions de manière plus générale — mais il s'était donné comme contrainte, partant de l'équation de Schrödinger, d'aboutir à une équation invariante par transformation de Lorentz — du calme, je vais expliquer — ce que n'est pas l'équation de Schrödinger.

Invariances par transformations de Lorentz

Les transformations de Lorentz sont des transformations de coordonnées dans l'espace-temps décrit par la relativité. Imaginez que vous êtes à Paris, à une terrasse de café en train de boire un... on s'en fout un peu de ce que vous buvez, vous êtes assis à une terrasse d'un café parisien. Grâce à Einstein, on sait qu'il n'existe pas de point privilégié de l'espace et du temps, que tout y est relatif à un observateur. Ainsi, pour l'observateur que vous êtes, vous pouvez simplement décrire votre position dans l'espace-temps par la formule « ici et maintenant ». Mais il va de soi que, pour un autre observateur, vous n'êtes pas « ici » mais « là-bas » et, qui plus est, si cet observateur est en place un jour plus tard, vous n'y êtes pas « maintenant » mais vous y étiez « hier ». Pour autant, si vous commencez à vous déplacer, vos coordonnées spatiales vont changer avec

le temps qui passe, tout comme ce sera le cas pour un autre observateur. En revanche, relativement aux différents points d'observations, la nature même de votre déplacement restera la même ; le système de coordonnées peut bien changer, vous aurez de toute façon parcouru tant de kilomètres dans telle direction et en telle durée. C'est une vision assez classique de la chose. Si vous vous déplacez à une vitesse proche de celle de la lumière, alors c'est la relativité restreinte qui entre en ligne de compte et, selon l'observateur, on observera une dilatation plus ou moins grande du temps, ainsi qu'une contraction des longueurs et une inclinaison du temps. C'est très compliqué à calculer, mais, encore une fois, la nature même de votre déplacement sera la même pour tous les observateurs. Cela signifie que même si l'on change de point de repère, c'est-à-dire si l'on transforme les coordonnées de façon linéaire — transformation de Lorentz — votre déplacement ne varie pas.
Pour le dire bien plus simplement, dire qu'il n'existe pas d'observateur privilégié d'un point de vue relativiste signifie que l'équation de votre mouvement est invariant par transformation de Lorentz.

Donc l'équation de Schrödinger n'est pas invariante par transformation de Lorentz, ce qui revient à dire que l'équation de Schrödinger ne permet pas de décrire le comportement de particules relativistes. Mais l'équation de Dirac le permet, elle… en tout cas, pour les fermions — et notamment les électrons.

Et fort de son équation, Paul Dirac a fait un certain nombre de prédictions, en la triturant dans tous les sens comme seuls quelques rares mathématiciens savent le faire en restant calmes.

L'antimatière

Outre le fait que son équation intègre naturellement la toute récente notion de spin, elle intègre également les autres nombres quantiques[394]. Et Dirac découvre que si l'électron est effectivement une solution mathématique de cette équation, il existe une autre solution mathématique qui, quelque part, semble être le pendant de cet électron, mais dont les

---

394 *Cf.* page 154.

nombres quantiques lui sont opposés. Cet objet tout d'abord purement mathématique sera observé en 1932 par Carl David Anderson, physicien américain ; il découvre en effet que lorsqu'un photon à haute énergie — provenant de l'espace — interagit avec une *chambre à brouillard*, cela produit une telle particule.

Chambre à brouillard

Derrière ce nom somme toute onirique se cache une merveille technologique de conception relativement simple. Il s'agit d'une enceinte contenant une sursaturation de vapeur d'eau ou d'alcool — le brouillard. Celle-ci peut être obtenue par deux méthodes différentes : on peut étendre le volume de l'enceinte avec un piston, auquel cas on parle de chambre à expansions, ou chambre de Wilson, ou alors on peut refroidir le support de l'enceinte — à –30 °C, auquel cas on utilise uniquement de l'alcool pur et pas d'eau — et on parle alors de chambre à diffusion, ou chambre de Langsdorf. Lorsqu'une particule traverse l'enceinte, des gouttelettes d'eau ou d'alcool se condensent sur son passage. Selon la longueur, la trajectoire et la densité de la trace ainsi obtenue, on peut déduire la nature de la particule qui est passée. Les chambres de Wilson permettent une visualisation verticale, propice à l'étude du rayonnement cosmique, tandis que les chambres de Langsdorf permettent une visualisation horizontale, mais surtout en continu — les chambres de Wilson nécessitant régulièrement un aller-retour du piston pour détendre le contenu.

Bref, en 1932, Carl David Anderson découvre le pendant de l'électron prédit par l'équation de Dirac. On retiendra de cette histoire que Dirac a prédit l'existence d'antimatière et qu'Anderson a découvert l'antiélectron, ou positron. L'antimatière est donc, quelque part, comme de la matière, mais dont les caractéristiques sont opposées à celles de la matière. Pourquoi, dans ce cas, ne pas l'appeler simplement matière ? On pourrait ainsi avoir un électron chargé négativement et un électron chargé positivement ; on parle d'antimatière car une particule et son antiparticule n'interagissent pas comme une paire quelconque de particules : elles s'annihilent. Si vous lâchez un électron contre un positron, elles vont s'annihiler et il ne résultera de la collision que de l'énergie sous forme de photons — la quantité de cette énergie pouvant être calculée par le fameux $E = mc^2$ où m est la masse de l'électron qui est la même que celle du positron.

Une chose très intéressante concernant l'antimatière est qu'à notre connaissance, l'endroit de l'univers où on trouve l'antimatière en la plus grande quantité est... sur Terre, dans les laboratoires où on la produit. Il n'y a pour ainsi dire pas d'antimatière dans l'univers, et dès qu'une antiparticule apparaît quelque part, elle est rapidement annihilée par la particule correspondante. Et cela pose un problème — et pas des moindres — la théorie du Big Bang prévoit qu'aux premiers instants de l'univers, ce dernier était constitué d'autant de matière que d'antimatière ; aussi est-il délicat de comprendre pourquoi l'univers actuel contient autant de matière et aussi peu d'antimatière. Mais je ne m'étends pas plus sur le sujet, si vous avez déjà oublié, on a apporté un début de réponse quand on a parlé de la flèche du temps[395].

Monopôle magnétique

En 1931, Dirac s'attaque à un autre gros morceau ; en effet, en bon mathématicien qu'il est, il a un certain attrait pour l'élégance des équations et, notamment, il apprécie tout particulièrement les équivalences, les symétries, bref ce qui fait qu'on peut trouver belles les mathématiques. Et il se trouve que l'électromagnétisme, selon Maxwell, cache un truc un peu moche. Maxwell, rappelons-le, a unifié électricité et magnétisme, en montrant que l'un n'est autre qu'une facette de l'autre. Il y a cependant une asymétrie que Dirac n'aime pas. En électricité, vous avez des charges positives et des charges négatives ; lorsque deux charges sont opposées, elles s'attirent, et lorsqu'elles sont de même signe, elles se repoussent ; en magnétisme, de la même

---

[395] *Cf.* page 113.

manière, vous avez des pôles nord et des pôles sud qui se comportent de façon similaire. Mais voilà : en électricité, une charge produit un champ avec une *divergence non nulle* ; cela signifie que si vous avez une charge électrique positive seule, par exemple, alors un champ électrique existe autour de cette charge et dont les lignes divergent. Mais en magnétisme, un pôle nord ou un pôle sud n'existe pas tout seul ; si vous prenez un aimant avec ses deux pôles et que vous le cassez en deux, vous vous retrouvez avec deux aimants, chacun disposant de deux pôles, nord et sud. Pourquoi diable n'existe-t-il pas d'élément à un seul pôle magnétique, ou monopôle magnétique ? Dirac creuse la question et démontre — rien que ça — que dans le cadre de la physique quantique, ces monopôles doivent théoriquement exister. À ce jour, on n'a pas encore pu en observer — mais sachez déjà qu'on cherche comme des dingues parce que la grande unification des théories scientifiques[396] bute notamment sur une opposition entre elles à ce sujet.

Électrodynamique quantique

Dirac a également élaboré la première théorie de l'électrodynamique quantique permettant d'inclure à la fois le champ électrodynamique et les électrons — avant lui, la théorie n'incluait que le champ électrodynamique, mais avec rien dedans. Ce qui nous envoie joyeusement au chapitre suivant[397].

---

396 *Cf.* page 325.

397 OMG – tout est lié !

125. Électrodynamique quantique

L'idée est la suivante : si vous envoyez deux électrons l'un vers l'autre, le fait que tous deux sont chargés électriquement négativement va générer une répulsion entre les deux électrons ; ils cessent d'avancer l'un vers l'autre et vont même jusqu'à se repousser réellement. Par quel prodige est-ce seulement possible ?

Ce que nous dit l'électrodynamique quantique — *via* ses différentes équations — c'est que les deux électrons échangent des photons. Ils peuvent en échanger un, ils peuvent en échanger deux, il peut se passer un paquet de trucs, mais il y a une émission de photons à un moment et une absorption de photons à un autre moment. Et là, les ennuis commencent.

Pourquoi les ennuis commencent-ils ? Parce que le photon dont on parle ici n'est pas le même photon qu'un photon de lumière classique, sans masse. Le photon dont on parle ici peut avoir une masse — il peut même avoir une sacrée masse — notamment à cause du principe d'incertitude de Heisenberg. Ce qui distingue ce photon du photon classique émis par une lampe, c'est qu'il s'agit ici d'un photon d'interaction électromagnétique. Une parenthèse s'impose.

Particules virtuelles

Si on considère — et on le fait — que la matière est composée de particules, les interactions entre ces particules sont, dans la théorie quantique des champs en général et l'électrodynamique quantique en particulier — pour ce qui concerne les interactions électromagnétiques — les interactions entre ces particules sont provoquées par « quelque chose » qui se propage entre les particules. Or, vous vous en rappelez, dans la théorie quantique des champs, les particules sont des fluctuations des champs quantiques ; du coup, il est normal de considérer une fluctuation échangée entre ces particules comme étant également une particule. Mais c'est une particule un peu différente, qui n'est pas à proprement parler une particule de matière, mais une particule d'interaction, comme les bosons[398]. On appelle cette famille de particules les particules virtuelles. Notons d'ores et déjà que lorsqu'on provoque une collision entre deux électrons, de nombreuses particules virtuelles peuvent être produites et dont la masse totale est supérieure à celle des deux électrons.

Pour donner une définition un peu plus formelle de ces particules virtuelles, on peut en dire que ce sont des particules dont la durée de vie peut être méchamment courte à l'échelle macroscopique, et dont les effets ne sont pas mesurables, ni directement, ni indirectement. Leur existence a été déduite théoriquement des interactions à distance — telles que l'électromagnétisme — nécessitant l'existence de l'échange d'un paquet d'informations entre des particules plus ou moins distantes.

Il y a trois hommes à qui il convient de rendre hommage pour leurs travaux sur la conception de l'électrodynamique quantique, deux dont je vais rapidement parler et un sur lequel je vais — métaphoriquement — m'étendre autant que faire se peut. Mais avant même de pouvoir parler de leurs travaux, il convient de commencer par exposer un machin bien pratique qu'on appelle *théorie de la perturbation* ou parfois *théorie des perturbations*.

126. Théorie de la perturbation et renormalisation

En mathématiques, la théorie de la perturbation est une méthode permettant d'approcher la solution exacte d'une équation mathématique trop complexe à résoudre lorsqu'une solution particulière de cette équation est déjà connue. Par exemple, si l'équation de Schrödinger est connue et bien maîtrisée pour le cas d'une seule particule dans des conditions idéales, elle est incroyablement complexe à résoudre pour des systèmes quantiques à peine plus complexes. En mécanique quantique,

---

398 Vous vous rappelez, page 63 ?

l'opérateur hamiltonien — les mathématiciens chopent une migraine à la seule évocation de son nom — décrit l'évolution d'un système quantique au cours du temps dans l'équation de Schrödinger. Et sans entrer dans le détail mathématique, la méthode de la perturbation consiste à partir d'une solution connue à l'équation de Schrödinger et appliquer progressivement un hamiltonien pour « perturber » l'équilibre connu du système. Si cette perturbation est suffisamment fine, cela permet d'étudier le comportement du système en prenant en compte les quantités physiques contenues dans ce hamiltonien — telles que les niveaux d'énergies.

Sans même avoir besoin de détailler, vous sentez bien qu'il n'est pas possible de faire ce qu'on veut pour calculer proprement l'évolution d'un système quantique, mais les mathématiciens connaissent parfaitement les marges de manœuvre dont ils disposent. Et cette méthode va permettre de résoudre un immense problème posé par l'électrodynamique quantique, résolution que vont trouver, indépendamment l'un de l'autre, les deux physiciens dont je parlais tantôt.

Sin'Ichiro Tomonaga et Julian Seymour Schwinger sont deux physiciens, respectivement japonais et américain, qui travaillent dans le domaine de l'électrodynamique quantique. Et ils sont, chacun de son côté, confrontés à un problème. Julian Schwinger tente de calculer le moment magnétique de l'électron.

Moment magnétique de l'électron

Mathématiquement, on peut se figurer un électron comme un machin électriquement chargé qui tourne très vite sur lui-même — la notion même de spin découle de cet aspect mathématique. Mais si l'on considère ainsi un électron, qui est chargé électriquement, alors il doit se comporter comme un tout petit aimant — une rotation d'un champ électrique induisant un champ magnétique. Le moment magnétique de l'électron est une quantité physique rendant compte de la « force magnétique » de cet aimant.

Le problème est que les formules permettant de calculer ce moment magnétique donnent des résultats infinis ce qui non seulement est faux, ne serait-ce que théoriquement, mais de plus incompatible avec les mesures qu'on est capable expérimentalement de trouver. De son côté, Tomonaga est confronté à un problème similaire avec d'autres types de calculs qui donnent des résultats infinis. Tous deux vont imaginer une solution élégante et similaire pour résoudre ce problème et qu'on appelle la *renormalisation.*

La renormalisation est un ensemble de techniques mathématiques permettant de restreindre un certain nombre de paramètres dans les phénomènes de l'électrodynamique quantique — notamment en fonction de leur distance au phénomène — afin d'empêcher des divergences mathématiques vers l'infini. Je ne vais pas aller vers plus de détails sur ce sujet hautement mathématique, il suffit simplement pour nous de comprendre que cela fonctionne dans un cadre de contraintes extrêmement bien défini.

Du coup, je n'ai pas vraiment dit grand-chose sur la théorie de la perturbation, pas franchement plus sur la renormalisation, mais il était nécessaire, toutefois, d'en dire quelques mots avant d'attaquer un sujet de choix, le plus grand vulgarisateur capable d'ouvrir des coffres-forts et de draguer des strip-teaseuses en jouant du bongo, j'ai nommé Richard Phillips Feynman.

127. La preuve par vieux : Richard Feynman

Disons-le immédiatement, ce chapitre vous laissera sur votre faim. Il est illusoire de présenter comme il se doit Richard Feynman en seulement quelques pages. Mais fort heureusement, vous vivez à une époque où de nombreux appareils, jusqu'à votre téléphone, peuvent vous mener à des informations sans fin à son sujet. Je vais pour ma part me contenter de raconter brièvement quelques étapes de sa vie avant d'en venir à l'électrodynamique quantique, domaine dans lequel il est évident pour tout le monde que Feynman est un Jedi de la vulgarisation.

Sans grande surprise, le gars est brillant dès son plus jeune âge ; il fait des études brillantes et se montre extrêmement précoce. Par exemple, lorsqu'il a quinze ans, il provoque pas mal de chahut en classe de mathématiques ; son professeur pressent qu'il s'ennuie en cours et lui propose un livre sur le calcul différentiel, et le jeune Richard apprend le calcul différentiel à quinze ans. Il n'hésitera pas, d'ailleurs, à développer — en fait à redécouvrir — par lui-même divers résultats mathématiques plus ou moins majeurs, parfois en créant ses propres notations. Bref, jusque-là, on est dans une classique scène d'exposition au cinéma, certainement nécessaire, mais pas originale pour autant. Du coup, faisons immédiatement un bond dans l'histoire pour parler de ses études universitaires, celles qui justifient ce chapitre au sein de la section sur la mécanique quantique.

Institute for Advanced Study, Princeton, New Jersey

Après une licence au Massachusetts Institute of Technology — le MIT — Feynman poursuit ses études au jeune Institut des Études Avancées de Princeton — en anglais IAS, créé et dirigé par rien de moins qu'Albert Einstein — où il travaille sous la direction de John Wheeler, on est en 1940.

Deux mots sur John Wheeler

Ce physicien est si indissociable des trous noirs qu'évidemment il aura son petit bout de texte dans la section concernée[399]. Je vais simplement, histoire de brosser son portrait vite fait mal fait, indiquer qu'outre avoir été le professeur de Feynman, il a également été le professeur de Kip Thorne — pareil, un des grands noms de l'histoire des trous noirs — indiquer également qu'il a, bien avant Stephen Hawking, prédit que le stade final de la vie d'un trou noir permettrait sans doute de créer un pont entre la théorie de la relativité générale et la mécanique quantique, qu'il fut longtemps un collaborateur d'Einstein sur les travaux visant à montrer que, de la même manière que la gravitation, toutes les interactions pouvaient être exprimées sous la forme de propriétés de l'espace-temps — ils échouèrent — et tout un tas d'autres trucs sur lesquels je ne veux pas m'étendre.

Sous la direction de Wheeler, Feynman travaille à généraliser le principe de moindre action à la mécanique quantique, ce qu'il accomplit sous la forme d'intégrale de chemin.

Principe de moindre action et Intégrale de chemin

Le principe de moindre action est une chose relativement simple à entendre, et je ne résiste pas au fait de vous donner sa formulation historique :

> « L'Action est proportionnelle au produit de la masse par la vitesse et par l'espace. Maintenant, voici ce principe, si sage, si digne de l'Être suprême : lorsqu'il arrive quelque changement dans la Nature, la quantité d'Action employée pour ce changement est toujours la plus petite qu'il soit possible. »[400]

J'aime beaucoup la référence à « l'Être suprême » et, dans le même temps, la formulation autoproclamée « digne de Lui » ; ça sent le blasphème ou je ne m'y connais pas[401]. En tout cas, ce que le principe de moindre action raconte, c'est que pour toute transformation, pour tout déplacement, pour tout changement, on observe toujours la meilleure économie de moyens mise en jeu.

---

[399] *Cf.* page 265 et suivantes.

[400] *Principe de la moindre quantité d'action pour la mécanique*, Maupertuis, 1744.

[401] Bon, ok, en vrai, je ne m'y connais pas…

La généralisation de ce principe à la mécanique quantique est certes complexe puisque la moindre transformation, le moindre déplacement, le moindre changement, tout ceci n'est qu'une somme de transformations, de déplacements et de changements possibles, chacun avec ses jeux de probabilités et ses indéterminations. Et, de plus, le principe d'Heisenberg interdit formellement qu'on soit en mesure d'aboutir à une économie de moyens telle qu'on pourrait en déduire un unique moyen de transformation, de déplacement, de changement. Et mathématiquement, la généralisation du principe de moindre action à la mécanique quantique est un machin incroyablement complexe pour qui ne parle pas couramment les maths, machin qui s'appelle l'Intégrale de chemin.

Alors qu'il bosse sur ce vaste sujet, Feynman, qui aime bien que les choses soient simples, cherche un moyen de simplifier les équations de l'électrodynamique quantique. Il cherche quelque chose de plus intuitif, qui, par ailleurs, permettrait de mieux comprendre ce que recèlent ces équations. Il pose alors les bases d'un outil formidable qu'il complétera après la Seconde Guerre mondiale, un ensemble de diagrammes qu'on appelle les diagrammes de Feynman.

Les diagrammes de Feynman

L'idée est la suivante : lorsque deux électrons se rapprochent suffisamment l'un de l'autre, un échange de photons les fait se repousser. De fait, plusieurs scénarios sont envisageables : un électron émet un photon que l'autre électron absorbe ; ou alors un électron émet un photon que l'autre électron absorbe avant que ce dernier n'émette à son tour un photon que l'autre électron absorbe ; ou encore un électron émet un photon qui, pendant un temps très court, se transforme en une paire électron/positron qui, lorsqu'elle s'annihile ensuite, produit un photon que l'autre électron absorbe, etc.

Dans le cas le plus simple — un photon est émis et absorbé — la partie de l'équation correspondante est la suivante :

$$(O_1 ie\gamma^{\mu}/_1)\ (-ig_{\mu\nu}/p^2)(O_2 ie\gamma^{\nu}/_2)$$

Ce genre de mathématiques ne fait pas peur à Richard, mais il souhaite trouver quelque chose de plus intuitif car, je le rappelle, ceci ne correspond qu'au cas le plus simple d'interaction entre les deux électrons ; mais pour qui veut mesurer correctement cette interaction, il faut inclure tous les cas possibles. Feynman a alors deux coups de génie — dont l'un n'est pas vraiment de lui. Le premier, c'est qu'il est possible, afin de ne pas se tromper sur les formules décrivant chaque interaction possible, de représenter la partie correspondante de l'équation par une imagerie très simple : un simple trait pour représenter une particule, muni d'une flèche pour indiquer son sens de déplacement, une ligne sinueuse pour représenter un photon, l'écoulement du temps étant représenté par une lecture de gauche à droite.

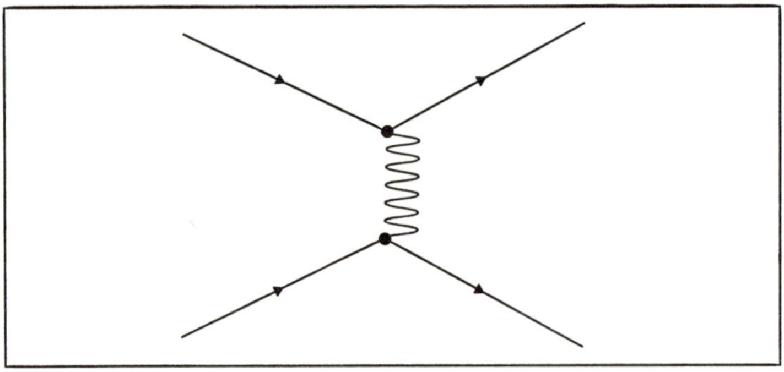

Sur le diagramme, en le lisant de gauche à droite, on voit bien deux électrons qui se rapprochent — verticalement — l'un de l'autre, puis qui se séparent après émission d'un photon. Cela peut sembler difficile à croire, mais ce que vous voyez est l'exacte représentation de la formule qui a précédé. Mais voilà, comme je l'ai dit, il y a d'autres possibilités d'échanges de photons, par exemple :

i - deux photons sont échangés ;

ii - un photon est émis, transformé en paire électron/positron, puis retransformé en photon et absorbé ;

iii - un photon est émis par un électron puis absorbé par l'autre, mais ensuite un photon est à nouveau émis mais absorbé par le même électron ;

iv - la même chose, mais le photon émis et réabsorbé l'est avant l'échange ;

v - un mix quelconque des cas précédents.

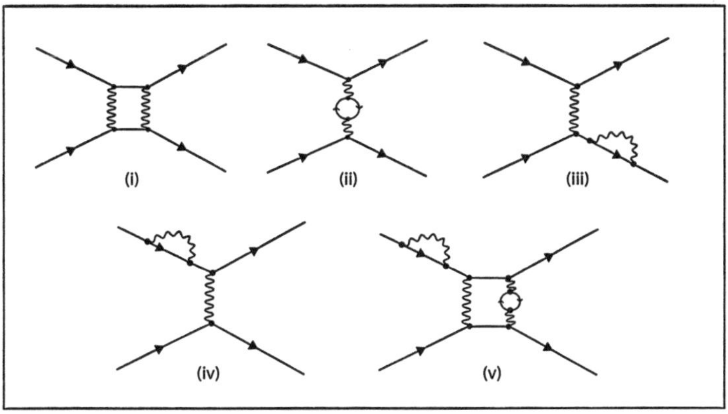

De nombreuses possibilités existent, et la mécanique quantique nous dit que toutes ont une probabilité non nulle de se produire. Du coup, calculer ce qui se produit s'avère extrêmement compliqué, mais c'est là que la théorie de la perturbation et la renormalisation vont intervenir. En effet, sur un diagramme de Feynman, chaque composant du diagramme a un équivalent mathématique ; ainsi, tous les nœuds, les intersections marquées sur les diagrammes ci-dessus par un gros point, peuvent en réalité s'exprimer mathématiquement sous la forme :

$$ie\gamma\mu$$

Or il se trouve que, mathématiquement, on peut dire que chaque fois qu'un nœud supplémentaire apparaît, la probabilité de voir le diagramme se produire est divisée par cent. Ainsi, si le tout premier diagramme a 1 % de chances de se produire — sachant qu'il contient deux nœuds — le diagramme (i) et ses quatre nœuds n'ont déjà plus que 0,00001 % de chances de se produire. On peut résumer cela de la façon suivante : la façon la plus simple d'échanger un photon sera largement majoritaire. Du coup, on peut rapidement approximer le résultat escompté en ne calculant l'équation mathématique que pour ce cas ou, selon le besoin de précision, en limitant le nombre de cas étudiés.

Feynman, Schwinger et Tomonaga auront le prix Nobel de physique en 1965 pour leurs travaux en électrodynamique quantique. Mais à ce moment-là de l'histoire, nous sommes au début des années 1940 et la Seconde Guerre mondiale est en train de ravager l'Europe.

Le projet Manhattan

Werner Heisenberg est resté en Allemagne et fait partie du projet militaire secret *Uranium* dont le but est de permettre à l'Allemagne nazie de se fournir en armes de pointe. Là, je sens bien que vous pensez qu'il s'agit d'un projet secret pour fabriquer une bombe atomique, sinon pourquoi appeler ce projet Uranium ? Heisenberg s'en défendra et prétendra que le nom de ce projet est en réalité lié à la volonté, outre le fait de concevoir des armes de destruction plus ou moins massive, de produire de l'énergie par le biais nucléaire. Werner aura l'occasion d'en discuter avec Niels Bohr au Danemark, l'exhortant à rejoindre le côté obscur… euh, pardon, les nazis. Bohr, estomaqué par la situation, mais également terrifié à l'idée que Heisenberg ne fournisse une bombe atomique à Adolf Hitler — et vu le niveau intellectuel de Heisenberg, ce n'est qu'une question de temps — Bohr décide d'aller rejoindre un projet secret britannique appelé *Tube Alloys*[402] dont le but était similaire, projet qui allait, en 1943, être absorbé par son équivalent américain, le projet Manhattan.

En août 1939, les physiciens Léo Szilárd et Eugene Wigner rédigent une lettre adressée au Président des États-Unis Franklin D. Roosevelt pour l'avertir que la recherche scientifique autour du nucléaire prédit qu'il est possible de mettre en œuvre une réaction en chaîne avec de l'uranium, permettant la fabrication de « bombes d'un nouveau type et extrêmement puissantes ». Ils lui indiquent également qu'ils ont de bonnes raisons de penser que les Allemands en sont arrivés à la même conclusion et que la course était déjà lancée. Ils proposent de poursuivre les travaux sur les réactions en chaînes menés par Enrico Fermi, d'acquérir des stocks d'uranium et d'y aller. Le sujet est si important qu'Albert Einstein accepte de signer cette lettre connue aujourd'hui sous le nom de *lettre Einstein-Szilárd*[403] :

> « Ces quatre derniers mois, il est devenu possible grâce aux travaux de Joliot en France ainsi que ceux de Fermi et Szilárd en Amérique, de déclencher une réaction en chaîne nucléaire avec de grandes quantités d'uranium. Grâce à elle, une grande quantité d'énergie et de grandes quantités de nouveaux éléments similaires au radium pourraient être produits. Maintenant, il semble presque certain que ceci pourrait être atteint dans un très proche avenir.
>
> Ce nouveau phénomène pourrait conduire à la construction de bombes et il est concevable, quoique bien moins certain, que des bombes d'un nouveau type et extrêmement puissantes pourraient

---

402 « Alliages de tube », ce qui est un nom de code très décevant au regard des noms de code de projets américains tels que Manhattan, MK Ultra, Stargate et autres Starfish Prime.

403 Apparemment, Wigner n'était pas si important que ça…

être assemblées. Une seule bombe de ce type, transportée par bateau et explosant dans un port, pourrait très bien détruire l'ensemble du port ainsi qu'une partie de la zone aux alentours. Toutefois, de telles bombes pourraient très bien s'avérer trop lourdes pour un transport aérien.

[…] Il paraît que l'Allemagne a actuellement mis fin à la vente d'uranium des mines tchèques qu'elle a annexées. Une telle action précoce de sa part peut sans doute être mieux comprise quand on sait que le fils du sous-secrétaire d'Etat allemand, von Weizsäcker, est attaché à l'Institut du Kaiser Wilhelm à Berlin où une partie du travail américain sur l'uranium est en train d'être reproduite. »[404]

Sans grande surprise, Roosevelt signe le 28 juin 1941 l'ordre exécutif 8807 créant l'*Office of Scientific Research and Development*[405], ou OSRD, au sein duquel le comité S-1 démarra ce qui deviendra plus tard le projet Manhattan.

Ce projet prit de plus en plus d'ampleur, toujours sous direction militaire, et bien que de nombreux sites répartis partout aux États-Unis hébergeaient des centres de recherche, c'est à Oak Ridge, dans le Tennessee, et à Los Alamos, dans le Nouveau-Mexique, que travaillèrent principalement les « stars » scientifiques, les Oppenheimer, Teller, Bohr, et bien sûr Richard Feynman, encore thésard à l'époque.

Il travailla d'abord à Los Alamos pour étudier le flux de neutrons avant de rejoindre l'élite de la troupe à Oak Ridge afin de participer à la mise en place des procédures de stockage du matériel fissile.

---

404 Extraits de la *Lettre Einstein-Szilárd*, Albert Einstein, août 1939.

405 Bureau de recherche et de développement scientifiques.

Comme vous pouvez l'imaginer, il y avait un énorme black-out sur tout le laboratoire de recherche, et personne ne pouvait entrer ou sortir à sa guise. Du coup, Feynman s'ennuyait pas mal dans les locaux, avant de se découvrir une passion pour les coffres-forts, et plus particulièrement leur ouverture. Du coup, un de ses grands jeux consistait à ouvrir le coffre-fort du bureau d'un collègue — voire d'un militaire — puis d'en remplacer le contenu par une petite note sur laquelle on pouvait déchiffrer des messages aussi amusants qu'inappropriés : « devine qui c'est... », « coucou... », et autres joyeusetés du genre. Je résume, hein ? Pour ceux qui ne trouveraient pas l'image suffisamment explicite, je vais mettre les points sur les i : dans un complexe militaire ultra secret duquel personne ne peut sortir, en pleine période de guerre mondiale et alors qu'une course effrénée entre les belligérants pour la première bombe atomique est en cours, et tandis que, bien que du même côté, les Russes et les Américains commencent à se regarder un peu de travers — les Américains étant à peu près sûrs qu'il y a une taupe chez eux qui donne des infos aux Soviétiques, ce qui se révèlera exact — Richard Feynman vide les coffres-forts des chercheurs et des militaires pour faire des blagues. Pour quelqu'un d'autre, ça se serait certainement terminé en cour martiale, mais c'est Richard Feynman. Alors on lui demande gentiment d'arrêter ses conneries et de continuer son travail. Il apprit également, pour tromper l'ennui, à jouer du bongo. Mais ça, les militaires n'y voyaient pas vraiment d'inconvénient — plus vraisemblablement, ils ne devaient pas aimer, mais on ne passe pas un chercheur en cour martiale pour si peu.

Sur le projet Manhattan, d'ailleurs, Feynman s'entend plutôt bien avec Niels Bohr ; ce dernier apprécie le fait que le jeune Feynman n'a, contrairement aux autres scientifiques présents, aucune difficulté à s'engueuler sur des sujets théoriques avec l'intouchable sommité qu'est devenu Bohr depuis les années 1920. Feynman dira à ce sujet qu'il avait autant de respect que les autres pour Bohr, mais que lorsqu'il commençait à parler de physique, il avait tendance à oublier tout le reste.

La toute première bombe atomique, baptisée Gadget[406], une boule métallique d'environ deux mètres de diamètre et d'une puissance de dix-neuf mille tonnes de TNT[407], explosa le 16 juillet 1945 à 5 h 30 du matin à Los Alamos dans le Nouveau-Mexique lors du test intitulé *Trinity*. Plusieurs points notables : la première bombe atomique a explosé en surface et dans le plus grand secret ; vous devez comprendre que simplement cela a été compliqué à gérer, l'explosion s'étant fait entendre jusqu'à El Paso, au Texas, à près de six cents kilomètres de l'épicentre ; sa lumière, quant à elle, a été visible à plus de trois cents kilomètres à la ronde. Il aura fallu au moins tout le brio du général Leslie Groves pour expliquer que le bruit entendu était en fait un dépôt de munition qui avait explosé sur le champ de tir d'Alamogordo — et le champignon atomique, vous dites ? Ah, oui, tiens, il est joli ce nuage… hum, hum… Vous vous dites peut-être que je me moque un peu de Leslie Groves, je vous répondrai que, oui, mais que ce n'est pas moi qui ai commencé ; après la Seconde Guerre mondiale, le physicien Isidore Isaac Rabi commentera la nomination d'Oppenheimer à la tête du projet Manhattan :

> « [it] was a real stroke of genius on the part of General Groves, who was not generally considered to be a genius. »[408]

---

406 Baptisée ainsi car elle n'était pas destinée à un champ de bataille.

407 Mesurer la puissance d'une bombe atomique en équivalent TNT est, je le reconnais, aussi débile que mesurer la puissance d'une fusée spatiale en équivalent chevaux-vapeur, mais c'était la première, alors ça permet de se figurer la chose.

408 [ce] fut un véritable coup de génie de la part du général Groves, qui n'était généralement pas considéré comme un génie.

Pour être tout à fait honnête, je pense que peu de non-scientifiques sur le projet Manhattan devaient passer pour des gens intelligents vu la concurrence sur place. Ah, et Feynman, pendant l'essai *Trinity* ? Que ce soit vrai ou faux — en réalité, ça ne change pas grand-chose à la compréhension du personnage — Feynman affirme qu'il fut le seul à observer l'explosion sans lunettes de protection, protégé uniquement par le pare-brise du véhicule dans lequel il était assis.

La suite, on la connaît : le 6 août 1945, le B-29 *Enola Gay*[409] décolle avec à son bord *Little Boy*, la première bombe atomique à avoir explosé au-dessus d'une population, quelque 530 m au-dessus de la ville d'Hiroshima, provoquant au moins 70.000 morts et autant de blessés. La guerre touchait à sa fin.

Les Maîtres de l'ombre

Si vous vous intéressez au projet Manhattan, je ne saurais que trop vous conseiller de voir le film *Fat man and little boy*, en français *Les Maîtres de l'ombre*, réalisé par Roland Joffé en 1989 et qui, bien que prenant quelques libertés avec l'histoire, dépeint assez bien le projet. Par ailleurs, il fait tenir le rôle du général Groves à Paul Newman, ce qui contrebalance largement la légère moquerie dont j'ai pu faire preuve à son égard.

Le plus grand vulgarisateur

Après la guerre, Feynman devient professeur à l'université Cornell, dans l'État de New York. Mais il s'y ennuie, manquant d'inspiration et d'émulation. Il part alors pour le California Institute of Technology, à Pasadena en Californie, connu aussi sous le nom de CalTech. Il va non seulement continuer d'y enseigner, mais également parfaire tout son travail sur les diagrammes d'électrodynamique quantique permettant, je le rappelle, de calculer sans se tromper tous les termes

[409] Le même que celui de la chanson éponyme des années 1980.

du développement perturbatif des équations d'interactions entre particules. Ce système de diagrammes sera ensuite étendu à d'autres domaines similaires tels que la chromodynamique quantique[410]. Pour ce travail, donc, Feynman reçoit en 1965 le prix Nobel avec Schwinger et Tomonaga. Feynman travaille également sur la physique des superfluides et sur les interactions en jeu dans l'interaction nucléaire faible — responsable de la radioactivité.

Superfluide

L'expérience est assez saisissante. Lorsque vous refroidissez suffisamment de l'hélium liquide — en dessous de trois degrés au-dessus du zéro absolu, donc vraiment froid — celui-ci perd toute viscosité. Cela se manifeste par le fait que le liquide, alors contenu dans un récipient en verre, parvient à glisser entre les différentes aspérités microscopiques du verre : le liquide traverse littéralement le verre, bien sûr sans le briser. Voilà, tout ça pour dire qu'il restera toujours un bon paquet de sujets excellents qui ne seront pas traités dans ce livre.

Entre 1961 et 1963, Feynman enseigne donc la physique aux premiers cycles de CalTech, et le monde est redevable à Robert Leighton d'avoir rassemblé et compilé les notes de Feynman pour produire les *Cours de physique de Feynman*, regroupant un ouvrage complet sur la mécanique, un autre sur l'électromagnétisme et un dernier sur la mécanique quantique. Certes ces cours étaient destinés à des premiers cycles, mais la capacité extraordinaire de Feynman à expliquer les phénomènes fit que ses cours étaient régulièrement suivis par des doctorants, par des chercheurs, voire par d'autres professeurs.

En 1964, Feynman donne une série de sept conférences à Cornell intitulées *The character of physical law*. Les sujets qui y sont traités sont les suivants : La loi de la gravitation, La relation entre mathématiques et lois physiques, Les principes de conservation, La symétrie dans les

410 *Cf.* page 312.

lois physiques, La distinction entre passé et futur, La vision quantique de la nature entre probabilité et indétermination et enfin La recherche de nouvelles lois. La BBC enregistra ces conférences et publia dès 1965 un livre retranscrivant celles-ci.

Projet TUVA

Bill Gates avait vu la vidéo de ces conférences lorsqu'il était jeune et considérait qu'il était normal que celles-ci soient disponibles pour tout le monde, gratuitement. Il acheta donc les droits d'exploitation de ces conférences à la BBC et mit en place, avec Microsoft Research, une plate-forme web pour y diffuser ces conférences, agrémentées de sous-titres dans des langues étrangères, de notes interactives, d'illustrations, d'animations afin de rendre le tout aussi ludo-pédagogique que possible. L'accès à ces conférences est une chance inouïe et je ne saurais que trop vous conseiller de les visualiser[411].

En 1965, Feynman est fait membre étranger de la Royal Society, rejoignant ainsi une liste de bons gars tels qu'Isaac Newton, Lord Kelvin et Albert Einstein.

Divers

Je sais, ce titre ne vend pas du rêve, et soyez assurés que je n'en suis pas vraiment fier, mais la vie de Feynman est tellement riche qu'il est nécessaire de compartimenter un peu, au risque de se trouver ensuite avec une catégorie « divers ». Richard va s'intéresser à de nombreux autres projets, comme par exemple une théorie quantique de la gravitation. On aura l'occasion d'y revenir, mais sachez déjà qu'il existe une incompatibilité formelle entre la gravitation telle qu'elle est décrite par la relativité générale et la mécanique quantique ; du coup plusieurs méthodes ont été employées afin de créer une nouvelle théorie pour résoudre cette incompatibilité ; une d'entre elles consiste en une théorie

---

411 http://research.microsoft.com/apps/tools/tuva/

quantique de la gravitation. D'autres sont également célèbres, telles que la théorie des cordes et la théorie M — on peut noter que toutes deux bénéficient largement de la généralisation des diagrammes de Feynman.

À côté de ça, oui, j'aurais pu parler du fait que Feynman aimait se rendre le soir, après son travail, dans des clubs de strip-tease pour y jouer du bongo. J'aurais pu parler de son van au moins aussi iconique que le van de Scooby Doo, sur lequel étaient peints des diagrammes de Feynman. Il y a plein de choses dont on pourrait parler. Il a par la suite enseigné un an au Brésil, parce qu'il voulait voir le monde, et a pour cette occasion appris à parler espagnol, ce qui est idiot puisqu'on y parle le portugais.

Un jour, il se prend la tête avec Jirayr Zorthian, un ami artiste ; ce dernier trouve que les physiciens gâchent la beauté des choses. Lorsqu'ils sont confrontés à une fleur, ils n'apprécient ni sa forme, ni sa couleur, ni son odeur, mais visualisent la façon dont la tige véhicule les nutriments, le comportement des pétales, le fonctionnement des étamines, etc. Pour Feynman, cela participe à apprécier la beauté de la chose, comment pourrait-on y perdre quoi que ce soit en en apprenant plus ? Certes, on peut discuter du fait que la couleur des pétales est belle, mais n'est-ce pas un plaisir supplémentaire de savoir que cette couleur est un avantage évolutif ingénieux pour attirer les insectes pollinisateurs ? Zorthian et Feynman se mettent alors d'accord pour s'enseigner l'un la physique et l'autre l'art. Et Feynman apprend à dessiner.

Challenger

Le 28 janvier 1986, la navette spatiale de la NASA *Challenger* est désintégrée soixante-treize secondes après le décollage, provoquant la mort des sept membres de son équipage STS-51-L. Du fait de la présence parmi cet équipage d'une institutrice, Christa McAuliffe, dans le cadre du projet *Teacher in space*[412], l'événement est particulièrement médiatisé. La catastrophe est sans précédent dans l'histoire de la conquête/exploration[413] spatiale. Une commission d'enquête est donc naturellement mise en place pour tenter d'expliquer ce qui a bien pu se produire et prévenir une telle catastrophe à l'avenir. Cette commission, composée de treize membres et dirigée par l'ancien secrétaire d'État des États-Unis William Rogers, baptisée commission Rogers, compte notamment parmi ses membres : Neil Armstrong, premier homme à fouler le sol lunaire[414], Sally Ride, première femme américaine dans l'espace, Charles Elwood « Chuck » Yeager, pilote d'essai et premier homme à franchir le mur du son[415], et bien sûr Richard Feynman.

L'enquête montrera que les problèmes survenus auraient pu être évités, la source du problème étant connue de la NASA depuis 1977, mais que pour des raisons de culture d'entreprise de la NASA, notamment dans les méthodes de prises de décision, la catastrophe n'avait pas pu être empêchée malgré les avertissements de nombreux ingénieurs avant le décollage.

Que s'est-il passé ? De part et d'autre du lanceur américain se trouvent des petites fusées qu'on appelle propulseurs d'appoint, fabriqués par la société Morton Thiokol, et dont un des composants est un simple joint torique — c'est une pièce bien plus résistante mais tout à fait similaire à un joint de plomberie classique. Notamment, ce joint doit être capable de résister à des températures très élevées sans perdre de sa capacité élastique qui garantit son étanchéité. Cependant, et c'était un fait connu depuis 1977, ces joints perdent fortement de leur capacité

412 Un professeur dans l'espace.

413 Choisissez le terme qui vous convient le mieux, je suis agnostique sur le sujet.

414 Quoi que vous puissiez en lire sur internet, c'est arrivé. Point.

415 Regardez le film *L'Étoffe des héros*, Philip Kaufman, 1983.

élastique à de basses températures. Or il se trouve que la nuit précédant le décollage de *Challenger*, la température avait fortement chuté, ce qui provoqua une rigidification de ces joints toriques, rompit leur étanchéité et engendra une fuite de carburant qui prit feu quelques secondes après le décollage. Sans grande surprise, Richard Feynman trouva le point clé de l'enquête : il ne découvrit pas à proprement parler l'origine du problème, celle-ci étant parvenue aux oreilles de membres de la commission par des méthodes dignes des meilleurs films d'espionnage, mais il trouva le bon moyen de présenter la source du problème en commission d'enquête devant les administrateurs de la NASA sans compromettre les personnes qui les avaient tuyautés et fit, comme à son habitude, une démonstration aussi juste que limpide pour le grand public.

Derniers mots

Je ne vais pas m'étendre sur le cancer qui a emporté Feynman, je vais simplement indiquer qu'en homme libre qu'il a toujours été, il décida à un moment donné d'arrêter les traitements supplémentaires et de partir avec dignité. Il mourut le 15 février 1988 et ses derniers mots, dans l'attente de son dernier souffle, furent :

> « I would hate to die twice. It's so boring. »[416]

128. Mousse quantique

Une des prédictions de l'électrodynamique quantique a été formulée par John Wheeler — vous savez, le prof de Feynman — en 1955. En effet, à des échelles vraiment petites, bien plus petites que toutes les échelles classiques, à des échelles de l'ordre de la longueur de Planck, le

[416] Je détesterais mourir deux fois. C'est si ennuyeux.

principe d'Heisenberg admet que des paires de particule-antiparticule, des *particules virtuelles*, peuvent surgir du vide, puis s'annihiler quasi instantanément sans pour autant violer les principes de conservation d'énergie, et plus l'énergie de ces particules est grande, plus leur durée de vie est courte.

Longueur de Planck

Cette longueur est définie uniquement par des constantes fondamentales de la relativité restreinte, de la relativité générale et de la mécanique quantique. De ce fait, on considère qu'elle est l'unité de longueur naturelle pour une éventuelle théorie qui les unifierait. Dans le Système International, sa valeur est de :

$l = 1{,}616\ 252 \times 10^{-35}$ m

En d'autres termes, cette longueur est dix millions de milliards de milliards de fois plus petite qu'un atome moyen. Mais ce qui caractérise cette longueur, c'est qu'elle est la limite en deçà de laquelle la gravitation ne peut plus être exprimée classiquement mais doit être remplacée par une éventuelle gravitation quantique — celle-là même sur laquelle Feynman a travaillé. Sous cette limite, les effets de la gravitation classique deviennent quantiques et provoquent des fluctuations de l'espace-temps extrêmes ; la relativité générale ne sait pas rendre compte de la gravitation à cette échelle à laquelle ces fluctuations ébranleraient de toute façon les concepts même d'espace et de longueurs.

Ainsi donc, il serait possible qu'à une telle échelle le vide soit quasiment tout ce qu'on veut sauf vide. Voilà qui est déroutant. Et justement, vous vous rappelez quand on a parlé de l'effet Casimir et qu'on a dit que cet effet était déroutant ? C'est bel et bien de cette déroute qu'on parlait. Deux plaques dans le vide qui se rapprochent alors que rien ne devrait les faire bouger ; peut-on l'expliquer ? Maintenant, oui.

Explication de l'effet Casimir

Si, du vide, émergent des paires de particule-antiparticule, celles-ci sont bien évidemment quantiques et, de ce fait, sont dotées d'une fonction d'onde ; elles se comportent donc — en partie, du moins

— comme des ondes. Et ces ondes peuvent avoir différentes longueurs d'onde. Mais si les plaques dans la boîte sont suffisamment proches l'une de l'autre, les particules qui émergent entre les deux plaques ne peuvent pas avoir de longueur d'onde plus grande que la distance séparant les plaques, tandis que les particules qui émergent autour des plaques le peuvent. Il s'ensuit que si en effet ces paires de particules apparaissent *ex nihilo*, il y aura, du fait de la contrainte de distance entre les plaques, moins de particules créées entre les plaques. Et s'il y a moins de particules entre les plaques que de part et d'autre des plaques, alors l'ensemble se comportera comme s'il existait une pression plus faible entre les plaques qu'à l'extérieur des plaques, et celles-ci se retrouveront donc comme attirées l'une par l'autre.

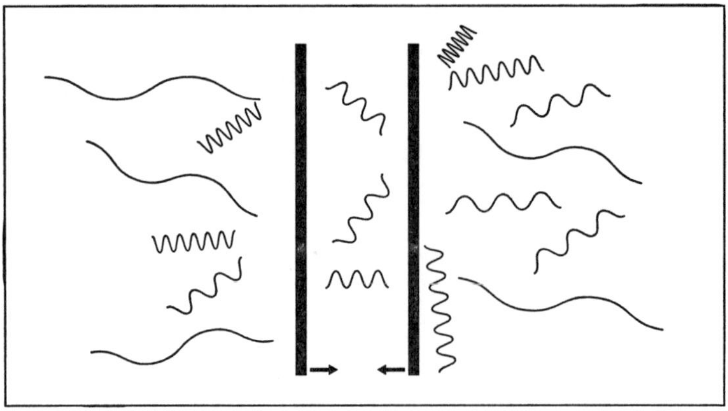

Cette *énergie du vide* explique parfaitement l'effet Casimir. Le vide, à cette échelle, est un espace inhospitalier, constamment traversé par des apparitions et des disparitions de particules et d'antiparticules dans une fluctuation totalement chaotique. Wheeler a appelé cette agitation *mousse quantique* par analogie avec la mousse d'un bain ou d'une bière au sein de laquelle des bulles apparaissent et éclatent constamment et de manière chaotique.

L'effet Casimir semble être une belle promesse de preuve que cette mousse existe, mais il en existe une autre. Elle concerne le moment magnétique de l'électron.

Calcul du moment magnétique de l'électron

Un électron a une charge électrique et se comporte « comme » s'il tournait sur lui-même[417] et comme à notre échelle classique, une charge électrique en rotation induit un champ magnétique. Puisqu'on connaît la charge de l'électron ainsi que sa « rotation », on sait calculer la « force » magnétique de l'électron, qu'on appelle plus précisément le *moment magnétique de l'électron.* Afin de simplifier le propos, créons artificiellement une unité de mesure dans laquelle ce moment magnétique vaut exactement 1. On devrait, en mesurant expérimentalement le moment magnétique de l'électron, trouver un résultat incroyablement proche de ce 1. Et on a effectivement trouvé une valeur proche, mais pas assez ; le résultat mesuré expérimentalement s'écarte du résultat attendu de 0,1 %. Cela peut sembler peu, mais c'est bien trop, la preuve étant que Polykarp Kusch, physicien germano-américain, a obtenu le prix Nobel[418] en 1955 pour avoir mesuré cet écart.

En revanche, lorsqu'on calcule le moment magnétique de l'électron en électrodynamique quantique, en prenant en compte les particules virtuelles du vide, on trouve des résultats bien plus en accord :

Valeur calculée : 1,001 159 652 18**2**

Valeur mesurée : 1,001 159 652 18**1**

Les valeurs sont identiques jusqu'à douze chiffres après la virgule, ce qui est un accord d'une précision sans précédent dans l'histoire des

---

417 Vous vous rappelez, le spin ? Page 160.

418 En réalité, il a reçu une moitié de prix Nobel. Il y a eu deux lauréats distincts en 1955.

sciences. Il existe un consensus autour du fait que ce résultat, à lui seul, suffit à confirmer l'existence de la mousse quantique.

129. Et la gravitation ?

La mécanique quantique est à ce jour la théorie scientifique la plus étrange, la plus complexe jamais conçue par l'humanité — l'espèce, pas le journal — mais c'est également la théorie dont les prédictions sont incroyablement en accord avec l'expérimentation. Elle offre un socle fabuleusement stable au modèle standard pour expliquer toutes les interactions fondamentales de l'univers... ou presque. En effet, il reste toujours la question de la gravitation. Le modèle standard peine à expliquer la gravitation, et notamment, l'incroyable faiblesse de la gravitation. Prenez une seconde pour y penser : la gravitation ne semble pas être faible, c'est elle qui nous maintient sur le sol terrestre, c'est elle qui maintient la Terre en un seul morceau, qui fait tourner la Terre autour du Soleil, pourtant distant de plus de cent cinquante millions de kilomètres, qui sous-tend les structures des galaxies.

Mais il faut bien l'admettre : la gravitation est incroyablement faible. Ce qui fait sa force apparente, c'est l'invraisemblable quantité de matière en jeu, le fait que la Terre est incroyablement plus massive que vous et moi, le fait que le Soleil est incroyablement plus massif que la Terre, etc. Imaginez un objet au sol, par exemple une simple clé. Toute la masse de la Terre opère continuellement à maintenir cette clé au sol : toute la masse de la Terre. Pourtant, avec deux doigts et les muscles de votre bras, vous pouvez contrer cette force. Pire, avec un simple aimant, vous pouvez soulever cette clé. Les autres interactions fondamentales de l'univers — l'électromagnétisme, les interactions nucléaires forte et faible — sont bien plus fortes, mais leur portée peut également être moindre. Si on devait comparer la « force » de ces interactions, voici ce qu'on obtient.

Partant de l'interaction la plus forte, l'interaction nucléaire forte, celle qui maintient collés l'un à l'autre les protons dans le noyau d'un atome, arrangeons-nous avec les unités de mesure pour dire que l'intensité de sa force est de 1. La portée de cette interaction est de 10^{-15} m, c'est-à-dire environ la taille du noyau atomique. Ensuite vient l'électromagnétisme, cent fois moins fort que l'interaction forte ; mais de portée infinie — bien que, bien évidemment, son influence baisse drastiquement avec la distance. Puis vient l'interaction nucléaire faible, responsable de la radioactivité ; cette interaction est cent mille fois plus faible que l'interaction nucléaire forte, avec une portée encore plus faible de l'ordre de 10^{-15} m, soit le millionième de milliardième de mètre, la taille moyenne d'un noyau atomique — dont je rappelle qu'il est déjà cent mille fois plus petit qu'un atome.

La gravitation a une portée infinie, on le sait, c'est notamment ce qui permet l'existence d'immenses galaxies ; mais son intensité est tout simplement ridicule. L'intensité de la gravitation est dix mille milliards de milliards de milliards de milliards de fois plus faible que l'interaction nucléaire forte.

C'est cet écart monstrueux qui fait qu'on peut, en mécanique quantique, effectuer des calculs d'une telle précision sans pour autant disposer d'une théorie quantique de la gravitation : les effets de la gravitation sont tout simplement négligeables. Du moins, tant que la masse en jeu est suffisamment faible, ce qui est vrai la plupart du temps en mécanique quantique. La plupart du temps, mais pas tout le temps.

Le modèle standard a des limites. Il ne permet pas d'expliquer la faiblesse de la gravitation, il ne sait pas expliquer la gravitation au niveau quantique et n'est pas disposé à expliquer les premiers instants du Big Bang. Nous y reviendrons, et nous commencerons par tenter de comprendre d'où vient cette masse qui est l'ingrédient de base de la gravitation. Mais après cette section du livre incroyablement rude, il est temps de se permettre une pause, une récréation, pour parler un peu de phénomènes plus habituels, à notre échelle, et nous intéresser à la façon dont l'évolution a su modeler notre vie.

L'évolution

Et ça continue encore et encore, c'est que le début, d'accord, d'accord...

Il ne va pas s'agir, dans cette section, d'expliquer ce qu'il y a à savoir sur la grande et belle théorie de l'évolution, c'est un sujet sur lequel il existe de nombreux ouvrages, y compris de vulgarisation, écrits par des gens à la fois bien plus compétents et efficaces que moi pour en parler — et, tout à fait sincèrement, c'est un sujet que je ne maîtrise pas du tout. En revanche, je suis intéressé depuis très longtemps à la façon, parfois détournée, dont l'évolution a modelé — j'aurais bien dit *façonné*, mais la formulation « à la façon dont l'évolution a façonné » aurait été incroyablement lourde — non seulement les êtres biologiques que nous sommes, non seulement l'environnement naturel qui nous entoure, mais également l'environnement que nous nous sommes construits et dans lequel, justement, nous évoluons. Mais comme nous allons le voir, il arrive que cette évolution se fasse naturellement, indépendamment de nous, comme il arrive que cette évolution soit tout à fait artificielle et le résultat de chaînes de décisions plus ou moins explicites. Aussi, avant d'entamer réellement cette section, il convient de tordre le cou à quelques préjugés au sujet de la théorie de l'évolution elle-même. Ceci afin d'être sûr, *a minima*, que nous parlerons bien toujours de la même chose.

130. Des clichés, préjugés et abus de langage sur l'évolution

Ce que la nature veut

Ce qui fait sans doute le plus se hérisser les poils sur le corps des biologistes, ce sont les formulations du style « la nature n'aime pas le vide », « la nature élimine les espèces inadaptées », « la nature favorise tel avantage plutôt qu'un autre ». Non. Tout simplement, non. La nature ne veut rien, n'aime rien, ne favorise rien. La nature est la nature. Lui attribuer une quelconque notion de volonté, de conscience, de choix est un abus de langage qui peut être toléré lorsqu'on ne cherche pas une seule seconde à parler de science ; mais ce que nous avons appris des charlatans et de leurs pseudo-sciences, c'est que les abus de langage sont la base d'un bon boniment. Par exemple, depuis quelques années maintenant sont apparues des « espèces de sciences » qui tentent d'appuyer leur boniment sur la mécanique quantique. Je ne vais pas entrer ici dans le débat pour savoir si les charlatans savent qu'ils sont des charlatans ou s'ils sont sincères, il est vraisemblable que les deux cas de figure existent. Mais dans tous les cas, il faut se rappeler que les termes scientifiques ont un sens propre et bien défini qui n'est pas toujours le même que dans le langage courant. Par exemple, l'action à distance qu'on observe en mécanique quantique dans le cas de particules intriquées n'a rien à voir avec la télékinésie ou la télépathie, bien qu'on puisse les définir comme des formes d'action à distance ou d'échanges d'informations à distance. Du coup, la télékinésie comme la télépathie, que vous y croyiez ou non, sont des phénomènes dont il reste encore aujourd'hui à démontrer scientifiquement l'existence — et toutes les expériences sérieuses sur ces sujets se sont lamentablement vautrées.

Lorsqu'on dit que « la nature élimine les espèces inadaptées à leur environnement », la nature ne fait rien du tout ; elle ne se charge de rien du tout ; ce que cela signifie, c'est que lorsqu'une espèce est inadaptée à son environnement, elle est *naturellement* vouée à disparaître. Si un petit animal ne se nourrit que de plantes et que ces plantes ne sont accessibles qu'à partir d'une certaine hauteur bien au-delà de sa taille, on comprend aisément qu'il ne pourra pas se nourrir, et que s'il est incapable d'aller ailleurs, en des lieux plus hospitaliers, il mourra. Au niveau de l'évolution, il faut pouvoir imaginer ce genre de processus sur des périodes longues ; un tel animal ne pourra pas se reproduire, et l'espèce disparaîtra.

Bon, avant que les lecteurs biologistes ne se mettent à gueuler, j'ai bien conscience que cet exemple est un peu foireux car comment pourrais-je expliquer que cet animal ait pu *naturellement* se trouver dans cette situation ? Alors prenons un autre exemple, et je prie les biologistes de m'excuser pour la simplification que je vais faire : parlons des ours polaires.

Avant d'avoir des ours tout blancs — certes très mignons, mais ce sont néanmoins des ours, hein — on a d'abord eu des ours tout bruns sur la banquise. Et parmi la population de ces ours bruns, un jour vient au monde un ours blanc — simple tare génétique. Il se produit alors quelque chose de nouveau : cet ours blanc est plus habile à surprendre la faune locale en étant largement moins visible que ses congénères sur la glace. Du coup, il chasse mieux et se nourrit mieux — on dit qu'il est plus *adapté* à son environnement. De ce fait, il est plus fort, plus vigoureux, et va sans doute plus se reproduire que ses cousins bruns.

Sans doute

Je vais prendre quelques lignes ici pour souligner l'importance de la formulation *sans doute*. Dans l'histoire de la population des ours bruns « nés blancs », on peut tout à fait imaginer que certains individus ne se sont pas reproduits, que certains individus ont été blessés ou sont morts jeunes. Il faut immédiatement sortir de son esprit l'idée d'un seul individu blanc qui, à lui seul, est à l'origine des ours polaires. Peut-être est-ce le cas, mais il est vraisemblable que non. La théorie de l'évolution est, entre autres choses, une théorie statistique. C'est donc encore un abus de langage que de ne parler que d'un individu en particulier, mais c'est une simplification acceptable dès lors qu'on prend les pincettes suffisantes pour en parler, ce que je fais ici et maintenant.

En se reproduisant, notre ours blanc va peut-être avoir un, deux ou trois oursons tous les deux ou trois ans. Parmi ces nouveaux individus, certains vont hériter génétiquement du poil blanc du papa — ou de la maman, si c'est d'elle dont on parle depuis le début de cette histoire — et ceux-ci seront à nouveau sans doute plus aptes à chasser, à se nourrir et à se reproduire. C'est ainsi qu'après un certain nombre de générations, une partie de la population brune aura migré vers des horizons plus cléments, une autre partie de la population brune sera morte sur place faute d'être apte à survivre, et après un temps et des conditions suffisantes, la population d'ours sur la banquise sera composée exclusivement d'ours à poils blancs, la tare génétique initiale étant alors une caractéristique du groupe, les ours polaires.

On voit bien dans cet exemple que la nature n'est, elle-même, responsable de rien — d'ailleurs ce simple « elle-même » est déjà un abus de langage. Le courant philosophique selon lequel la nature est animée d'un but est appelé *finalisme*, et on trouve parmi ses défenseurs un certain Aristote. Ai-je besoin d'en dire plus ? Je ne le pense pas.

L'évolution consiste en une complexification

Certes, depuis l'apparition de la vie unicellulaire sur Terre, les organismes se sont méchamment complexifiés, mais il ne faut pas pour autant penser que l'évolution a une direction ; cela nous ramènerait au point précédent en ne considérant non plus la nature comme étant dotée d'une volonté, mais cette fois-ci l'évolution comme étant dotée d'un but, voire même simplement d'un sens. Non. L'évolution est un processus méchamment aléatoire produisant des choses différentes dont certaines disparaissent et d'autres pas. On peut, dans une certaine mesure, reconnaître le fait que plus de complexité peut permettre plus d'aptitude à la survie, mais il ne faut pas voir l'évolution comme visant un but. L'évolution n'est pas une chose en soi, c'est une série d'hypothèses et de conclusions basées sur des observations.

Les formes apparaissent pour avoir une fonction

Le problème, dans cette phrase, c'est le mot « pour » qui, encore une fois, semble donner un but à l'évolution. Pourtant, si on considère l'humain aujourd'hui, ses yeux ont bien une fonction, ils sont là *pour* y voir. Mais là encore il faut tenter de comprendre l'évolution comme une théorie scientifique statistique. Un bon exemple pour expliquer cela, c'est l'exemple de l'apparition de l'œil — et là, encore une fois, les biologistes me pardonneront la simplification honteuse que je vais faire pour parler de l'apparition de l'œil[419].

Lorsque la vie est apparue sur Terre, il y a environ 3,5 milliards d'années, elle consiste en des espèces de bactéries — en réalité des archæa, ou archées, mais on va simplement dire des bactéries — dans l'eau. À mesure que celles-ci produisent de nouvelles générations, d'infimes mutations génétiques peuvent apparaître de façon aléatoire ; certaines de ces mutations peuvent n'avoir aucun effet notable, comme elles peuvent rendre l'archée tout simplement incapable de survivre. Mais à un moment, une de ces mutations provoque la fabrication d'une protéine qui n'existait pas auparavant et qui absorbe la lumière. De ce fait, elle se caractérise par l'apparition d'un point noir sur notre bactérie. Alors que cette protéine absorbe la lumière, sa température augmente ; peut-être certains individus en meurent-ils, peut-être pas, toujours est-il que certains descendent alors plus profondément dans l'eau plus froide, ce qui régule leur température.

Lorsqu'un organisme unicellulaire se reproduit, son ADN est fragilisé le temps de la division cellulaire du fait de la séparation de ses deux brins, et il se trouve que ces brins d'ADN sont très sensibles aux ultraviolets, notamment émis par le Soleil. Ainsi, notre bactérie qui a sa protéine et qui évolue plus profondément sous l'eau reçoit moins de rayons ultraviolets — absorbés par l'eau. Son ADN est donc mieux protégé que celui de ses congénères plus proches de la surface. Du coup, *naturellement*, elle a plus de chances de proliférer que les autres. Et c'est ainsi qu'une population dotée de ce « proto-œil » va se diffuser plus largement qu'une autre.

---

419 Je sais bien que c'en est presque gênant de devoir s'excuser à ce point, mais la biologie est un domaine des sciences où tout est si intriqué que la moindre vulgarisation pour simplifier un phénomène induit nécessairement d'aligner des contre-vérités sur un autre phénomène. Du coup, on prend des gants, on dit qu'on le sait, et on s'en excuse.

L'évolution est un processus linéaire

Il existe, pour tordre le cou à ce préjugé, une analogie toute trouvée car, en réalité, cette vision de l'évolution n'est due qu'à une observation par un seul bout de la lorgnette. La meilleure analogie, c'est vous. Afin que vous existiez, il a fallu une chaîne de vie ininterrompue depuis l'apparition de la vie. Et il existe, même si on ne la connaît pas bien, une chaîne d'individus parfaitement identifiables depuis le plus lointain de vos ancêtres jusqu'à vous. Et cette chaîne semble parfaitement linéaire. Sauf qu'elle ne l'est pas. Déjà parce que si vous remontez à la génération qui vous précède, il a fallu deux individus pour vous créer ; il a également fallu deux individus pour créer chacun de vos parents. Ainsi, le nombre double à chaque génération précédente ; c'est pour cela qu'on appelle ça un *arbre* généalogique, et pas une ligne généalogique. À raison d'une génération tous les vingt-cinq ans, cela signifie que cinq cents ans avant votre naissance, le nombre d'individus, pas nécessairement distincts, mais nécessaires à votre existence aujourd'hui était de 4.294.967.296 — trente-deux générations en cinq cents ans. On est bien loin d'une chaîne linéaire. Mais cela n'est qu'un seul bout de la lorgnette, justement. Car parmi tous ces individus, certains ont eu plusieurs enfants qui, chacun leur tour, ont pu avoir plusieurs enfants, et la chaîne n'apparaît plus linéaire, ni dans un sens ni dans l'autre, mais comme un foisonnement aux multiples ramifications dont certaines s'éteignent avec le temps.

Pour l'évolution, c'est la même chose : des tas d'individus apparaissent, des branches entières de formes plus ou moins diverses de vies, certaines persistant jusqu'à aujourd'hui, sans aucune garantie de perdurer, d'autres éteintes depuis longtemps. La seule certitude qu'on puisse avoir est que si on regarde, pour un individu, la chaîne qui se termine aujourd'hui avec lui, cette chaîne est ininterrompue. Mais elle n'en est pas moins foisonnante.

La liste est évidemment incomplète ; il existe des tas de contre-vérités, d'approximations, d'idées reçues ou de clichés sur l'évolution. Certaines sont de bonne foi, tandis que d'autres émanent d'opposants à cette théorie — oui, les créationnistes, je vous vois, planqués dans le coin. Cela étant, je pense que nous sommes maintenant suffisamment armés pour entrer dans le vif du sujet et parler d'évolutions, certaines totalement naturelles, d'autres clairement moins, à commencer par une que j'aime bien.

131. Pourquoi les feux rouges sont-ils rouges ?

Bon, en réalité, la question exacte est : pourquoi utilise-t-on les couleurs vert, orange — parfois jaune en place du orange — et rouge pour les feux tricolores ? Mais demander pourquoi les feux rouges sont rouges interpelle sans doute plus immédiatement. Bon, déjà, on va régler immédiatement la question pour l'orange — ou le jaune ; en effet, cette couleur est une couleur de transition sur les feux tricolores, et il se trouve que l'orange — comme le jaune — se situe dans le spectre de la lumière entre le vert et le rouge ; du coup, on a choisi une couleur intermédiaire comme couleur intermédiaire. Bon, c'est simple, non ? D'ailleurs, pour montrer à quel point on s'en fout de la couleur orange, les premiers feux tricolores étaient uniquement vert et rouge — bicolores, donc.

Pour comprendre la raison du choix de ces deux couleurs, il faut d'abord s'interroger sur la façon dont on perçoit la couleur ; comme on l'a vu dans le Tome I[420], on trouve sur nos rétines trois types de cônes capables de percevoir les couleurs : les *cyanolabes* qui captent les teintes de bleu, les *chlorolabes* qui captent le vert et les *érytholabes*

---

420 *Prenez le temps d'e-penser*, Tome I, chapitre 11, Éd. Marabout.

qui captent le rouge. Donc nos yeux sont câblés pour voir le bleu, le vert et le rouge. Et si vous pensez que ça ne suffit certainement pas à représenter toutes les couleurs possibles du spectre de lumière visible, je vous rappelle que les écrans LED de votre tablette, de votre smartphone ou de votre téléviseur sont une matrice de pixels, chaque pixel étant composé d'une LED rouge, d'une LED verte et d'une LED bleue ; en mélangeant correctement les trois couleurs avec suffisamment de finesse dans l'intensité de chacune, on peut obtenir pour ainsi dire toutes les couleurs ou presque du spectre visible.

Ok, du coup on est câblé pour voir le rouge, le vert et le bleu, le bleu étant la couleur du ciel, on a choisi le vert et le rouge pour faire les feux rouges. Fin de l'histoire, oui ? Un peu, mais pas tout à fait. Cela pourrait, d'une certaine manière, suffire, mais idéalement on va quand même également se poser la question de pourquoi le rouge pour indiquer une alerte ou un danger, tandis que le vert est employé pour dire que tout va bien. Par ailleurs, je ne sais pas pour vous, mais je souhaite également comprendre pourquoi on voit en rouge, vert et bleu, et pas en violet, jaune et vert. Pour répondre à ces questions, il va falloir remonter un peu le cours du temps jusqu'au moment où la vie est apparue sur Terre, c'est-à-dire sous les mers — et ça tombe bien, j'en ai déjà parlé dans le chapitre précédent.

La vie est donc apparue sur Terre il y a environ 3,5 milliards d'années sous la forme d'organismes unicellulaires appelés archées. Et, comme je l'ai déjà dit précédemment, à force de générations et d'infimes mutations génétiques, à un moment donné apparaissent des individus qui produisent une protéine qui n'existait pas auparavant et qui absorbe la lumière — c'est l'ancêtre de l'œil. Lâchons un instant cette pseudo-bactérie et attardons-nous un peu sur la façon dont la lumière traverse l'eau avant d'être absorbée par notre grand-mère l'archée.

Pourquoi l'eau est-elle transparente ?

L'eau est transparente. La première raison est simple : elle n'absorbe pas la lumière et se laisse traverser par elle : elle paraît donc transparente. Sauf qu'en réalité, c'est un peu plus compliqué. D'abord, l'eau absorbe la lumière, elle n'absorbe tout simplement pas la lumière *visible*. Et au cas où vous vous diriez : « ouah, mais c'est une sacrée coïncidence, la lumière visible, qui est donc celle qu'on peut voir, est justement la lumière qui n'est pas absorbée par l'eau ! » Que nenni, aucune coïncidence là-dedans, vous allez le voir.

L'eau absorbe quasiment toute la lumière non visible : les infrarouges, les ultraviolets, les micro-ondes — fort heureusement car sinon votre four à micro-ondes serait proprement inutile. Et plus la lumière va traverser une couche profonde d'eau — comprenez bien qu'il ne s'agit pas à proprement parler de profondeur d'eau mais d'épaisseur d'eau traversée —plus la probabilité d'être absorbée va augmenter ; d'abord les rouges, puis les orange, les jaunes, les verts et enfin les bleus jusqu'à ce qu'aucune lumière ne passe plus — l'obscurité abyssale. C'est pour cette raison que les photos sous-marines prises sans flash sont toujours extrêmement teintées de bleu et de vert — le rouge est rapidement absorbé par l'eau. En conclusion, l'eau n'est pas transparente mais légèrement turquoise sur une faible profondeur — d'ailleurs, une piscine intérieure à mosaïques blanches apparaît bleutée.

Assez logiquement, et à mesure que notre organisme va se complexifier, et avec lui son proto-œil, ce dernier va développer des cônes qui vont se mettre à capter plutôt telle ou telle couleur ; peut-être que certaines générations auront des cônes qui captent le rouge, mais cela ne présente aucun avantage particulier sous l'eau dans laquelle la lumière rouge a déjà été absorbée. En revanche, capter du bleu et du vert, là, je dis oui. Et les organismes vont continuer de se complexifier durant des centaines de millions d'années, les développements connaîtront des embranchements divers et variés, dont certains ne donneront rien et d'autres donneront naissance à des branches complètes du règne animal. Une fois les mers comme les terres habitées, on constate que les animaux marins ont plutôt une vision à quatre couleurs distinctes, tandis que les animaux terrestres sont plutôt sur une vision généralement à deux types de cônes : pour voir le bleu et pour voir le rouge. Je schématise, ici ; en réalité, on devrait plutôt dire que les animaux les plus ancestraux ont une vision en quadrichromie, tandis que les animaux terrestres les plus récents — hors animaux marins, reptiles et oiseaux — ont une vision en bichromie, en bleu et en rouge. Ça tombe plutôt bien, c'est pile les limites du spectre visible.

Alors je vous entends déjà me dire que ça ne tombe ni bien ni mal, c'est justement parce que cette vision définit les limites du spectre visible qu'on appelle cela le spectre visible — c'est à peu près aussi étonnant que de considérer que mes parents et moi faisons partie de la même famille. Ainsi, si les animaux terrestres avaient eu une vision à deux cônes, un pour les ultraviolets et un pour les jaunes, alors on appellerait *cela* le spectre visible. C'est là que je reboucle sur ce que je disais dans l'encart précédent à propos d'une éventuelle coïncidence ; cette limite bleu-rouge concerne le spectre de lumière non absorbé par l'eau, le spectre visible des animaux à bichromie est le spectre visible sous la surface de l'eau. Avançons encore un peu dans l'espace et nous observons que certaines branches animales vont développer un troisième type de cône pour voir le vert.

Le monde végétal fonctionne sur un processus un peu différent grâce à une molécule nommée chlorophylle ; du fait que celle-ci absorbe les bleus et les rouges, elle apparaît comme vert — soit dit en passant, cette absorption rouge-bleue va permettre à la plante de stocker des réserves d'énergie sous la forme de molécules d'adénosine triphosphate, ou ATP, et, le produisant, elle va également transformer le dioxyde de carbone en dioxygène par un processus de photosynthèse, permettant ainsi à tous les êtres terrestres et aériens de respirer.

Ainsi donc, voir le vert devient un avantage évolutif car cela permet de distinguer les plantes qui sont à la base de nombreuses chaînes alimentaires. Ces yeux, qui désormais permettent de voir en trichromie, voient donc le rouge, le vert et le bleu — ainsi que toutes les combinaisons possibles de ces couleurs. On notera toutefois que les cônes bleus permettent de voir certains verts, et que les cônes verts permettent de voir certains bleus. Du coup, certaines teintes à mi-chemin se mélangent un peu parfois dans notre cerveau — raison pour laquelle le turquoise peut être plutôt vu comme du bleu ou du vert selon l'observateur. Pour ce qui est du cône rouge, il est relativement spécifique aux teintes rouges.

Ainsi donc nos yeux distinguent plus précisément la couleur rouge que le vert, le bleu et tout ce qu'on trouve dans le spectre visible. Nos yeux savent donc percevoir quelque chose de rouge mieux que n'importe quelle autre couleur ; d'ailleurs, dans l'obscurité, les choses ont tendance à paraître en noir et blanc, sauf pour le rouge. Faites l'expérience chez vous, dans la pénombre, et vous verrez clairement que le rouge reste rouge.

Du coup, c'est assez naturellement qu'on a choisi le rouge comme couleur d'alerte, de danger, bref de couleur attirant l'attention. Et lorsqu'il a fallu distinguer sur les premiers feux rouges la couleur qui dit « stop » de la couleur qui dit « en avant », on a choisi pour cette dernière la couleur la plus largement répandue, à savoir le vert — on aurait pu également choisir le bleu, mais on est également parti dans l'idée qu'il fallait que cette couleur se détache de la couleur du ciel. On est donc parti sur du rouge et du vert, puis sur de l'orange entre les deux.

Du coup, on comprend bien que, quelque part en effet, les feux rouges sont rouges parce que le rouge est une couleur qu'on distingue mieux que les autres, parce que la vie est apparue sous l'eau et que l'eau absorbe le rouge, etc. Après, bien évidemment, la culture peut faire évoluer le sens symbolique de la couleur rouge — couleur du mariage en Chine, par exemple — mais dans tous les cas le rouge est devenu, à la suite d'une longue évolution naturelle et environnementale, une couleur particulièrement notable, raison pour laquelle il est la couleur internationale de l'avertissement.

132. Pourquoi les Anglais roulent-ils du mauvais côté ?

Vous le savez, les Anglais ont une conduite à gauche sur les routes, contrairement à… quasiment tout le monde sur Terre. Bon, ok, pas tout le monde. Il y a encore quelques pays qui roulent à gauche — notamment l'Inde et son « plus d'un milliard » d'habitants dont, certes, tous n'ont pas de voiture — et on estime qu'un bon tiers de l'humanité — l'espèce, pas le journal — roule du mauvais côté. Sauf que la formulation elle-même est en réalité incorrecte ; en effet, ce ne sont pas tant les Anglais qui roulent à gauche que les autres qui se sont mis à rouler à droite. Faisons un peu d'histoire pour dérouler cette évolution.

Pendant l'Antiquité, les gens se déplaçaient plutôt à pied ou à cheval sur les sentiers, et nombre d'entre eux étaient armés — par exemple d'un glaive pour ce qui est des soldats romains. Comme vous le savez peut-être déjà[421], environ 90 % de ces ambulants étaient droitiers et portaient donc leur arme dans son fourreau du côté gauche. La plupart du temps, les passants circulaient plutôt au milieu de la voie, simplement car c'était la partie la plus élaborée, la mieux entretenue ; aussi, lorsque deux hommes, à pied ou à cheval, se croisaient sur le sentier, ils devaient pouvoir passer sans que les épées ne se touchent — cela pouvait même être considéré comme une provocation en duel — du coup, afin de s'assurer d'avoir suffisamment de place, ils se déportaient plutôt du côté gauche du sentier, et se croisaient au niveau du flanc

---

[421] *Prenez le temps d'e-penser*, Tome I, chapitre 59, Éd. Marabout.

droit. Si on doit résumer, à l'époque, les gens se promènent sur les sentiers soit au milieu, soit à gauche. Mais aucune règle ne vient encadrer ces déplacements et, clairement, à l'époque, les gens pouvaient aussi bien couper à travers champ, sauter d'arbre en arbre, bref, ils faisaient comme ils le souhaitaient.

Fin de carrière

En 1998, près de Swindon, au Royaume-Uni, on découvre une carrière romaine très bien conservée avec sa voie d'accès ; on constate alors que le côté gauche de cette voie, dans le sens partant de la carrière vers l'extérieur, ce côté est plus enfoncé que l'autre. Cela signifie assez logiquement que les véhicules roulant sur ce côté étaient plus chargés que de l'autre côté ; or ces véhicules n'étaient chargés que pour recevoir les minerais et les acheminer ailleurs. C'est donc tout naturellement qu'on a pu confirmer que les véhicules qui roulaient du côté enfoncé — le côté gauche — étaient des véhicules qui sortaient de la carrière, et donc que les véhicules roulaient sur le côté gauche de la voie.

Si je résume, jusque-là, on se déplace plutôt traditionnellement à gauche quand il faut laisser de la place pour les gens en face, mais, globalement, on fait un peu comme on veut. Au XIIIe siècle, le pape Boniface VIII décrète que les pèlerins se déplaceront sur le côté gauche des routes. Cela n'a l'air de rien, surtout qu'on est en droit de se demander si le pape n'avait pas d'autres chats à fouetter, toujours est-il que suite à cet édit papal, l'Europe entière se met à se déplacer sur le côté gauche des voies, et ce pendant quatre siècles.

Au XVIIIe siècle, dans une région de Pennsylvanie appelée le Conestoga, on voit apparaître un nouveau type de véhicule, intelligemment nommé le Conestoga — *sic* — qui se présente comme un grand chariot à quatre roues dans lequel on peut transporter de la paille, des personnes, des vivres, des meubles, etc.[422] Une des particularités du Conestoga est qu'il ne possède pas de place assise pour un éventuel cocher qui, du coup, s'assoit sur un des six ou huit chevaux ou mules — par rangées de deux — qui tire le machin. Question : où s'assoit le conducteur ? Évidemment, il va s'asseoir sur un des deux chevaux de l'arrière, ce qui lui permet de manager les chevaux qui se trouvent devant lui ; et lorsqu'il est droitier — c'est à dire dans 90 % des cas — il va tenir son fouet de la main droite et les rênes de la main gauche. Afin de pouvoir fouetter correctement les chevaux, il va donc s'asseoir sur le cheval arrière gauche. Du coup, lorsqu'il est sur une route et qu'il croise un autre Conestoga venant en sens inverse, il va vouloir le laisser passer sur sa gauche à lui — pour bien voir qu'ils se laissent suffisamment d'espace entre eux lorsqu'ils se croisent — ce qui signifie qu'il se déporte sur la droite de la voie. Le Conestoga roule à droite. Outre le Conestoga, lorsque les révolutions arrivent en Europe, les révolutionnaires se rappellent qu'on se déplace plutôt à gauche par édit papal et, pour marquer le rejet de l'influence de l'Église sur leur vie, décident de se déplacer dorénavant à droite des voies. Mais un troisième point va asseoir une bonne fois pour toutes le fait de parcourir les routes du côté droit dans toute l'Europe, et ce point s'appelle Napoléon Bonaparte.

L'Empereur, fin stratège, sait pertinemment que la stratégie militaire impose que la cavalerie attaque l'armée adverse par le flanc gauche en début de bataille ; aussi, pour fournir à la Grande Armée un élément de surprise, il leur demande d'apprendre à attaquer par le flanc droit, provoquant ainsi un changement radical dans le déplacement des troupes, ce qui a comme incidence de les faire se déplacer sur le côté droit des voies et ce qui aboutira, dans toute l'Europe, à des déplacements sur la droite. Toute l'Europe ? Non, pas tout à fait. En effet,

---

[422] Le genre de véhicule qu'on peut voir dans *La petite maison dans la prairie.*

Napoléon ne soumettra pas l'Empire britannique qui continuera, du coup, à avancer sur la gauche.

Théoriquement, on pourrait dire qu'on répond ici à la question initiale cherchant à déterminer la différence entre la conduite à droite en Europe et à gauche dans le Royaume-Uni ; mais poursuivons un peu car il y a plus à apprendre.

Oui parce qu'à cette époque — fin du XVIIIe siècle, début du XIXe — les Britanniques et les Américains sont plutôt en froid ; les Américains ont depuis peu pris leur indépendance — en 1776 — et ont viré proprement et simplement les Britanniques du Nouveau Continent. Du coup, les Anglais ne sont de toute façon pas déjà des adeptes du Conestoga qui a imposé un changement de conduite. Non. Ils lui préfèrent largement un véhicule plus léger, plus petit, plus maniable, de fabrication maison, tiré uniquement par deux chevaux mais offrant au cocher un siège sur lequel s'asseoir. Et là, la stratégie va être un peu différente ; en effet, le cocher, sur sa banquette, dispose encore d'un fouet dans sa main droite, mais pour ne pas gêner les passagers qui sont derrière lui, il va se placer sur le côté droit de sa banquette ce qui, pour des raisons similaires au Conestoga, le pousse à rouler à gauche sur la route en cas de croisement avec un autre véhicule. Les Anglais persistent donc dans le fait de rouler à gauche. Puis la voiture est inventée.

Lorsque les premières voitures sont fabriquées, elles disposent d'un frein à main à l'extérieur et, du fait qu'il fallait beaucoup de force pour actionner ce frein et, du fait que les gens sont majoritairement droitiers, ce frein à main était situé à l'extérieur du véhicule du côté droit. Les premières voitures avaient donc toutes un volant à droite. On roulait donc en Europe à droite avec un volant à droite, et au Royaume-Uni à gauche avec un volant à droite — vous voyez bien que ce ne sont pas les Anglais qui ont changé leur façon de faire avec le temps. Les Européens, d'ailleurs, en profitaient pour avoir toujours un œil sur le bas-côté de la route à droite qui n'était pas toujours parfaitement adapté aux roues des premières voitures.

Mais ensuite, le frein à main a pu technologiquement être déplacé à l'intérieur du véhicule, ce qui a notamment permis d'aboutir à un habitacle intégralement à l'abri de la pluie ; partant de là, deux écoles apparaissent : en Europe, on continue de vouloir actionner le frein à main de la main droite, et on déplace le volant à gauche, tandis qu'au Royaume-Uni on se dit qu'on n'a qu'à apprendre à actionner le frein à main de la main gauche, ce sera toujours plus simple que d'apprendre à conduire en étant assis de l'autre côté de la voiture — non, les Britanniques ont toujours été dans leur configuration actuelle, niveau conduite.

Avec cette question, on peut voir l'étendue de l'influence que peut avoir l'humanité — l'espèce, pas le journal — sur l'évolution de son environnement, l'évolution du transport et de la conduite étant, pour le coup, principalement artificielle, contrairement à l'exemple précédent des feux rouges. Reste un cas dont je voudrais vous entretenir et qui se trouve globalement à mi-chemin entre les deux cas précédents ; on va avoir ici globalement une évolution technologique artificielle qui découle d'une évolution biologique naturelle. Et avant d'entrer dans le vif du sujet, sachez que ce n'est qu'un exemple parmi des tas d'autres, de nombreux choix technologiques étant, qu'on en soit conscient ou pas, dépendants d'une évolution biologique préalable. Ainsi, par exemple, vous êtes-vous déjà demandé pourquoi les tartines beurrées tombent toujours du côté du beurre ?

133. Les biais cognitifs

Oui, je refuse de simplement répondre à la question qui vient d'être posée, comme je refuse de présenter le dernier cas dont j'ai parlé il y a quelques lignes sans d'abord vous présenter ce que sont les biais cognitifs. Déjà, parce qu'ils sont continuellement présents dans nos vies et les affectent tous les jours, ensuite parce qu'ils sont un incroyable outil de résistance au fait de penser rationnellement — qu'on parle de science ou pas — et enfin parce qu'il est impossible de comprendre la chute des tartines beurrées sans connaître le concept de biais cognitif. Vous avez sans doute déjà constaté que lorsque vous êtes dans la file d'attente d'une caisse au supermarché ou dans un embouteillage sur l'autoroute, les autres files avancent toujours plus vite que la vôtre — y compris si vous changez de file — pas vrai ? Non. Pas vrai. Notre cerveau est constitué de telle manière que nos réflexions doivent toujours économiser au maximum notre énergie et, pour ce faire, il est capable de se réorganiser en fonction de notre expérience et de constituer des réseaux courants et directs ressemblant furieusement à des automatismes — bien que d'un mécanisme plus complexe et encore mal connu. Les biais cognitifs sont des mécanismes de pensée qui causent des erreurs de jugement ou, pour mieux le dire, des déviations du jugement. L'exemple le plus évident de biais cognitif est le préjugé, quel qu'il soit. On en connaît évidemment les recoins les plus sombres — racisme, antisémitisme, sexisme, etc. — à tel point qu'il y en a qu'il est plus difficile à percevoir que d'autres.

Mais les biais cognitifs revêtent de nombreuses formes, dont certaines très subtiles. Voici quelques exemples, et la liste n'est évidemment pas exhaustive.

Les biais de jugement

Le *biais d'autocomplaisance* nous permet de nous créditer de nos propres succès sans jamais reconnaître qu'on est à l'origine de ses échecs ; ce biais est une forme particulière du *biais d'attribution* qui fait qu'on attribue facilement à une personne — éventuellement soi-même — une situation à laquelle on est confronté ; souvent lié au *biais d'immunité à l'erreur*, qui nous rend incapable de voir nos propres erreurs, ce dernier découlant presque automatiquement du *biais égocentrique*, qui fait qu'on se voit toujours bien mieux qu'on ne l'est réellement.

Les biais de jugement nous trompent souvent sur les probabilités d'un événement, biaisant notre expérience statistique dudit événement. C'est ce qui fait, par exemple, que si vous tirez trois fois pile d'affilée à pile ou face, vous pensez qu'il est plus vraisemblable que le prochain tirage affiche face, alors que les probabilités de tirer pile ou de tirer face sont égales.

Les biais mnésiques

L'*effet de récence* fait qu'on se souvient plus facilement des dernières informations auxquelles on a été confronté, tandis que l'*effet de primauté* fait qu'on se souvient mieux des premiers éléments d'une liste donnée. L'effet de primauté est d'ailleurs lié à un biais de jugement, l'*ancrage mental*, qui laisse une première impression nous influencer. Qu'il s'agisse d'une personne qu'on rencontre pour la première fois, ou de quoi que ce soit d'autre et de nouveau, l'ancrage mental va naturellement influencer notre comportement. Prenons un exemple : vous êtes à un vide-grenier et vous repérez un bibelot qui vous intéresse et dont vous estimez que vous devriez pouvoir l'acquérir pour dix ou douze euros ; avant que vous ne fassiez une proposition, le vendeur vous dit : « cet objet vous plaît ? Je vous le laisse pour cinquante euros » ; dès lors, vous avez plusieurs options — partir, proposer dix euros, éclater de rire, etc. — mais les expériences montrent que, dans ce cas, une majorité de gens proposera un prix bien supérieur à sa propre estimation, ceci parce que le vendeur a fixé un prix et qu'il vous semble déraisonnable de vous en écarter autant.

Les biais de raisonnement

Pierre angulaire de tout complotisme qui se respecte, les biais de raisonnement vous feront démontrer sans problème que les pyramides ont été construites par des extra-terrestres, que l'homme n'a jamais marché sur la Lune, que George Bush est un extra-terrestre reptilien[423], etc. Le *biais de confirmation d'hypothèse* est la bête noire des scientifiques ; c'est un biais qui consiste à écarter les éléments qui infirment une hypothèse pour ne conserver que les éléments qui semblent la valider. C'est d'ailleurs pour éviter d'être sujet à ces biais que les scientifiques ont conçu des méthodes objectives de validation, telles que l'étude randomisée en *double aveugle*.

La double aveugle

Le problème majeur du test en médecine est qu'on ne peut pas le reproduire ; en effet, pour tester l'effet d'une molécule, par exemple, si on la teste sur deux personnes différentes, alors comment déterminer les causes des écarts d'effet ; mais de la même manière, tester la même molécule deux fois sur la même personne ne permet pas de conclure à quoi que ce soit non plus dès lors que les conditions initiales ne sont plus les mêmes — dans un cas, la personne avait déjà testé une fois la molécule.

Du coup, des chercheurs en médecine se sont penchés sur les tests statistiques, ce que fit le physicien Pierre-Charles Alexandre Louis pour montrer que traiter la pneumonie par les sangsues était non seulement inefficace mais néfaste. À partir de la fin du XIXe siècle, l'utilisation de placebos permet de démontrer l'inefficacité des traitements magnétiques : le patient ne sait pas s'il reçoit le vrai traitement ou un placebo, et on cherche ensuite à savoir si le vrai traitement est plus efficace que le placebo ; c'est l'étude en *simple aveugle*.

---

[423] Cette théorie existe, je vous assure.

Afin de prendre en compte la diversité des humains, on met en place un protocole, dit en *double aveugle* ; deux groupes représentatifs sont constitués. À l'un de ces groupes, on donne le vrai traitement, tandis qu'on donne un placebo à l'autre groupe, les deux traitements présentés sous la même forme. La détermination du groupe qui se verra administré le vrai traitement est faite au hasard, et ni les sujets ni les médecins ne savent quel groupe reçoit quel traitement, ce qu'on appelle le *double insu.* À la fin de l'étude, on regarde quel groupe avait quel traitement et si l'écart de résultat entre les deux groupes est manifeste — généralement plus de 5 % d'écart — alors on considère que le traitement est efficace.

Et alors je vais être clair : quand on entre dans les statistiques, les biais de raisonnement sont partout — notez-le-vous, notamment la prochaine fois que vous lirez les résultats d'un sondage, les statistiques sont contre-intuitives. Et je ne résiste pas au fait de vous présenter deux exemples frappants.

Le problème de Monty Hall

Vous participez à un jeu télévisé, vous avez brillamment concouru et éliminé un à un tous vos adversaires, vous voici désormais en finale. Son principe est simple : je vous attends devant trois portes A, B et C. Derrière l'une de ces trois portes se trouve un chèque de 50.000 € et, derrière les deux autres portes, une chèvre[424]. Je vous demande alors de choisir une porte. Après quelques secondes d'hésitation, vous lancez fièrement un « la porte A ». Moi qui suis aussi taquin qu'au courant de la localisation du chèque, je me dirige vers la porte B — derrière laquelle je sais qu'il n'y a pas le chèque — et je vous montre une des chèvres. Jusqu'ici, tout va bien. Je vous fais alors la proposition suivante : « Vous avez choisi la porte A, nous avons éliminé la porte B. Je vous laisse la possibilité de changer votre choix et de choisir plutôt la porte C. » Que faites-vous ?

[424] On va partir du principe que vous souhaitez toucher l'argent et pas les chèvres.

Ce que l'intuition nous indique, c'est qu'il y a une chance sur deux que la porte A soit la bonne, et une chance sur deux que ce soit la porte C. Donc le choix importe peu et vous ne gagnerez rien à le changer. Vous pouvez le faire, si vous le souhaitez, mais cela n'améliorera pas vos chances. Sauf qu'en réalité, si. Et là, il va falloir qu'on prenne quelques minutes parce que ce n'est pas évident à comprendre tant, justement, nos biais cognitifs nous contraignent.

Prenons un exemple différent. Je dispose sur une table cinquante-deux cartes — un jeu complet, sans les jokers — toutes posées face vers la table, et je vous demande d'en désigner une qui doit être l'as de pique — je sais pertinemment où se trouve l'as de pique, bien sûr. La configuration est plus complexe car il y a plus de cartes qu'il n'y avait de portes, mais le raisonnement est rigoureusement le même. Vous en désignez une — par souci de simplification, disons que vous choisissez la première carte.

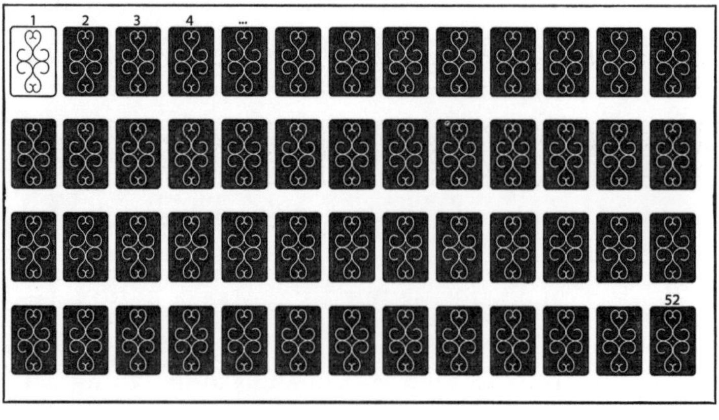

Il y a clairement une chance sur cinquante-deux que vous ayez raison — et cinquante et une sur cinquante-deux que vous ayez tort, soit un peu plus de 98 % de chances. Je vais ensuite, parmi les cinquante et une restantes, en retourner cinquante qui ne sont pas l'as de pique. Puis je vous repose la question : « Souhaitez-vous conserver votre choix initial de carte ou le changer pour la seule autre carte restant sur la table face cachée ? »

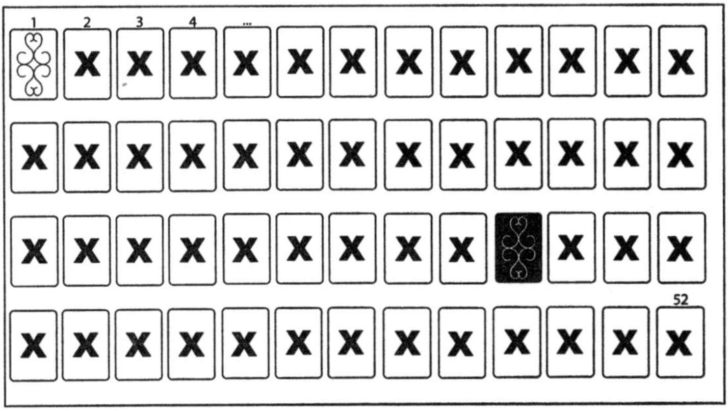

Vous comprenez bien ici que, bien sûr, il n'y a plus que deux cartes, et potentiellement une chance sur deux d'avoir vu juste, mais vous sentez aussi qu'il est vraisemblable que vous vous soyez trompé dès le début — un peu moins de 2 % de chances d'avoir trouvé juste, je vous le rappelle, tout comme je vous rappelle que je sais dès le début où se trouve l'as de pique. Considérons deux groupes de cartes : le premier groupe constitué uniquement de votre choix initial, et le second de toutes les autres cartes. Il y avait 98 % de chances que l'as de pique soit dans ce second groupe et, puisque les cartes n'ont pas été remaniées et que leur position est toujours la même, il y a toujours 98 % de chances que l'as de pique se trouve dans ce second groupe. Mais du fait que cinquante de ces cartes sont retournées et qu'on sait déjà qu'aucune d'entre elles n'est l'as de pique, les 98 % de chances sont intégralement reportés sur la seule carte de ce groupe restant cachée. La configuration est donc celle-ci : si vous modifiez votre choix, vos chances de tomber juste passent de 2 % à 98 %. C'est un pari que je ferais, sans hésiter, tout en sachant que, bien sûr, il est possible que vous ayez vu juste dès le début ; c'est une possibilité, et sa probabilité est de 2 % environ — elle est précisément de 1/52.

Revenons à nos trois portes. Considérons deux groupes : le groupe constitué de la porte A qui est votre choix initial et qui a une chance sur trois d'être le bon choix, et le groupe constitué des portes B et C qui a deux chances sur trois de contenir le chèque. Une fois la porte B choisie, le second groupe a toujours deux chances sur trois d'être le groupe contenant le chèque, mais cette probabilité est intégralement reportée sur la porte C. En modifiant votre choix de la porte A à la porte C, vous doublez vos chances de gagner, passant de une chance sur trois — environ 33 % de chances de gagner — à deux chances sur trois — environ 67 % de chances de gagner. Encore une fois, vous pouvez avoir trouvé juste dès le premier coup — une chance sur trois n'est pas une maigre probabilité — mais si vous jouez à ce jeu des milliers de fois, vous gagnerez deux fois plus souvent en modifiant votre choix.

Si vous avez bien compris le problème de Monty Hall, écoutez cette variante, vous allez avoir beaucoup de mal à l'accepter — pourtant, c'est rigoureusement la même chose. Trois prisonniers sont condamnés à mort, vous ainsi que deux autres — désolé. On apprend qu'un des trois prisonniers a été gracié, mais les gardiens de prison refusent de dire lequel. Vous allez insister auprès d'un gardien que vous connaissez bien, et la seule chose qu'il accepte de vous dire, c'est que tel autre prisonnier n'a pas été gracié. Vous avez toujours une chance sur trois d'être gracié mais, désormais, le troisième prisonnier a deux fois plus de chances que vous de l'être — encore pardon.

Le problème de Simpson

Aussi connu sous le nom de *paradoxe de Simpson* — à tort, car ce n'est pas un paradoxe — ou encore *effet de Yule-Simpson* — Edward Simpson a effectivement publié un papier sur le sujet en 1951, mais Udny Yule avait déjà mentionné cet effet en 1903 — ce problème est totalement contre-intuitif lorsqu'on ne dispose pas de données suffisamment complètes ce qui, dans de nombreuses études statistiques présentées au grand public — sondages d'opinions en tête — est souvent le cas. Imaginez deux libraires qui vendent le magnifique ouvrage que vous tenez dans les mains, et comparons leurs résultats de vente sur deux semaines. Pour définir ce résultat, on va imaginer que ces vendeurs proposent le livre à des clients potentiels, et que la vente est un succès... ben si le client achète le livre, pardi[425]. Et histoire de montrer qu'on a de l'imagination, nos deux vendeurs sont Jean-Luc Mélenchon et Emir Kusturica.

La première semaine, Jean-Luc Mélenchon convainc sans grande difficulté 60 % de ses clients potentiels d'acheter le livre ; Emir Kusturica, quant à lui, vend le livre à 80 % des gens qu'il croise. La deuxième semaine, M. Mélenchon n'est pas à ce qu'il fait, il est préoccupé par de nombreux sujets de société et ne vend le livre que dans 10 % des cas, tandis que M. Kusturica réussit à conserver un taux de réussite pas trop dégueulasse de 40 %.

Il ne fait aucun doute qu'Emir Kusturica est un bien meilleur vendeur que Jean-Luc Mélenchon. Mais est-ce vraiment le cas ? Après tout, nous ne savons pas combien de livres ont été vendus, combien de clients ont été abordés par nos libraires. Or il se trouve que, par un hasard qui m'arrange bien, vu que c'est moi qui écrit ce livre, nos deux vendeurs ont tenté de vendre le livre à autant de clients chacun. Là, ça se précise,

---

425 On m'a obligé à mettre au moins une fois le mot « pardi » dans ce livre, je le promets.

Kusturica est en bonne marche pour être propulsé vendeur du mois à ce tarif-là. Sauf que… non, en fait. Détaillons.

La première semaine, Jean-Luc Mélenchon a rencontré 500 clients potentiels et a vendu le livre à 300 d'entre eux — ce qui fait bien 60 % de vente.

Emir Kusturica, sur cette même semaine, n'a rencontré que 40 personnes auxquelles il a réussi à vendre 32 livres — ce qui fait bien 80 % de vente.

La deuxième semaine, M. Mélenchon rencontre 100 personnes et procède à 10 ventes — 10 % — tandis que, cette même semaine, M. Kusturica réussit à vendre 224 livres à 560 personnes — 40 % de ventes.

Tous deux ont bien tenté de vendre le livre à 600 personnes en tout et en deux semaines, mais Jean-Luc Mélenchon en a vendu 310, tandis qu'Emir Kusturica n'en a vendu que 256. Le premier a réussi plus d'une vente sur deux — un peu plus de 51,6 % — tandis que le second a réussi un peu moins de 43 % des ventes.

Vous voyez pourquoi je disais que ce n'était pas un paradoxe ? Je reconnais que c'est totalement contre-intuitif, mais il n'y a rien d'insoluble là-dedans. Le fait de ne connaître que les taux de ventes et pas les nombres d'exemplaires, par exemple, biaise notre appréciation du travail effectué, de la même manière que les résultats d'élections peuvent biaiser notre appréciation du vote — lorsqu'un candidat récolte 12 % des voies exprimées, on peut s'imaginer que 12 % des gens ont voté pour lui, mais il faut prendre en compte les votes nuls, les votes blancs ainsi que les abstentions pour savoir combien de personnes ont réellement et activement voté pour lui. De nombreuses campagnes marketing — notamment lorsqu'elles touchent au paramédical, à la santé, l'hygiène, voire l'alimentation — abusent de ces procédés pour fournir des résultats d'études absolument édifiants, et il n'est pas inutile de vous rappeler de temps à autre que lorsque 90 % des gens interrogés recommandent tel ou tel produit, si l'étude a été effectuée sur un panel de 10 personnes seulement, cela fait uniquement neuf personnes qui recommandent ledit produit — sans compter qu'il y a la notion de « oui, je recommande » qu'il faut distinguer de « recommanderiez-vous ? Bah, pourquoi pas… ».

Un problème d'anniversaire

C'est un problème certes classique, mais hautement contre-intuitif du fait même de ce qu'on comprend de son énonciation. Imaginez la situation suivante : vous êtes dans une salle de cocktail avec d'autres invités que vous ne connaissez pas. L'ambiance est un peu tendue car eux non plus ne se connaissent pas vraiment entre eux. Ambianceur que vous êtes, vous souhaitez rompre la glace et vous vous dites qu'il n'y a rien de tel pour unifier les gens que de célébrer un anniversaire ; d'ailleurs, vous avez prévu le coup car vous n'êtes pas sans ressource, et vous avez astucieusement planqué un gâteau d'anniversaire dans un recoin de la pièce. Mais alors que vous vous apprêtez à prendre le micro pour demander à l'auditoire si l'un de ses membres fête son anniversaire ce jour, une autre idée vous traverse l'esprit : et si plusieurs personnes fêtaient en même temps leur anniversaire. Fondu de probabilités que vous êtes, vous oubliez les idées de gâteaux, de briser la glace et de faire danser la chenille à toute la salle pour résoudre ce problème. Combien faudrait-il de personnes dans la salle pour avoir au moins 90 % de chances que deux d'entre elles fêtent leur anniversaire le même jour ? Comme vous n'aimez pas les imprécisions, vous vous précisez mentalement que l'année de naissance ne vous importe pas ; ce qui compte, c'est le jour de l'anniversaire. Posée plus simplement, la question est la suivante : combien de personnes faut-il réunir pour s'assurer avec une probabilité de 90 % que deux d'entre elles ont le même jour — et le même mois, pas de combine à deux ronds — leur anniversaire ? Partant du principe que les gens ont la même probabilité d'être nés n'importe quel jour de l'année — en passant sur le 29 février.

Ce que les gens vont spontanément se représenter, si vous leur soumettez ce problème, c'est qu'il y a 365 jours par an, et que si une personne est née le 1 janvier, alors il faut 90 % de 365 personnes pour obtenir un tel résultat, ce qui fait 329 personnes. Et c'est tout à fait correct. En imaginant qu'il y a autant de chances d'être né un 1 janvier que n'importe quel autre jour, il faut 329 personnes pour réunir 90 % de chances d'en avoir une qui soit née le 1 janvier. C'est correct, mais ce n'est pas la question posée. La question posée ne préjuge pas du jour de l'anniversaire en question. En effet, si la première personne rencontrée dans la salle est née un 1 janvier, il se peut par ailleurs que les deux personnes suivantes soient nées un 23 avril[426], et cette possibilité n'a pas été prise en compte. Lorsqu'on rencontre la première personne, née un 1 janvier, on se dit qu'il faut 329 personnes supplémentaires ; mais une fois rencontrée la deuxième personne, née un 23 avril, votre recherche change ; vous ne cherchez plus quelqu'un né un 1 janvier, mais quelqu'un né un 1 janvier ou un 23 avril, ce qui double votre recherche et diminue d'autant le nombre de personnes nécessaires, il ne faut plus que 165 personnes pour garantir cette probabilité de 90 %. Avec la troisième personne, née un 23 septembre[427], vous réduisez encore le champ des possibilités. Ainsi donc, à chaque personne que vous ajoutez, vous réduisez le nombre de personnes nécessaires pour résoudre votre problème.

---

426 Anniversaire d'Antoine Daniel, notez-le s'il vous plaît ; l'année dernière, vous l'avez oublié. Il ne vous l'a peut-être pas dit, mais il en était très peiné.

427 Anniversaire de Mathieu Sommet, pas de jaloux ici, ce n'est pas le genre de la maison.

Du coup, combien de personnes faut-il réunir dans une pièce pour garantir à 90 % de chances que deux d'entre elles aient le même anniversaire ?

41 personnes suffisent.

Si quarante et une personnes, vous y compris, se trouvent dans la même pièce, vous êtes sûr à 90 % de chances que deux d'entre vous partagent le même anniversaire. Avec cinquante-sept personnes, la probabilité est de 99 % de chances. Voilà bien un résultat totalement contre-intuitif. Mais ne vous y trompez pas, si vous souhaitez être absolument certain que deux personnes soient nées le même jour, quel que soit ce jour, il vous faut réunir 366 personnes — 367 si vous comptez les 29 février. Puisqu'il y a plus de personnes que de jours dans l'année, il est dans ce cas impossible que les gens soient simplement incroyablement bien répartis sur le calendrier. Voilà le problème de l'anniversaire, connu aussi sous le nom totalement impropre de « paradoxe des anniversaires ». Allez, encore un petit dernier, et on passe à la suite.

Le paradoxe du faux positif

Voilà encore un paradoxe qui n'en est pas un. C'est un classique qui trompe même les premiers concernés, à savoir les médecins eux-mêmes. Considérez la situation suivante : un virus mortel apparaît sur Terre ; aucun traitement de ce virus n'est pour l'instant connu, mais on sait déjà qu'il touche une personne sur dix mille. Fort heureusement, les chercheurs ont déjà mis au point un test de dépistage de ce virus et ce test est fiable à 99 % ; et dans ce cas, dire que le test est fiable à 99 % signifie précisément que, dans 1 % des cas, le test sera négatif pour une personne infectée et que, dans 1 % des cas toujours, ce test sera positif pour une personne saine — ce qu'on appelle médicalement un *faux positif*.

Comme vous avez la gorge qui gratte et le nez qui coule, vous êtes inquiet, et on vous comprend, qui ne le serait pas ? Vous effectuez le test, et ce dernier indique que vous êtes infecté. Vous hurlez au ciel que c'est injuste parce que vous savez que vous n'aviez qu'une chance sur dix mille d'être terrassé par le mal — ce qui représente environ le risque moyen d'être victime d'un homicide aux États-Unis sur une période de deux ans. Mais êtes-vous réellement malade ?

Vous n'êtes pas le seul à avoir effectué un test ; en réalité, un million de personnes ont effectué ce test, comme vous. Puisque le virus ne frappe qu'une personne sur dix mille, cela signifie que cent personnes sont infectées. Et puisque le test est fiable à 99 %, cela signifie que pour les 999.900 personnes saines, 1 % seront testées positives, soit 9.999. En outre, comme le test est fiable à 99 %, cela signifie que, parmi les cent personnes réellement infectées, seules 99 seront testées positives, et nous avons tous une pensée pour le centième qui sera rassuré en voyant son test négatif quelques heures à peine avant de succomber. Mais si on s'en tient à vous, vous êtes testé positif ; vous faites donc partie de l'un des deux groupes suivants : les 99 personnes réellement infectées testées positives, ou les 9.999 personnes saines testées positives. Il y a précisément 0,98 % de chances que vous soyez réellement malade, soit un peu moins de 1 %. C'est pour cette raison que lorsqu'un test médical diagnostique une maladie sérieuse à un patient, le premier réflexe médical consiste à effectuer un second test. J'espère que vous êtes suffisamment rassuré pour poursuivre la lecture, et que nous pouvons revenir à nos moutons — et, en l'occurrence, à nos tartines.

134. Les tartines beurrées tombent toujours du côté du beurre

Voilà bien une expérience très commune dont nombre d'entre nous peuvent témoigner. Vous êtes tranquillement en train de tartiner généreusement une tranche de pain frais avec du beurre, doux, salé ou de cacahuètes — et je prie les gens souffrant d'arachibutyrophobie[428] de m'excuser — la tartine vous échappe des mains mais ne vient pas tomber sur la table, non ; elle tombe à terre, côté beurre bien à plat sur le carrelage de la cuisine. En tout premier lieu, permettez-moi d'objecter immédiatement un biais cognitif qui fait que, dès lors que vous pensez qu'une tartine beurrée tombe toujours du côté du beurre, vous enregistrez facilement l'événement dans votre mémoire si elle tombe effectivement ainsi, et bien moins si elle tombe de l'autre côté ; c'est le biais de confirmation d'hypothèse, on l'a déjà vu, et on le reconnaît bien — c'est d'ailleurs lui qui est responsable de cette idée que les autres files d'attente vont toujours plus vite que la sienne. Ok, certes, dès lors que le sens commun « sait » que la tartine tombe du mauvais côté, on a ce biais ; mais comment ce « savoir » est-il apparu ? Des expériences ont été réalisées — si, si — et ont pu démontrer qu'en effet une tartine beurrée tombe plus régulièrement — mais pas tout le temps — du côté du beurre. Cela est dû aux conditions initiales et n'a rien à voir avec une éventuelle poisse, ou une prétendue loi de Murphy.

Loi de Murphy

Énoncée par l'ingénieur aérospatial américain Edward A. Murphy Jr de la façon suivante : « Anything that can go wrong will go wrong. »[429], cette loi est avant tout une règle de conception technique. Lors de la conception d'un avion, d'une fusée, d'un pommeau de douche, d'une poignée de porte, bref

[428] Angoisse d'avoir du beurre de cacahuètes collé au palais. Voilà.

[429] Tout ce qui peut mal tourner tournera mal.

de n'importe quel objet plus ou moins complexe et plus ou moins technique, il faut se préparer à tous les cas de figure, y compris les pires, afin d'assurer au mieux non seulement le fonctionnement de l'objet, mais également la sécurité de son utilisateur. On pourrait étendre cet énoncé d'un point de vue statistique pour exprimer le fait que si un objet a une probabilité non nulle de provoquer une catastrophe, il finira, à force d'utilisations, par provoquer cette catastrophe. Ainsi, les concepteurs ne tiennent pas cette loi comme vraie mais, dans le cadre de leurs conceptions, la considèrent en tant que tel[430].

Par la suite, la loi de Murphy a été détournée, de façon humoristique, de son sens premier, pour signifier qu'il y a des jours où tout ce qui peut aller mal va mal, ce qu'on appelle classiquement *Loi de l'emmerdement maximum* — ou LEM — ou, moins grossièrement, *Loi de vexation universelle*. C'est dans ce cadre-là qu'on est tenté de penser que la tartine tombe du côté du beurre, que le téléphone sonne dès qu'on entre dans une baignoire, etc.

Ce que les études ont révélé, c'est que le côté sur lequel vient s'effondrer la tartine est directement lié à la hauteur de sa chute ; détaillons. Lorsqu'une tartine vous échappe des mains alors que vous la tartinez, vous provoquez une rotation de cette tartine autour de la main qui la tenait, ce qui fait tomber la tartine en rotation. De la même manière, la plupart du temps, vous tartinez votre pain en étant assis, à table. Et la hauteur de votre table — comme de toutes les tables qui ne sont ni des tables hautes, ni des tables basses, mais simplement des tables à manger — est telle que la tartine n'a, dans sa chute, le temps d'effectuer qu'un demi-tour environ. Elle passe donc de beurre en haut à beurre en bas. Ceci pour l'explication de base. Mais la hauteur elle-même de la table est directement liée à la longueur moyenne de votre tibia, et plus précisément encore à la hauteur moyenne entre le pied et le genou d'une personne. Et cette hauteur découle de plusieurs paramètres ; tout d'abord, évidemment, l'intensité de la gravitation terrestre, mais également le fait que l'Homme est un animal qui marche

430 Les vrais savent.

debout, et diffère en cela de ses ancêtres qui marchaient à quatre pattes mais dont, confrontés à de grandes distances à traverser, les individus capables de se dresser étaient mieux adaptés. On peut ainsi remonter le fil de l'histoire aussi loin qu'on le souhaite, et ce jusqu'aux instants qui ont suivi le Big Bang. Mais pas avant. Un autre exemple détaille encore mieux la situation.

135. Les propulseurs d'appoints des fusées américaines

Vous voyez les fusées américaines qui décollent de Floride ? Elles sont toujours constituées d'un grand lanceur — généralement rouge — et de petites fusées sur les côtés, qu'on appelle des propulseurs d'appoints. Lors de la fabrication de ces fusées, un problème de conception s'est posé ; les propulseurs d'appoints sont d'abord fabriqués en Alabama et utilisés en Floride ; comment les y transporter ? Après y avoir réfléchi de toutes les manières possibles, les ingénieurs ont conclu que la meilleure méthode était d'utiliser le chemin de fer déjà existant entre l'Alabama et la Floride. Sauf qu'entre la Floride et l'Alabama, les chemins de fer passent par des tunnels, sous les montagnes ; et vous pensez bien que ceux qui ont creusé ces tunnels les ont creusés pour y faire passer des trains, pas des fusées ; du coup, nos ingénieurs ont dû en tenir compte pour fabriquer des propulseurs d'appoints capables de passer par ces tunnels. Et c'est ainsi que la NASA dispose de propulseurs d'appoints de plus de vingt-cinq mètres de haut, répartis en quatre segments assemblables de moins de sept mètres de long pour un diamètre d'à peine plus de trois mètres, soit une taille facilement transportable sur un train — d'ailleurs, ils sont désormais fabriqués et reconditionnés dans l'Utah, encore plus loin de la Floride que l'Alabama.

Ainsi donc les propulseurs d'appoints des fusées américaines sont dimensionnés sur la largeur des chemins de fer ; mais les chemins de fer, qui sont évidemment standardisés aux États-Unis, disposent d'un écartement entre les rails de 4 pieds 8,5 pouces — ce qui fait 1 m 435, ou encore 1.435 mm. Pour comprendre à quoi cet écartement est dû, il faut remonter un peu plus loin ; avant tout parce que les premiers chemins de fer aux États-Unis ont été posés par des ingénieurs britanniques qui disposaient déjà de chemins de fer en Grande-Bretagne, avec le même écartement entre les rails. Les Anglais ont donc tout simplement importé leur technologie de locomotives et de rails en Amérique. Et pourquoi donc utilisaient-ils cet écartement de rails en Grande-Bretagne ? Parce qu'avant d'avoir le train, ils avaient déjà le tramway, une autre technologie, certes, mais déjà portée sur des rails dont l'écartement était déjà celui-là. Et avant le tramway, en Grande-Bretagne comme dans le reste de l'Europe, il y avait des mines, et il était très pratique de transporter les minerais dans des chariots tirés sur de longues sections de rails dont l'écartement, vous avez compris, était déjà celui-là. Et pourquoi ces rails miniers étaient-ils fabriqués avec cet écartement ? Parce que cet écartement était parfaitement adéquat avec les sentiers et routes pavées déjà présentes un peu partout. Construire plus large aurait nécessité de lourds travaux sur toutes les routes, et construire moins large aurait permis de fabriquer des chariots plus petits, et donc moins rentables.

Et ces sentiers ont été construits par les Romains — ceux de l'Antiquité, hein — il y a environ deux mille ans, et ils n'ont pas été conçus n'importe comment ; il fallait pouvoir circuler sur des chars tirés par deux chevaux galopant côte à côte sans se gêner. Ainsi donc, les premiers bâtisseurs de ces sentiers ont déterminé la largeur minimale de ces derniers à partir de la largeur des chevaux.

Pour résumer, les propulseurs d'appoints des fusées américaines sont directement dimensionnés sur la largeur du cul d'un cheval antique. Et avec ce dernier exemple, je pense que vous avez une bonne idée de ce que c'est que l'évolution, d'un point de vue général. Du coup, et après cet intermède qui, je l'espère, vous aura détendu un peu, il est temps de revenir au dur, et notamment de comprendre pourquoi il n'est possible de remonter ce cours de l'évolution *que* jusqu'aux instants qui ont succédé au Big Bang. On a déjà plusieurs fois tourné autour du pot, inutile de tergiverser plus longtemps, il va falloir qu'on creuse encore un peu cette histoire de gravitation pour comprendre le problème.

Les trous noirs

Vous… ne passerez… pas !

Comme je le disais, on l'a mentionné plusieurs fois au cours de ces deux tomes, il existe une incompatibilité formelle entre la relativité générale et la mécanique quantique. Ces deux théories fonctionnent remarquablement bien : elles décrivent avec une précision souvent hallucinante la façon dont l'univers fonctionne, que ce soit à des échelles astronomiques comme à l'échelle de l'infiniment petit. Mais elles ne s'accordent pas entre elles. Alors on s'en arrange autant que faire se peut et, bien souvent, on y arrive. Lorsqu'on parle de phénomènes macroscopiques, les phénomènes quantiques sont hautement négligeables et, face à la quantité de matière en jeu, la gravitation se comporte comme le décrit la relativité générale. À l'inverse, lorsqu'on parle de phénomènes microscopiques, s'agissant de quelques atomes ou de quelques particules, la gravitation est si insignifiante qu'on peut se contenter de l'oublier dans les équations sans pour autant perdre en précision dans les calculs. Pour le dire simplement, lorsqu'un phénomène est bien gros et bien lourd, la relativité générale le décrit correctement ; et lorsqu'un phénomène est minuscule et très léger, la mécanique quantique le décrit correctement. Mais dès lors, deux questions se posent : que se passe-t-il lorsqu'un phénomène est très gros, mais également très léger ? Et que se passe-t-il lorsqu'un phénomène est minuscule, mais très lourd ?

À la première question, je n'ai pas de réponse à apporter — désolé — et pour tout dire, je ne suis même pas sûr qu'il existe de tels phénomènes — on parle ici d'un phénomène de la taille d'une galaxie mais ayant la masse de quelques atomes. En revanche, pour ce qui concerne la deuxième question, c'est un sujet qui interpelle les scientifiques depuis bien longtemps. Depuis la publication de la théorie de la relativité générale, pour tout dire. Car, en effet, celle-ci prédit qu'un objet suffisamment massif pourrait tellement déformer l'espace-temps que certaines choses étranges s'ensuivraient. On appelle ces objets des trous noirs.

136. L'idée d'un trou noir

Bon, déjà, techniquement, avant même de commencer ce chapitre, j'ai déjà dit un truc faux ; la notion de trou noir, en effet, ne date pas de la relativité générale, mais dès la fin du XVIIIe siècle, dans la compréhension que les gens avaient de la gravitation newtonienne. Évidemment, selon Newton, pas de déformation de l'espace-temps ni quoi que ce soit d'exotique dans ce genre, mais des scientifiques s'interrogent déjà afin de déterminer, ne serait-ce que par pure curiosité mathématique, s'il existe quelque part des objets si massifs que leur vitesse de libération — la vitesse qu'il faut atteindre pour échapper à la gravitation d'un objet — serait plus grande que la vitesse de la lumière. Rappelez-vous, à l'époque, il y a débat sur la nature de la lumière, plutôt corpusculaire selon Newton, carrément ondulatoire selon Huygens. Mais au cas où elle serait corpusculaire et dotée d'une masse — ne serait-ce que d'une masse d'inertie — alors elle ne pourrait pas être émise par un objet d'une telle masse. En 1783, le révérend et astronome britannique amateur John Michell propose, dans un article au titre interminable envoyé à la Royal Society, l'idée d'un tel corps, et il écrit :

> « [...] À supposer que la lumière soit attirée par la même force proportionnellement à sa masse d'inertie par d'autres corps, toute lumière émise par un tel corps ne pourrait qu'y retourner, du fait de sa propre gravité. »[431]

Il ajoute, un peu plus loin — et sincèrement, en 1784, sortir un truc pareil, c'est si plein de classe qu'il en déborde de partout :

> « [...] Cependant, si des corps visibles orbitaient autour d'eux, nous pourrions peut-être, à partir de leurs mouvements, déduire la présence d'un corps central avec un certain niveau de probabilité. »[432]

Cela n'en a peut-être pas l'air, mais, une fois encore, sortir un truc pareil en 1784 quasiment entre parenthèses — à la fin de ce paragraphe, Michell indique que c'est totalement évident et ne nécessite pas plus de développement — c'est un peu comme si Galilée avait écrit $E = mc^2$

---

431 *On the means of discovering the distance, magnitude, &c. of the fixed stars, in consequence of the diminution of the velocity of their light, in case such a diminution should be found to take place in any of them, and such other data should be procured from observations, as would be farther necessary for that purpose*, John Michell, 1784, § 16 — je n'avais pas menti pour le titre, hein ?

432 *On the means of discovering* bla-bla-bla..., John Michell, 1784, § 29.

et inscrit en marge « trivial ». Toujours est-il que cet article très abstrait sur le cœur de son sujet et émanant d'un amateur, qui plus est, cet article ne fait pas plus de bruit que cela. Et c'est uniquement en 1796 que le sujet reviendra sur le tapis, cette fois-ci présenté par quelqu'un qui, sans doute, en impose un poil plus, j'ai nommé le marquis Pierre-Simon de Laplace[433], qui dit quasiment la même chose dans le développement de son modèle astronomique :

> « Un astre lumineux, de la même densité que la Terre, et dont le diamètre serait 250 fois plus grand que le Soleil, ne permettrait, en vertu de son attraction, à aucun de ses rayons de parvenir jusqu'à nous. Il est dès lors possible que les plus grands corps lumineux de l'univers puissent, par cette cause, être invisibles. »[434]

Cette thèse présentée devant l'Académie des sciences, les sommités présentes reconnaissent volontiers l'élégance mathématique de la chose, mais doutent sérieusement de l'existence d'un tel astre. Et avec l'expérience des fentes de Young au XIXe siècle, on abandonne progressivement l'idée d'une lumière corpusculaire — jusqu'en 1905 et l'explication de l'effet photoélectrique apportée par Einstein[435] — ce qui pousse même Laplace à supprimer la phrase citée plus haut dans la troisième édition de son *Exposition*.

Le démon de Laplace

C'est un peu hors de propos, mais je m'en voudrais de n'en pas parler. En 1814, dans son *Essai philosophique sur les probabilités*, Laplace présente une expérience de pensée visant à justifier sa position déterministe :

---

433 On le pressentait, hein ? Rappelez-vous, page 28.

434 *Exposition du Système du Monde*, Pierre-Simon de Laplace, 1796.

435 *Prenez le temps d'e-penser*, Tome I, chapitre 10, Éd. Marabout.

« Une intelligence qui, à un instant donné, connaîtrait toutes les forces dont la nature est animée et la situation respective des êtres qui la composent, si d'ailleurs elle était suffisamment vaste pour soumettre ces données à l'analyse, embrasserait dans la même formule les mouvements des plus grands corps de l'univers et ceux du plus léger atome ; rien ne serait incertain pour elle, et l'avenir, comme le passé, serait présent à ses yeux. »
Autrement dit, si un « démon » pouvait observer toutes les particules de l'univers et connaître leur état, il lui serait possible de déterminer leur état l'instant d'après, et ainsi de suite, chaque état découlant directement du précédent. C'est une idée largement partagée et, somme toute, assez raisonnable, du moins tant qu'on n'a pas entendu parler du principe de Heisenberg qui vient mettre un terme au déterminisme.

Une fois la curiosité mathématique passée, donc, la notion *d'astre si lourd qu'il en est invisible* disparaît jusqu'à Einstein et la relativité générale.

Je ne vais pas vous refaire un topo complet sur la relativité générale, on en a déjà parlé suffisamment longuement[436], alors résumons simplement la chose de la manière suivante : l'espace-temps est un tissu flexible et dynamique ; lorsque de la matière-énergie est présente, celle-ci déforme l'espace-temps, un peu de la manière dont une boule de bowling peut déformer la surface d'un trampoline et, réciproquement, la matière-énergie présente dans l'univers se déplace en suivant les déformations de l'espace-temps ; ainsi, par exemple, le Soleil déforme l'espace-temps autour de lui, si bien que la Terre avance en ligne droite dans un espace si déformé qu'il finit par tourner autour du Soleil. Lorsqu'Einstein finalise les équations de la relativité générale en 1915, c'est une révolution scientifique comme il y en a eu peu dans l'histoire : Einstein vient de donner une explication à ce qu'est la gravitation et, à cette occasion, renvoie gentiment Isaac Newton à son verger.

À partir de là, et comme à chaque fois qu'une nouvelle équation voit le jour, de nombreux physiciens et autres mathématiciens vont triturer

436 *Prenez le temps d'e-penser*, Tome I, chapitre 79 et suivants, Éd. Marabout.

les équations d'Einstein afin d'en tirer tout ce qu'il est possible d'en tirer, et ça ne va pas traîner. D'ailleurs Einstein lui-même doute qu'on puisse trouver des solutions exactes à ses équations. Pourtant, quelques mois à peine après la publication de l'article d'Einstein, un physicien allemand appelé Karl Schwarzschild[437] trouve une solution ; celle-ci décrit le champ gravitationnel à l'extérieur d'un corps massif à symétrie sphérique — c'est-à-dire à l'extérieur d'une boule à l'intérieur de laquelle la masse est répartie de façon homogène. Le problème est que, ce faisant, sa solution montre que ce champ existe même si la matière n'est pas effectivement présente, et qu'il existe donc un champ gravitationnel sphérique autour d'un point, que l'intensité de ce champ décroît à mesure qu'on s'éloigne de ce point, mais surtout qu'en ce point elle est infinie. Elle montre également qu'il existe une zone autour de ce point dans laquelle certaines quantités permettant de mesurer le champ gravitationnel ne sont pas définies.

Rayon de Schwarzschild

Cette zone est une sphère dont le centre est le point dont on a parlé et dont le rayon est défini par la masse du corps et d'autres constantes telles que la vitesse de la lumière. On appelle ce rayon *rayon de Schwarzschild*. Pour donner une idée — et on reviendra sur cet exemple — pour un objet de la masse du Soleil, ce rayon est d'un peu moins de 3 km, ou plus précisément de 2.954 m.

Schwarzschild, comme Einstein, considère cette solution comme purement mathématique et absolument pas physique, et c'est seulement en 1921 que deux physiciens, le Français Paul Painlevé et le Suédois Allvar Gullstrand, vont, chacun de son côté, donner une interprétation de cette région en indiquant qu'il s'agit d'une zone qu'il est impossible de quitter une fois qu'on y est entré.

437 Littéralement « bouclier noir », un nom prédestiné en quelque sorte.

137. La preuve par vieux : Chandra

Né en 1910 dans les Indes britanniques, Subrahmanyan Chandrasekhar, dit Chandra, est un astrophysicien et mathématicien indien, puis américain. On va passer rapidement sur le fait que, oui, il a fait ses études au Trinity College et, oui, il deviendra membre de la Royal Society. Le cœur de ses travaux porte sur l'évolution des étoiles et, du coup, il n'est pas inutile de prendre quelques paragraphes, justement, pour parler de ce que deviennent les étoiles arrivées au terme de leur « vie ».

On a déjà longuement parlé du cycle de vie des étoiles[438], il est temps de parler du terme de ce cycle. Lorsqu'une étoile ne dispose plus d'assez de *carburant* interne pour assurer une fusion thermonucléaire, la pression imposée par sa propre gravitation ne rencontre plus de résistance et va comprimer cette étoile autant que faire se peut. À partir de là, différents phénomènes peuvent se produire selon la masse de l'étoile en question.

Géante rouge

Lorsqu'une étoile n'est pas plus massive que quelques soleils, l'hydrogène qui fusionne ne représente que 10 % de sa masse et, à mesure que cet hydrogène est fusionné, l'hélium produit augmente la concentration totale en hélium de l'étoile. Celle-ci se contracte sous la pression gravitationnelle, tant et si bien que sa température augmente. L'hydrogène encore présent dans les couches externes du cœur de l'étoile entre alors en fusion, mais du fait que cela se produit en périphérie du cœur de l'étoile, cette fusion irradie dans toutes les directions, y compris en direction du cœur, qui se contracte encore plus, dont la température augmente encore, et lorsque celle-ci atteint cent millions de Kelvin, et alors que l'étoile brille plus qu'auparavant, de nouvelles réactions apparaissent, produisant du carbone ; dans le même temps, cette fusion

---

438 *Prenez le temps d'e-penser*, Tome I, chapitre 24, Éd. Marabout.

superficielle va dilater les couches externes de l'étoile qui refroidissent ; un nouvel équilibre est trouvé. L'étoile gonfle et, du fait de la baisse de température, prend une teinte rouge — oui, je le rappelle, pour schématiser : rouge = froid et bleu = chaud — d'où le nom de *géante rouge*.

La mort du Soleil

Notre Soleil en est à peu près, du haut de ses 4,5 milliards d'années d'existence, à la moitié de son cycle de vie ; dans un milliard d'années, pourtant, il brillera déjà plus qu'aujourd'hui — environ 10 % de plus — du fait de l'augmentation de température de l'hélium dans son cœur ; à ce stade, le rayonnement solaire arrachera les vapeurs d'eau présentes dans l'atmosphère terrestre. Deux milliards d'années plus tard, le rayonnement sera tel que les océans terrestres disparaîtront et, deux milliards d'années encore plus tard — soit dans cinq milliards d'années — la fusion thermonucléaire du cœur du Soleil cessera. En devenant une géante rouge, notre Soleil grossira jusqu'à faire deux cents fois sa taille actuelle, engloutissant littéralement les planètes quasiment jusqu'à la Terre — la surface Soleil ne sera plus alors qu'à environ quinze millions de kilomètres de la Terre, soit 10 % de sa distance actuelle, soit rien du tout.

Qu'advient-il alors de la géante rouge avec, d'un côté, un noyau qui finit sans activité et, de l'autre, des couches externes très étendues ?

Nébuleuse planétaire

Les couches externes finissent par se refroidir jusqu'à n'être plus rien d'autre qu'un énorme nuage de gaz et de poussières expulsé lentement de l'étoile désormais morte, un *vent stellaire* qui s'échappe d'abord à près de 10 km/s — ce qui peut sembler rapide, mais ne l'est pas tant que ça aux échelles astronomiques — pour essaimer l'univers d'éléments plus lourds que l'hélium et enfin faire apparaître ce qui fut le cœur de l'étoile.

Naine blanche

Le cœur de ce qui fut une étoile n'est désormais plus qu'un noyau petit et dense contenant les produits de la fusion qui n'ont pas été éjectés par l'étoile. Et ces produits sont fortement ionisés — c'est-à-dire que ce sont des atomes qui ont perdu leurs électrons qui, de leur côté, circulent librement dans le cœur de la naine. Pour une étoile originelle similaire au Soleil, la taille du noyau est approximativement celle de la Terre. C'est un corps extrêmement dense qui garde une température très élevée durant une grande période ; en effet, n'étant plus sujet à des phénomènes de fusion, il va refroidir « naturellement », comme une tarte posée sur le rebord de la fenêtre dans les dessins animés[439]. Sa taille et sa forte température lui confèrent son nom de naine blanche. En refroidissant tranquillement, une naine blanche rayonne suivant une loi de corps noir[440] jusqu'à atteindre un équilibre thermique avec son environnement, très proche du zéro absolu. À moins que ce ne soit pas possible.

La guerre des naines blanches

Subrahmanyan Chandrasekhar a beaucoup étudié la structure interne des étoiles, et notamment celle des naines blanches. Cela a abouti à une très célèbre controverse[441] qui va nous permettre d'avancer encore un peu vers les trous noirs. Chandra s'emploie à appliquer les lois de la relativité restreinte à l'astrophysique en 1930 alors qu'il se rend en Grande-Bretagne pour y préparer sa thèse. Comme je l'ai dit, Trinity College. Mécaniquement, il va y rencontrer d'autres scientifiques avec lesquels il pourra s'entretenir de ses travaux, tels que Paul Dirac, Edward A. Milne ou encore Arthur Eddington. Ce que propose Chandra, c'est que les naines blanches ont une limite, une masse maximale — qu'on appelle indifféremment *limite de Chandrasekhar* ou *masse*

---

439 Je précise « dans les dessins animés » parce que, en vrai, il y a des gens qui font ça ?

440 *Prenez le temps d'e-penser*, Tome I, chapitre 9, Éd. Marabout.

441 Célèbre dans l'histoire des sciences, hein ? C'est pas non plus le mariage de Brad et Angelina, non plus.

de Chandrasekhar — au-delà de laquelle elles deviennent instables et s'effondrent sur elles-mêmes. C'est cette idée qui va provoquer la fameuse controverse parce que Chandra va la présenter devant la Royal Astronomical Society le 11 janvier 1935. Le président de la RAS se tourne alors ensuite vers Arthur Eddington, donné comme étant le plus grand astrophysicien de l'époque[442], pour lui demander d'exprimer ce qu'il pense de ces travaux en quelques mots, à l'impromptu. Arthur Eddington se lève et dit :

> « I think there should be a law of nature to prevent a star from behaving in this absurd way. »[443]

Puis il déroule son propos, ne manquant pas de remarquer l'excellence des travaux de Chandra, mais décrivant toutefois ce que donnerait une étoile qui se comporterait selon ceux-ci une fois la masse limite dépassée — il décrit d'ailleurs étonnamment bien le comportement d'un trou noir, à vrai dire. C'est tout simplement une hypothèse qu'il juge bien trop absurde pour avoir une quelconque chance d'avoir une réalité physique. Et le fait est que, d'une certaine manière, il a raison ; en effet, ce n'est pas précisément ainsi que se comporte une naine blanche trop massive. Ce que devient une naine blanche trop massive a d'ores et déjà été théorisé, quelques mois plus tôt.

Une étoile à neutrons

Lorsque James Chadwick découvre l'électron en 1932[444], le physicien russe Lev Landau, ami de George Gamow — que ce dernier appelle « Dau » — imagine immédiatement la possibilité d'une étoile quasi

---

442 *Prenez le temps d'e-penser*, Tome I, chapitre 88, Éd. Marabout.

443 Je pense qu'il doit exister une loi de la nature qui empêche une étoile de se comporter de façon aussi absurde.

444 *Prenez le temps d'e-penser*, Tome I, chapitre 5, Éd. Marabout.

intégralement constituée de neutrons et dont la structure, un peu comme celle des naines blanches, serait régie par un phénomène de la mécanique quantique appelé *pression de dégénérescence.*

Pression de dégénérescence

En temps *normal*, la pression d'un gaz est liée à son volume et à sa température ; ainsi, si la pression augmente, le volume, la température ou les deux doivent augmenter. Lorsque vous comprimez un gaz dans une pompe à vélo, le volume étant contraint, la pompe chauffe. Au-delà d'une certaine densité, la matière se disloque, se destructure et se comporte comme un gaz. On le rappelle, le principe d'exclusion de Pauli interdit notamment à deux électrons d'être sur la même orbitale atomique avec le même spin ; or, à mesure que la pression continue d'augmenter, les orbitales d'un atome viennent se superposer aux orbitales des atomes voisins ; si ces orbitales contiennent effectivement des électrons, la pression de dégénérescence vient empêcher les atomes de plus se rapprocher. Et justement, la conclusion des travaux de Chandra était qu'au-delà d'une certaine masse, les atomes ne pourraient contrer par la pression de dégénérescence la pression gravitationnelle.

La structure d'une étoile à neutrons est la suivante : d'abord, une espèce d'*atmosphère* de quelques centimètres à peine, la couche extérieure, qu'on appelle classiquement *croûte externe*, de trois à cinq cents mètres d'épaisseur, est principalement constituée d'ions et d'électrons libres, comme le cœur d'une naine blanche, principalement de noyaux atomiques et d'électrons libres ; mais la pression est telle qu'elle permet la fusion des protons avec les électrons pour former des neutrons — la concentration en neutrons augmente, ce qui vaut son nom à cette étoile — et on trouve alors des noyaux atomiques étonnants, tels que le nickel-62 avec ses trente-quatre neutrons, alors que le plus courant est le nickel-58 et ses trente neutrons.

Ensuite vient la *croûte interne* pouvant être épaisse de deux kilomètres ; lorsque la densité dépasse un seuil, la concentration en neutrons dans les noyaux est trop grande, et certains d'entre eux s'échappent des noyaux.

Ainsi donc la croûte interne est toujours composée de noyaux atomiques riches en neutrons et d'électrons libres, quoique moins nombreux, mais également de neutrons libres — à la manière d'un fluide.

Puis, avec la densité qui continue d'augmenter, vient le *noyau externe*, de quelques kilomètres d'épaisseur également, dans lequel les noyaux atomiques ne sont plus stables. On trouve donc ici une soupe de protons, d'électrons et de neutrons, les neutrons étant largement majoritaires. Enfin, sous le noyau externe se trouve le *noyau interne*, jusqu'à trois kilomètres d'épaisseur, et là, pour le coup, difficile de dire précisément ce qu'on y trouve, non parce qu'on est totalement dans l'inconnu — on l'est un peu, hein, on ne va pas non plus trop se la raconter — mais parce qu'à ce stade, les composants même des neutrons, les quarks, se réorganisent.

En bref, une étoile à neutrons est un objet cosmique d'une vingtaine de kilomètres de diamètre, qui fut autrefois une étoile, largement composée de neutrons dans un état superfluide[445]. Et si, pour une naine blanche, c'est la pression de dégénérescence qui la tient en équilibre avec sa gravitation, pour une étoile à neutrons, c'est bel et bien l'interaction nucléaire forte qui permet cet équilibre ; on parle ici d'objets d'une telle densité — similaire à la densité d'un noyau atomique, soit plus de cent millions de tonnes par centimètre cube[446] — que leur diamètre diminue lorsque la masse augmente.

Supernovæ

Lorsqu'une naine blanche fait partie d'un système binaire — à deux étoiles — elle va attirer et absorber, par accrétion, toute l'énergie de sa sœur. Cela va faire augmenter la masse et la densité de la naine

---

445 *Cf.* page 218.

446 À ce niveau de densité, la Terre tiendrait entièrement dans un cube de 400 m de côté.

blanche, processus qui ne peut avoir que deux issues lorsque la masse de Chandrasekhar est à portée : soit la naine blanche s'effondre en étoile à neutrons, soit il se produit… autre chose. La température interne du cœur de la naine blanche augmente à tel point que le processus de fusion se réenclenche, fusionnant le carbone. Mais comme c'est la pression de dégénérescence qui lutte contre la gravitation, l'augmentation de température n'augmente pas la pression, et la naine ne se dilate pas — ce qui permettrait de la refroidir. Au lieu de cela, la température continue d'augmenter, accélérant le processus de fusion jusqu'à un emballement complet de la machine : une détonation thermonucléaire survient, qui consomme une grande partie de la naine blanche en à peine quelques secondes ; cette explosion de *supernova thermonucléaire* anéantit définitivement l'étoile. Il existe différents types, plus ou moins violents, de supernovæ ; le cas présenté ci-dessus de supernova thermonucléaire est appelé de *type Ia*[447].

Dans le cas d'une étoile à neutrons — provoquée par accrétion comme dans le cas précédant ou pas — la masse de celle-ci permet de prédire ce qu'il va advenir parmi deux possibilités.

Si la masse de l'étoile originelle est inférieure à quarante fois la masse du Soleil environ, il se produit la chose suivante : les éléments au cœur de l'étoile fusionnent jusqu'à produire du fer[448], puis le cœur de fer atteint la limite de Chandrasekhar et s'effondre sur lui-même : l'étoile est en train de devenir une étoile à neutrons ; la matière neutronique continue de se condenser au cœur de l'étoile jusqu'à ce que la densité soit équivalente à la densité d'un noyau atomique ; à partir de là, plus aucune augmentation de densité n'est possible et la matière qui

---

447 Le « i » majuscule signifiant type « 1 », et le « a » étant présent parce qu'il existe un autre sous-type de supernova de type I.

448 *Prenez le temps d'e-penser*, Tome I, chapitre 24, Éd. Marabout.

continue de s'effondrer des couches externes de l'étoile vers son cœur viennent frapper celui-ci et rebondissent littéralement contre lui avec violence, provoquant une onde de choc se propageant à environ 25 % de la vitesse de la lumière — avec violence, vraiment. Cette onde de choc se propage vers l'extérieur, expulsant tout ce qu'elle croise sur son passage, provoquant ainsi une explosion de *supernova à effondrement de cœur*. Une fois l'explosion terminée, il ne reste qu'un noyau de matière dégénérée. La luminosité produite lors de cette explosion est environ dix milliards de fois plus grande que celle du Soleil et équivalente à la luminosité d'une galaxie entière. Qu'advient-il ensuite ? Si l'étoile initiale faisait moins de vingt fois la masse de notre Soleil, elle finira sous la forme d'une étoile à neutrons ; si elle faisait moins de quarante fois la masse de notre Soleil, elle se transformera vraisemblablement en trou noir.

Et dans la deuxième possibilité, si elle faisait plus de quarante fois la masse de notre Soleil, alors elle se transformera en trou noir sans même produire d'explosion de supernova. Et il est désormais temps d'en dire plus sur ce qu'on appelle un trou noir.

138. Vers les trous noirs… les pulsars

En juillet 1939, Hartland Snyder, doctorant américain en physique sous la supervision de Robert Oppenheimer, publie sa thèse *On continued gravitational contraction*[449]. En appliquant les principes de la relativité générale à la structure des étoiles, ils prédisent que si une étoile est suffisamment massive, elle s'effondrera sur elle-même lorsque la fusion thermonucléaire cesse et se contractera sans limite dans le temps. À mesure que le rayon de l'étoile approche le rayon de Schwarzschild,

---

[449] De la contraction gravitationnelle continue.

la lumière émise ne pourra échapper à l'étoile que selon des angles de plus en plus restreints et, lorsque le rayon de l'étoile diminue encore, plus aucune lumière ne pourra échapper. Et comprenez-moi bien : lorsque je dis qu'aucune lumière ne peut échapper à une étoile, je veux dire que plus rien ne peut échapper à celle-ci, pas même la lumière. On appelle ces étoiles des *corps de Schwarzschild*, ou encore des *astres occlus* — le terme de « trou noir » ne viendra que plus tard.

En même temps, en 1939, Einstein publie un article dans lequel, selon lui, la fameuse « singularité de Schwarzchild » n'a aucune réalité physique. En effet, selon lui, si la matière pouvait se concentrer sans limite, les particules qui la constituent finiraient par atteindre la vitesse de la lumière — ce qui est impossible pour une particule dotée d'une masse.

À la fin des années 1950, après trois décennies centrées sur la mécanique quantique et les formidables horizons qu'elle découvre, la relativité générale a de nouveau le vent en poupe, notamment grâce à l'amélioration des observations, la recherche puis la découverte du fond diffus cosmologique qui vient s'ajouter à la découverte, plus ancienne, de l'expansion de l'univers, et bien sûr le concept de trous noirs.

Jusque-là, les trous noirs sont avant tout un concept mathématique plus ou moins amusant, plus ou moins élégant, mais peu de scientifiques cherchent effectivement à démontrer leur existence. Déjà parce qu'un trou noir, du fait qu'il n'émet aucun rayonnement, est extrêmement difficile à observer et, en réalité, ne peut être observé qu'indirectement. On sait déjà, grâce à la relativité générale — et à Arthur Eddington[450] — qu'une masse suffisamment grande peut dévier la lumière et que si une masse suffisamment grande est située entre nous et une source lumineuse très lointaine, la lumière de celle-ci peut être déviée par tous les côtés du corps massif intermédiaire et nous apparaître alors

450 *Prenez le temps d'e-penser*, Tome I, chapitre 88, Éd. Marabout.

comme un objet déformé, voire comme plusieurs objets distincts ; le corps massif joue dans ce cas le rôle de ce qu'on appelle une lentille gravitationnelle.

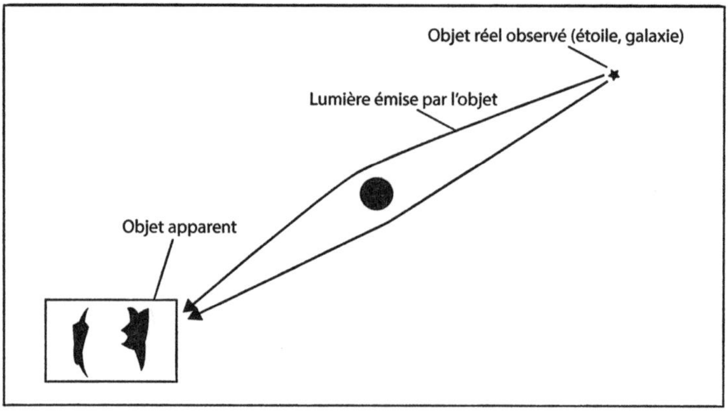

En 1967, Anthony Hewish et son étudiante Jocelyn Bell, deux astrophysiciens britanniques, sont en train d'étudier les quasars avec un radiotélescope lorsqu'ils font une découverte.

Quasars

On ne va pas s'étendre sur le sujet pour l'instant, mais, à l'époque, les quasars étaient considérés comme des sources de rayonnement astronomique *quasistellaire* — d'où leur nom « quasi star », quasar. Ce sont des galaxies très énergétiques avec un noyau particulièrement actif et, incidemment, les objets les plus lumineux de l'univers. Tant qu'on n'en savait pas plus sur les trous noirs, il y avait plusieurs écoles concernant leur nature exacte ; du coup, je vais attendre d'avoir fait mon topo sur les trous noirs avant de préciser leur nature.

Bell et Hewish découvrent donc un signal constitué de brèves impulsions de rayonnement, mais se répétant de façon aussi régulière que périodique. En raison de la périodicité du signal, il est impossible que celui-ci émane de la Terre ; pourtant sa régularité plaide pour un signal artificiel. Du coup, Bell et Hewish baptisent la source de ce signal LGM-1 — pour *Little green men*[451] 1 — reconnaissant que l'origine du signal pourrait bien être extra-terrestre, comme une balise fabriquée par des petits hommes verts. Bien évidemment, la communauté astronomique cherche d'autres explications — parce que c'est ce que font les vrais scientifiques, hein — et aboutissent à la conclusion que le seul objet capable d'émettre naturellement ce type de rayonnement serait une étoile à neutrons en rotation sur elle-même. Personne n'avait observé de tels objets auparavant, mais il ne faisait strictement aucun doute pour les astrophysiciens que si les étoiles à neutrons pouvaient exister, alors il était évident que des étoiles à neutrons en rotation devaient aussi exister. L'objet fut nommé plus correctement — CP 1919, puis PSR B1919 +21[452] — et fut donc ainsi identifié comme un *Pulsating Star*, une *étoile pulsante*, ou *Pulsar*. On découvrit rapidement ensuite d'autres pulsars, ce qui confirma par l'observation les théories concernant les étoiles à neutrons et les pulsars, et notamment l'idée que les supernovæ dont on n'attend pas qu'elles laissent derrière elles un trou noir laissent effectivement un pulsar.

Qu'il s'agisse de John Wheeler ou de Kip Thorne[453], on ne le sait pas vraiment, mais un de ces deux grands hommes trouva ce nom totalement inapproprié de *trou noir*, mais en fait pas tant que ça… je m'explique.

---

451 Petits hommes verts.

452 CP pour Cambridge Pulsar, PSR pour PulSaR, le reste étant des indications de position dans le ciel.

453 Kip Thorne a été consultant pour le film *Interstellar*, basé sur une nouvelle de son cru dans le formidable *Trous noirs et distorsions du temps*, Éd. Flammarion.

139. Qu'est-ce qu'un trou noir ?

Bon, déjà, un trou noir n'est pas un trou. Et d'ailleurs, il n'est pas noir non plus. Si on voulait être plus adéquat, on devrait parler de boule invisible, mais bon, c'est très moche… du coup « astre occlus » n'était pas un si mauvais nom. Alors pourquoi parle-t-on de trou noir ?

Lorsqu'une étoile à neutrons est suffisamment massive, le fait est qu'elle se contracte, tel que l'a théorisé Snyder, sans cesse. La déformation de l'espace-temps est telle qu'elle est comme un gouffre pour tout ce qui s'en approche de trop près ; dès que la moindre particule passe sous le rayon de Schwarzschild, qu'on appelle aussi *horizon des événements*, peu importe sa vitesse, cette particule n'en sortira plus. Concernant la lumière, en revanche, il ne s'agit pas tant d'une force gravitationnelle luttant contre la lumière que d'un *décalage vers le rouge*, bien sûr dû à la forte gravitation et donc à une déformation de l'espace-temps, mais d'un décalage vers le rouge infini. Une représentation classique de cette déformation présente l'espace-temps autour d'un trou noir comme une chute tourbillonnante.

C'est une excellente représentation, dès lors qu'on se rappelle que celle-ci ne concerne que deux dimensions spatiales, alors que le trou noir déforme non seulement l'espace dans ses trois dimensions, mais également le temps.

Un trou noir est donc « simplement » le noyau résiduel dégénéré d'une étoile particulièrement massive, ce qui en fait un corps extrêmement dense ; d'une certaine manière, on peut voir un trou noir comme un objet astronomique parmi tant d'autres, mais plusieurs caractéristiques s'y opposent, du moins en partie. Tout d'abord, et alors qu'une planète nécessite un nombre invraisemblable de paramètres pour être approximativement caractérisée — taille, masse, composition du sol, du noyau, atmosphère, magnétosphère, etc. — un trou noir est parfaitement défini par trois données, et trois données seulement : sa masse, sa charge électrique et son moment cinétique. Toute autre information concernant le trou noir peut être déduite de ces trois paramètres. John Wheeler résumera ce phénomène en disant cette phrase restée célèbre : « Black holes have no hair »[454], et la démonstration mathématique du fait s'appellera donc le *théorème de calvitie*.

Et du fait qu'un trou noir a toujours une masse, il existe quatre types différents de trous noirs : ceux qui ont une charge électrique non nulle et ceux qui n'en ont pas et, pour chacun d'eux, ceux qui ont un moment cinétique non nul et ceux qui n'en ont pas.

Trous noirs de Schwarzschild

Un trou noir sans charge électrique et sans moment cinétique est le premier type de trou noir, celui que Schwarzschild lui-même a présenté comme solution de l'équation d'Einstein de la relativité générale.

---

[454] Les trous noirs n'ont pas de cheveux.

Trous noirs de Reissner-Nordström

Disposant d'une charge électrique non nulle mais d'aucun moment cinétique, ce type particulier de trou noir est avant tout hypothétique ; en effet, la présence d'une charge électrique ne pourrait pas durer et serait rapidement dissipée par absorption de charges électriques opposées prises autour du trou noir. Ce type de trou noir ne représente donc qu'un intérêt purement mathématique pour les astrophysiciens.

Trous noirs de Kerr

En 1963, le mathématicien néo-zélandais Roy Kerr trouve une nouvelle solution aux équations de la relativité générale. Cette solution décrit un trou noir en rotation qui entraîne dans son mouvement l'espace autour de lui. Dire qu'il est en rotation revient à dire qu'il a un moment cinétique. Ce dernier provient de l'étoile originelle, et le moment cinétique est conservé lors de la transformation en trou noir. Sans charge électrique, ce type de trou noir est très intéressant pour les astrophysiciens qui ont pu montrer de quelle manière ils absorbent la matière-énergie environnante ; en effet, les théories sur la formation des trous noirs prédit que la matière y est absorbée par l'intermédiaire d'un disque d'accrétion dans lequel la matière tourne continuellement dans le même sens ; en cela, la matière qui « tombe » dans le trou noir lui communique son moment cinétique. À vrai dire, c'est le seul type de trou noir qu'on s'attend véritablement à observer dans le ciel — étant entendu qu'il est théoriquement possible qu'un trou noir ait un moment cinétique si faible qu'il s'apparente à un trou noir de Schwarzschild.

Trous noirs de Kerr-Newman

La version électriquement chargée des trous noirs de Kerr qui, pour les mêmes raisons que pour les trous noirs de Reissner-Nordström, n'a que très peu de chances d'exister réellement — toutefois, si un tel type de trou noir existe, du fait de sa charge électrique et de sa rotation, il se comporterait comme un aimant le temps de dissipation de sa charge.

140. Horizon des événements

L'horizon des événements est la limite à partir de laquelle tout change ; il ne faut pas le voir comme la surface d'un trou noir — même si on l'appelle parfois comme cela — car, en soit, l'horizon des événements ne se situe pas au niveau d'une prétendue surface de l'objet physique qu'on nomme trou noir, mais il faut plutôt le voir comme un point de non-retour ; c'est la limite à ne pas franchir si l'on souhaite pouvoir échapper à l'influence gravitationnelle du trou noir. Imaginez deux vaisseaux spatiaux s'envoyant des messages réguliers à chaque seconde, chacun indépendamment de l'autre ; positionnez un de ces deux vaisseaux à bonne distance d'un trou noir, et précipitez gentiment l'autre vers le trou noir. Comme toujours, pour fixer les esprits, nous allons nommer le capitaine de chacun des vaisseaux : celui qui reste à distance raisonnable, nous l'appellerons Elton John, tandis que nous appellerons l'autre David Bowie[455].

Alors que David Bowie approche de l'horizon des événements, les signaux qu'il émet sont décalés vers le rouge, tandis que ceux qu'il reçoit sont décalés vers le bleu, à l'inverse. De plus, la relativité générale cause une dilatation du temps à mesure qu'on approche du trou noir. Du coup, Bowie perçoit les signaux provenant d'Elton John de plus en plus rapidement, et ceux-ci sont plus énergétiques et de plus haute fréquence — c'est le décalage vers le bleu ; dans le même temps, Elton John doit patienter de plus en plus longtemps entre chaque signal que

---

455 Can you hear me, Major Tom ?

lui envoie Bowie, et chacun de ces signaux est de plus en plus faible et de fréquence de plus en plus basse — c'est le décalage vers le rouge.

Et si Elton John observe le vaisseau de Bowie atteindre l'horizon des événements, il verra ce vaisseau ralentir puis se figer complètement au niveau de l'horizon avant de simplement finir par s'estomper et enfin disparaître — pour Bowie, en revanche, ce passage se fera tout à fait normalement — mises à part les forces de marées dont on va parler ensuite. C'est à ce titre qu'on appelle cette limite horizon des événements : il est impossible, depuis l'extérieur, de percevoir quelque événement que ce soit par-delà cette limite.

Pour comprendre ce qu'il arrive ensuite, il convient de distinguer deux types de trous noirs résolument différents.

141. Trous noirs primordiaux et trous noirs super massifs

Depuis le début de cette section sur les trous noirs, on ne parle que de ceux qui se forment à la mort d'une étoile ; il s'agit, assez évidemment, de *trous noirs stellaires*. Mais il existe deux autres formes de trous noirs qu'on appelle les *trous noirs primordiaux* et les *trous noirs super massifs*.

Trous noirs primordiaux

De type totalement hypothétique et dont l'existence est encore à démontrer — et ce n'est pas simple, vous allez le voir — les trous noirs primordiaux n'auraient pas été créés par effondrement gravitationnel mais durant les premiers instants qui suivirent le Big Bang, dans l'univers primitif, par l'existence de zones particulièrement denses en proto-matière. En effet, en ce temps, la température et la pression de l'univers étaient telles qu'une simple fluctuation de densité

— une anisotropie, vous vous rappelez ?[456] — aurait permis un effondrement gravitationnel brutal. Ensuite, la matière a évidemment été dispersée par l'expansion de l'univers, mais ces trous noirs devraient toujours être là, quelque part, et on dépense une énergie intellectuelle et pratique folle à en découvrir. Mais, à ce jour, aucun n'a encore été découvert.

Les trous noirs super massifs, comme leur nom l'indique, sont plus massifs que les trous noirs stellaires, bien plus massifs. Vraiment beaucoup plus massifs. Là où les trous noirs stellaires ont une masse pouvant valoir la masse de quelques dizaines de notre Soleil, les trous noirs super massifs ont une masse pouvant être de plusieurs millions à plusieurs milliards de fois la masse de notre Soleil. Ils sont situés au cœur des galaxies massives et un consensus scientifique existe aujourd'hui quant au fait qu'on doit en trouver un au cœur de toutes les grosses galaxies. Au cœur de notre galaxie, la Voie lactée se trouve ainsi une source intense d'ondes radio appelée *Sagittarius A**.

Sagittarius A*

Juste un petit encart pour parler du nom de ce machin. La désignation Sagittarius A provient du fait qu'on peut observer cette source complexe d'ondes radio dans la constellation du Sagittaire, et l'astérisque est généralement utilisé en physique atomique pour désigner un atome dans un état excité. Ainsi, Sagittarius A* désigne la partie « excitée » de la région Sagittarius A.

Alors que dans les années 1990, les chercheurs pressentent que chaque grosse galaxie doit héberger un trou noir super massif en son cœur, la question s'est posée de déterminer comment valider cette hypothèse ; partant du principe que notre galaxie ne faisait pas exception, et sachant qu'il existe de nombreuses étoiles orbitant au cœur de notre galaxie, on observa sur plusieurs années les déplacements de ces étoiles afin de déterminer si oui ou non celles-ci orbitaient autour d'un objet massif

[456] *Cf.* page 71 et suivantes.

invisible. On découvrit qu'en appliquant les lois de Kepler, on a pu déterminer non seulement à quel endroit se situait effectivement ce corps massif, mais également sa masse — la troisième loi de Kepler permet, à partir d'une orbite et de la masse d'un des deux corps en jeu, de déterminer la masse de l'autre corps. Sagittarius A* a une masse d'environ quatre millions de fois notre Soleil pour un rayon d'environ dix millions de kilomètres — pour information, le Soleil a un rayon d'environ sept cent mille kilomètres, Sagittarius A* est donc quatre millions de fois plus lourd, mais seulement une quinzaine de fois plus grand. Il n'existe pas, à notre connaissance, d'objet aussi lourd qui soit en même temps aussi relativement petit et aussi peu lumineux autre qu'un trou noir super massif.

Notons quelques points essentiels à propos des trous noirs super massifs ; tout d'abord, leur rayon de Schwarzschild, qui croît avec la masse, est bien plus grand que pour un trou noir stellaire et avec une densité qui décroît selon le carré de la masse. Du coup, un trou noir super massif peut être d'une densité moyenne incroyablement faible, et plus le trou noir sera grand, plus sa densité sera faible, y compris si sa masse augmente continuellement. En outre, sa *singularité gravitationnelle*, son centre, est bien plus éloignée de son horizon que pour un trou noir stellaire.

Force de marées

Si l'on reprend nos deux vaisseaux, lorsque David Bowie se rapproche de l'horizon des événements d'un trou noir stellaire, la déformation de l'espace-temps due à la gravitation est telle que si Bowie se présente tête la première en direction du trou noir, l'influence gravitationnelle sur sa tête est bien plus grande que sur ses pieds, plus éloignés. Son corps s'en retrouve complètement disloqué — on parle de « spaghettification ».

En revanche, s'il s'approche d'un trou noir super massif, la distance au centre du trou noir est si grande qu'il traversera l'horizon des événements sans même s'en rendre vraiment compte. Mais que se passe-t-il, au juste, au cœur d'un trou noir, super massif ou pas ?

142. La singularité gravitationnelle

On ne sait pas. Je vais développer un peu, bien sûr, et notamment expliquer pourquoi on ne sait pas, mais si vous devez retenir une seule chose de ce chapitre, c'est la suivante : on ne sait pas ce qui se passe au cœur d'un trou noir. Formellement, une singularité gravitationnelle est une région de l'espace-temps au voisinage de laquelle des quantités qui décrivent le champ gravitationnel deviennent infinies. Bien que son existence découle — de la même manière que celle des trous noirs — de solutions aux équations de la relativité générale, cette dernière ne permet pas de décrire de telles régions. La limite que la relativité générale est capable d'approcher est que la déformation de l'espace-temps croît tellement que les lignes d'espace-temps semblent finir par se rejoindre en un seul point — si le trou noir n'est pas en rotation, sinon elles tendent plutôt à se rejoindre en un anneau — dont on ne peut strictement rien savoir. Le Big Bang lui-même semble émaner d'une singularité, et je dis « semble » car il y a une limite au-delà de laquelle on ne peut pas « remonter » l'histoire de l'univers, limite qu'on appelle l'ère *de Planck*.

Ère de Planck

D'une durée absolument infime de l'ordre de 10-43 secondes, durée qu'on appelle du coup le *temps de Planck*, l'ère de Planck est la période supposée durant laquelle les quatre interactions fondamentales de l'univers étaient unifiées. En effet, autant de masse en une région de l'espace si réduite impose qu'aucune des interactions connues — gravitation, électromagnétisme, interactions nucléaires forte et faible — n'est sans incidence. Le problème de compréhension que cela pose est que si l'on sait aujourd'hui unifier, par la mécanique quantique, l'électromagnétisme et les interactions nucléaires, il n'existe pas de théorie permettant d'unifier la mécanique quantique et la gravitation. Les deux théories que sont la mécanique quantique et la relativité générale, bien qu'étant les deux théories à la fois les plus complexes et les plus brillamment exactes conçues par l'humanité — l'espèce, pas le journal — sont formellement incompatibles entre elles. La singularité des trous noirs constitue des conditions similaires que nous sommes bien incapables de décrire en l'absence d'une théorie quantique de la gravitation.

Cela pose certains problèmes qu'un certain Stephen Hawking se met en tête de résoudre.

143. La preuve par vieux : Stephen Hawking

Avant de devenir un personnage récurrent des Simpsons[457], Stephen Hawking est un physicien et cosmologiste aussi émérite que britannique. À la fois célèbre du grand public pour son image iconique d'homme en fauteuil roulant parlant par le biais d'une voix artificielle contrôlé informatiquement par le déplacement de son regard et pour ses remarquables livres de vulgarisation scientifique, dont le plus célèbre *Une brève histoire du temps*, Stephen Hawking n'en est pas moins un spécialiste des trous noirs responsable de nombreuses découvertes, malgré une condescendance et un mépris des avis divergents que même son directeur de thèse le docteur Dennis Sciama reconnaît et, reconnaissons-le, qu'il gommera avec les années.

Dans les années 1960, pendant qu'il prépare son doctorat, Hawking démontre que la théorie de la relativité générale d'Einstein implique que l'espace et le temps ont eu un début, le Big Bang, mais également une fin, les trous noirs — je rappelle que personne ne peut prétendre que le Big Bang est l'origine de l'univers ; ce que montre Hawking est que, conformément à la relativité générale, il n'y a pas de sens à parler

[457] Il joue son propre rôle dans quatre épisodes de la série animée.

d'espace ou de temps à l'approche d'une singularité, qu'elle soit dans le passé, comme c'est le cas pour le Big Bang, ou dans le présent, comme c'est le cas pour les trous noirs.

Il découvre qu'avec les lois de la physique quantique, il est en mesure de calculer la dimension des singularités que la relativité générale ne savait pas calculer mathématiquement. Il réalise également en 1971 que l'horizon des événements ne peut pas être réduit — du fait qu'un trou noir ne peut qu'absorber de la matière. Il y voit une analogie avec la seconde loi de la thermodynamique pour laquelle, dans un système isolé, l'entropie ne peut qu'augmenter. Mais son collègue Jacob Bekenstein pense, quant à lui, que plus qu'une analogie l'horizon des événements est une représentation de la mesure de l'entropie d'un trou noir. Hawking trouve cela ridicule : si un trou noir a une entropie, alors il a une température ; et s'il a une température, il faut bien qu'il émette un rayonnemment ; or un trou noir n'émet rien du tout. Par acquit de conscience, Hawking vérifie quand même l'impossibilité d'une telle chose et aboutit à la conclusion que, en fait si, un trou noir peut émettre un rayonnement constant.

Hawking détaille toute cette anecdote dans son ouvrage *Trous noirs et bébés univers*, puis l'en retire dans les éditions suivantes pour ne laisser que l'idée selon laquelle Bekenstein lui a uniquement fait une « suggestion cruciale », et le travail de Bekenstein finira par être totalement oublié — le docteur Sciama, directeur de thèse de Hawking, parlera de « son ton méprisant face au travail de Bekenstein ». Pourtant, ce rayonnement change radicalement l'idée qu'on se fait alors des trous noirs et résout peut-être un problème de taille concernant l'information.

Rayonnement et mort d'un trou noir

Du fait du rayonnement théorique faible mais constant émis par un trou noir, celui-ci perd de la masse et est voué, à terme, à s'évaporer totalement. En effet, un trou noir rayonnerait comme un corps noir, et cette idée même a donné naissance à une nouvelle branche de la physique, la thermodynamique des trous noirs. Mais comment un tel rayonnement est-il possible alors que rien n'est censé s'échapper des trous noirs ? C'est là que la mécanique quantique va venir nous aider. Vous vous rappelez de l'énergie quantique du vide ?[458] Il se crée en permanence, dans le vide, des paires de particule-antiparticule qui s'annihilent brièvement après leur apparition ; mais lorsqu'une telle paire apparaît exactement au niveau de l'horizon des événements d'un trou noir, nos deux particules apparaissant de part et d'autre dudit horizon, les forces de marées sont telles que l'influence gravitationnelle du trou noir va séparer ces particules avant qu'elles ne s'annihilent ; l'une va tomber dans le trou noir et l'autre s'en échapper.

Du coup, vous allez me dire que ce qui s'échappe du trou noir n'a jamais vraiment appartenu au trou noir et que ce dernier ne perd pas de masse et n'est donc pas en train de s'évaporer, non seulement cela mais il gagne une particule à chaque fois ; c'est normal de considérer les choses ainsi mais, et attention ça va être un peu technique, en réalité les choses se passent différemment. Schématiquement, on peut considérer en tant qu'observateur à distance du trou noir qu'une particule qui s'en échappe dispose d'énergie — positive — et que, par voie de conséquence, sa particule partenaire piégée dans le trou noir dispose d'une « énergie négative » qui, lorsqu'elle est absorbée par le trou noir, provoque une diminution de son énergie, c'est-à-dire de sa masse ; je sais, c'est un peu confus, mais dès qu'on parle d'énergie négative, rien de plus normal ; pourtant, les paires de particule-antiparticule virtuelles en jeu ici doivent être ainsi considérées — on touche à la mécanique quantique, donc rappelez-vous bien de ne pas trop chercher à comprendre la nature exacte de la chose, celle-ci nous échappe.

---

458 *Cf.* l'effet Casimir, page 194.

Ce qu'on peut déduire du modèle de *rayonnement de Hawking*, c'est que le rayonnement est d'autant plus faible que le trou noir est massif. Dans un premier temps, un trou noir ne devrait « émettre » que des particules sans masse comme les photons, puis, à mesure que sa masse-énergie diminue, le rayonnement augmentera de plus en plus vite et il « émettra » des particules massives ; du coup, plus il perd de la masse plus il rayonne intensément, et plus il perd de la masse jusqu'à atteindre la *masse de Planck*[459]. Le problème, c'est que le rayonnement est si faible théoriquement qu'il est impossible à ce jour de l'observer autour de trous noirs stellaires ou super massifs ; et c'est là que les trous noirs primordiaux entrent en jeu. En effet, ceux-ci peuvent être d'une masse bien moindre, tout en émettant de façon bien plus évidente. D'ailleurs, la beauté de la chose veut que ce soit justement en cherchant ce rayonnement théorique qu'on pense pouvoir valider l'existence de ces trous noirs créés juste après le Big Bang. Il pourrait cependant exister une autre méthode pour valider l'existence de ce rayonnement ; en effet, les accélérateurs de particules modernes tels que le *Large Hadron Collider*, ou LHC, permettent théoriquement la création artificielle de microtrous noirs qui s'évaporeraient presque instantanément et dont on pourrait mesurer le rayonnement résiduel lors de leur disparition.

Accélérateurs de particules

Quelques mots sur les accélérateurs de particules afin d'en expliquer, brièvement, l'utilité. Comme son nom l'indique, un accélérateur de particules est une machine composée d'un couloir linéaire ou circulaire — on parle, dans ce cas, de synchrotron — dans lequel on fait circuler des particules qui, par des biais électromagnétiques, sont « accélérées » jusqu'à des vitesses proches de celle de la lumière — 99,999 999 1 % de la vitesse de la lumière pour les protons dans les 27 km de couloir du LHC. En réalité, on n'accélère pas les particules,

---

459 Constante dont la valeur est environ 21 µg, soit 0,000 021 grammes, l'équivalent d'un minuscule grain de sable.

elles disposent déjà de leur vitesse maximale ; mais on leur fournit de l'énergie « à vitesse constante » pour augmenter leur inertie[460]. Une fois cette inertie atteinte, plusieurs possibilités selon la fonction de l'accélérateur ; dans le cas du synchrotron SOLEIL, par exemple, on libère les photons sur des voies particulières, appelées lignes de lumière, au bout desquelles se trouvent différents laboratoires de recherche qui vont étudier différentes choses à différentes longueurs d'onde — SOLEIL compte vingt-neuf lignes de lumières. Dans le cas des collisionneurs, tels que le LHC ou l'accélérateur Tevatron du Fermilab, on lance des particules en sens inverse des particules accélérées afin qu'elles entrent en collision à un endroit particulier bardé de différents capteurs ; l'énergie de la collision est telle qu'elle produit beaucoup de particules, dont certaines parfaitement éphémères — on en parlera plus loin quand on parlera du boson de Higgs[461].

Quand le grand public entend parler de fabrication sur Terre d'un trou noir artificiel, il est logique qu'il s'inquiète, mais il n'y a vraiment pas de quoi : l'énergie et l'influence d'un tel objet sont largement inférieures à ce que le Soleil peut nous envoyer continuellement sans que cela ne nous affecte. Et ceci permettra peut-être, en effet, de valider l'existence du rayonnement de Hawking. Et, par là-même, cela résoudra peut-être le problème de l'information perdue.

144. La perte d'informations dans un trou noir

Lorsqu'une information tombe dans un trou noir, il est admis qu'elle est définitivement perdue pour notre univers — ce qu'on a appelé le théorème de calvitie. En effet, si un trou noir est parfaitement caractérisé par sa masse, sa charge et son moment cinétique, impossible de déterminer s'il a massivement absorbé du carbone, de l'azote, du fer,

---

460 Plus une particule va vite, plus son inertie est grande et moins il est possible de l'accélérer ; on peut alors lui fournir de l'énergie à vitesse constante.

461 *Cf.* page 322.

etc. De plus, le rayonnement de Hawking n'aide pas à retrouver cette information, le rayonnement pouvant être totalement quelconque, la seule contrainte reposant sur la longueur d'onde de ce rayonnement — qui doit mathématiquement, si elle existe, être supérieure au quart de la circonférence de l'horizon des événements. Roger Penrose dira à ce sujet que les trous noirs sont une censure cosmique, ne libérant aucune information sur son contenu. Pour info, Penrose est un mathématicien et physicien américain célèbre du grand public pour son triangle dit *triangle de Penrose*.

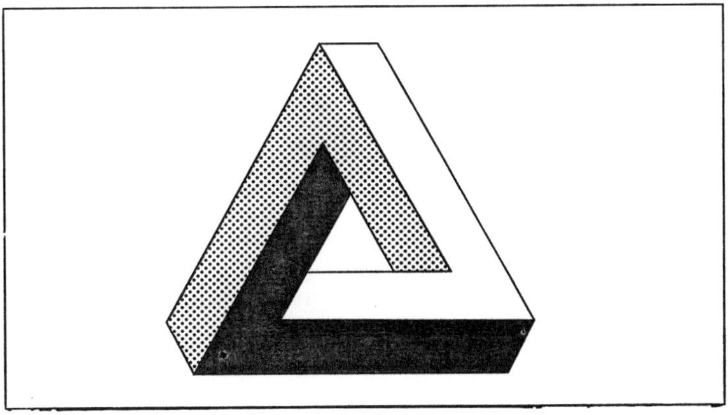

En 1997, Stephen Hawking, Kip Thorne et le physicien américain John Preskill font un pari.

Un an de *Penthouse* pour Kip Thorne

Des années auparavant, en 1975, Hawking et Thorne avaient déjà fait un pari sur l'existence des trous noirs ; Hawking pariait qu'ils n'existaient pas et Thorne qu'ils existaient. Si Hawking gagnait, Thorne devait lui offrir quatre ans d'abonnement au magazine *Private Eye*, un magazine d'informations britannique. Et si c'était Thorne qui gagnait, Hawking devait lui offrir un an d'abonnement au magazine de charme *Penthouse*. Cela peut sembler curieux de la part de Hawking de parier contre sa propre théorie, mais il se disait au moins que le jour où cela serait tranché, il aurait la joie de voir sa théorie validée ou au moins la consolation d'avoir gagné son pari. Dans une des éditions récentes de son livre *Une brève histoire du temps*, Hawking indique qu'il a reconnu la victoire de Thorne et l'a abonné à *Penthouse*, au grand dam de son épouse.

Donc, en 1997, ces trois-là font un pari ; d'un côté, Hawking et Thorne considèrent que, d'après la relativité générale, rien ne peut s'échapper d'un trou noir et que seule de la matière « nouvelle » peut en être rayonnée depuis l'extérieur de l'horizon, signe que l'information contenue dans le trou noir est perdue, mais également que la théorie de la mécanique quantique — notamment concernant les microcausalités — est incomplète. À l'inverse, pour Preskill, l'information émise par un trou noir ne peut être qu'une information préalablement absorbée par celui-ci, signe que la mécanique quantique est correcte mais que c'est la relativité générale qui est incomplète. Le ou les gagnants du pari recevrait une encyclopédie de leur choix.

En 2004, Hawking présente une nouvelle théorie sur les trous noirs en contradiction avec ses précédentes théories ; il pensait originellement que rien ne pouvait sortir d'un trou noir et que l'information qui y était perdue passait, *via* la singularité, dans un autre « bébé-univers », mais il se ravise alors : les trous noirs finissent par retransmettre, de façon plus ou moins chaotique, toutes les informations qu'ils ont absorbées. Il offre alors à Preskill une encyclopédie du base-ball, en ne manquant pas de blaguer sur le fait qu'il aurait dû la brûler et lui en remettre les cendres — ce qui, blague de cosmologiste, est toujours d'une certaine manière une encyclopédie du base-ball — tandis que Thorne, pas convaincu par les démonstrations de Hawking, comme nombre d'autres scientifiques, refuse de reconnaître sa défaite.

En revanche, Leonard Susskind rejoint Hawking sur ces conclusions.

145. Principe holographique

Leonard Susskind est un physicien américain dont on va parler plus loin pour son apport à la théorie des cordes[462], mais qui a beaucoup travaillé également sur l'entropie des trous noirs et la question de l'information des trous noirs. Son idée est la suivante : puisque n'importe quelle région sphérique de l'espace, si elle est suffisamment dense en matière, s'effondrera en un trou noir et que, par ailleurs, les trous noirs sont des objets à entropie maximale, alors l'entropie de cette région de l'espace ne pourra jamais dépasser l'entropie d'un trou noir qui occuperait exactement cette région — horizon des événements.

Si l'entropie peut être considérée comme une mesure de l'information, elle peut être mesurée — en *bits* ou en *nats*, mais peu importe. Si celle-ci est proportionnelle à la surface de cette région, cela signifie que toute l'information peut être mesurée à la surface de cette région, à la manière d'un hologramme.

Hologramme

Petit mot sur les hologrammes. Nous avons tous l'habitude d'en voir, et nous considérons très souvent qu'il s'agit d'images en trois dimensions : ce n'est pas le cas. Un hologramme est une image en deux dimensions uniquement — sur une surface métallique ou transparente comme du verre — mais contenant les informations d'objets en trois dimensions, ce qui fait que, selon l'angle d'observation, on peut voir une projection différente de ces objets. Du coup, l'analogie est assez correcte : un hologramme est une représentation sur une surface d'informations contenues dans un volume.

À partir de là, il y a deux écoles de pensée dont il reste à trancher si l'une ou l'autre a raison : la première école, dite *holographique forte*, considère, pour reprendre l'exemple d'un trou noir, qu'on peut effectivement

462 *Cf.* page 328.

conserver toute l'information absorbée par un trou noir à sa surface, mais que cette information est également présente dans le trou noir par-delà l'horizon des événements — comme pour l'hologramme qui est une représentation sur une surface d'un objet réel existant. La seconde école, dite *holographique faible*, considère, à l'inverse, que la seule information existante se trouve à la surface du trou noir qui, en tant que projection, ne donne que l'illusion d'informations réellement contenues dans le trou noir.

Susskind va plus loin avec cette théorie ou, plutôt, va au bout de sa théorie. L'univers lui-même, tel que nous le connaissons et l'appréhendons en trois dimensions, n'est peut-être qu'une illusion et ne possède peut-être que deux dimensions en réalité, la troisième étant une création de notre cerveau pour interpréter ce que nous percevons — là encore avec la possibilité forte ou faible. Une fois l'élégance de l'idée appréciée ou non, en quoi cela peut-il être utile de remettre à ce point en cause notre vision de la réalité ? Le fait est qu'un univers en deux dimensions simplifie énormément les problèmes de compatibilité entre gravitation et mécanique quantique. Leur incompatibilité est une vraie source de problèmes majeurs ; en effet, comment se peut-il que les théories de la relativité générale et de la mécanique quantique soient si belles, si exactes, et pourtant incapables de coexister ?

Mais l'idée de Susskind reposant sur le fait qu'un volume ne peut pas contenir plus d'informations que n'en est capable la surface qui l'entoure, les physiciens du Fermilab ont mis au point une expérience avec un instrument composé de lasers très puissants et appelé Holometer, dont le but est de découvrir si, à un niveau microscopique, il y a une limite à la densité de l'information dans l'espace et le temps. Pour l'instant, ils cherchent encore…

146. Les trous de ver

Impossible de clôturer une section complète sur les trous noirs sans parler des trous de ver, les fans de science-fiction n'auraient pas fini de me le reprocher. Un trou de ver est un passage reliant deux régions distinctes de l'espace-temps par un trou noir d'un côté et un trou blanc de l'autre.

Trou blanc

Un trou blanc, aussi appelé *fontaine blanche*, est un objet astronomique purement théorique. En effet, tout comme les trous noirs, il est conforme aux lois de la relativité générale, mais les scientifiques sont plutôt consensuels quant au fait qu'il n'existe rien de tel, encore qu'il est possible, pour certains, de considérer le Big Bang comme un trou blanc. Parfait symétrique du trou noir, il est constitué d'une singularité, mais alors que rien ne peut échapper à un trou noir, rien ne peut pénétrer dans un trou blanc. Cependant, alors qu'on sait expliquer la formation des trous noirs — par la mort d'une étoile ou une existence datant des premiers instants après le Big Bang — aucune explication satisfaisante ne vient aider à valider l'existence des trous blancs.

Si les trous blancs existent et s'il est possible de lier un trou noir et un trou blanc, alors on peut en effet imaginer que la matière émise par un trou blanc n'est autre que la matière absorbée par le trou noir correspondant. Cela dit, et alors que de nombreux ouvrages de science-fiction s'emploient à vouloir nous faire traverser de grandes distances dans l'univers en passant par des trous de ver — oui, c'est à toi que je pense, *Interstellar*[463] — le fait est qu'un tel trou de ver présenterait, entre ses deux extrémités, une singularité gravitationnelle par laquelle je ne souhaiterais pas, à titre personnel, transiter. L'idée d'un trou de ver pose également un problème topologique de taille, en supposant qu'on puisse relier deux régions différentes de l'espace-temps : soit ces

---

463 *Interstellar*, Christopher Nolan, 2014.

deux régions ont toujours été reliées, soit il faut à un moment donné déchirer le tissu de l'espace-temps pour créer cette jonction, ce qui est impossible d'après la relativité générale. La seule autre possibilité est donc la première, et de nombreux scientifiques imaginent qu'une telle chose est possible, mais uniquement au niveau quantique ; et c'est véritablement l'objet d'un autre genre de livre.

Les limites du modèle standard

Au bout d'un moment, on en viendrait à douter de tout…

Avant d'affronter de face le fameux problème d'incompatibilité entre gravitation et mécanique quantique, il convient de faire encore un peu le tour, autant que possible, de ce qui constitue notre univers ; en effet, la gravitation pose encore un certain nombre de problèmes et certains éléments nous aideront peut-être à y voir plus clair — quand je dis « y voir plus clair », en réalité c'est un jeu de mots avec ce qui suit, mais vous ne le remarquez pas, puisque ce qui suit… suit.

147. L'énergie sombre

On a déjà parlé de la matière sombre lorsqu'on a évoqué la composition de l'univers[464] et, à ce moment, j'avais déjà dit qu'on parlerait du reste plus tard parce qu'il manquait quelques cordes à notre arc. Devinez ! Plus tard, c'est maintenant !

Si vous prenez un caillou et que vous le lancez en l'air, vous savez précisément dire ce qui va se produire : du fait de la gravitation terrestre, le caillou va d'abord ralentir jusqu'à inverser sa course et retomber au sol, puisque la gravitation l'accélère constamment vers le sol. Que diriez-vous si, faisant l'expérience, on se rendait compte que, non seulement le caillou ne ralentit pas mais, pire que cela, il accélère sa course et disparaît rapidement dans le ciel ? La seule réponse raisonnable que pourrait faire un scientifique est la suivante : une force s'exerce sur le caillou qui accélère sa trajectoire malgré la *gravitation* ; cela peut s'exprimer par une force « interne » — si le caillou est muni d'un système de propulsion, par exemple — ou « externe » — une force électromagnétique, gravitationnelle, bref quelque chose à distance.

Bon, fin des années 1920, on montre que l'univers n'est pas statique — merci Edwin, et désolé Albert — mais en expansion. Partant de là, on imagine deux scénarios pour le futur de notre univers : soit la gravitation des galaxies est suffisamment grande pour prendre le pas sur cette expansion et, après un ralentissement de celle-ci, tout va s'effondrer, les galaxies s'attireront les unes les autres jusqu'à ce que tout se contracte en une espèce de Big Bang à l'envers. On appelle ce scénario le *big crunch*. L'autre scénario est que la gravitation n'est pas suffisamment forte et que les influences gravitationnelles des galaxies entre elles finiront par ne plus compter, et l'expansion continuera alors indéfiniment, chaque galaxie poursuivant son chemin sans rien pour

---

[464] *Cf.* page 56.

modifier sa trajectoire. L'univers étant considéré comme un système isolé — le seul dans l'univers à être *a priori* réellement isolé, d'ailleurs — la seconde loi de la thermodynamique postule que son entropie ne va qu'augmenter et que si sa « durée de vie » est suffisamment grande, alors l'univers se rapprochera continuellement d'un état limite dans lequel son énergie sera équitablement distribuée — entropie maximale. Son énergie mécanique — les mouvements de ses composants — s'épuisera tranquillement jusqu'à ce que plus rien ne bouge, nulle part. L'univers sera alors en état de *mort thermique*, c'est un scénario qu'on appelle le *big freeze* — et ça ne fait pas vraiment envie. La différence fondamentale entre les deux scénarios est que si le premier était concevable, alors il serait possible d'imaginer qu'il s'est déjà produit des milliers de fois. Mais, et nous allons le voir, ce premier scénario ne semble pas tenir la route, mais pour une raison aussi inexplicable qu'inattendue.

Dans les années 1990, deux projets internationaux distincts effectuent le même genre de recherche. Le projet *High-Z Supernovæ search team*, dirigé notamment par les astronomes américains Brian Paul Schmidt et Adam Riess, recherche des supernovæ distantes pour, en étudiant leur luminosité et leur décalage vers le rouge sur des périodes suffisamment longues, déterminer l'évolution de l'expansion de l'univers. L'autre projet est intitulé *Supernova cosmology project* et est dirigé par le cosmologiste américain Saul Perlmutter. Schmidt, Riess et Perlmutter se partageront le prix Nobel de physique en 2012 pour ces travaux qui ont mis en évidence le fait que l'expansion de l'univers ne ralentit pas. Elle accélère…

Du coup, qui dit accélération dit cause de l'accélération ; les scientifiques se mettent donc en quête de ce qui la provoque. La première étape consiste à caractériser ce que l'on cherche ; en effet, on est capable de mesurer cette accélération et donc de décrire l'influence de ce qui la cause. On découvre rapidement que ce qui provoque cette accélération est avant tout invisible — en anglais on dira *dark*, sombre — en ce sens que, quelle que soit cette chose, elle n'interagit pas avec la lumière et doit également disposer d'une pression négative, comme une gravitation répulsive, en quelque sorte. Le nom *énergie sombre*, ou *dark energy* — qu'on appelle aussi parfois en français *énergie noire* pour ceux qui ont également l'habitude de parler de matière noire — est évoqué dès 1998. Le seul vrai gros problème posé par cette découverte est que, pour expliquer l'accélération de l'expansion de tout l'univers, cette énergie sombre doit constituer plus de 70 % de la densité d'énergie totale de l'univers.

Le retour de la constante cosmologique

Face à autant d'inconnu, les scientifiques ont commencé par se rabattre vers ce qu'ils connaissaient, et c'est ainsi que la « plus grande erreur de la carrière » d'Einstein refait surface[465]. Einstein, en 1916, refusait l'idée d'un univers en expansion rendu possible par ses équations de la relativité générale, et avait donc artificiellement intégré à celles-ci une constante, la *constante cosmologique*, qui permettait de contrebalancer les effets de la gravitation qui, à terme, feraient s'effondrer l'univers sur lui-même. Du coup, cette constante cosmologique qui vient s'opposer à la gravitation, n'est-elle pas, au moins mathématiquement parlant, exactement ce qu'on cherche ? En partant du principe que cette constante n'est pas une erreur d'Einstein — mais peut-être son plus grand coup de génie — les cosmologistes ont bâti un modèle cosmologique l'intégrant et appelé *modèle* Λ*CDM*.

465 *Cf.* page 20.

Modèle ΛCDM

Prononcez « Lambda-CDM », ou « Lambda Cold Dark Matter ». Ce modèle cosmologique, également appelé modèle standard du Big Bang, est le modèle le plus simple existant et permettant de rendre compte des propriétés connues de l'univers : l'existence et la structure observée du fond diffus cosmologique, la structure actuelle de l'univers — amas de galaxies, galaxies, amas d'étoiles, étoiles, etc. — la répartition des éléments dans l'univers, et notamment l'abondance des éléments les plus légers — hydrogène et hélium — et enfin, évidemment, l'accélération de l'expansion de l'univers. Ce modèle, bien sûr, repose sur la validité de la théorie de la relativité générale.

Le modèle ΛCDM est certes très intéressant et si, pour l'instant, il n'est pas question de le remettre fondamentalement en cause, il faut reconnaître que ce modèle pose quelques problèmes pas piqués des hannetons. Tout d'abord, la constante cosmologique est une constante totalement artificielle qui avait d'abord été ajoutée pour réfuter un univers en expansion ; donc l'intégrer dans un modèle d'univers non seulement en expansion, mais dont l'expansion s'accélère, ne se fait pas sur un coup de tête ; ensuite, du point de vue de la physique des particules — représentée très correctement par le modèle standard — la constante cosmologique correspond à la densité d'énergie du vide. Et dans le modèle standard, cette densité d'énergie du vide est tout simplement phénoménale — de l'ordre de 10^{74}GeV[466] — ce qui, en soi, n'est pas problématique ; le problème vient du fait que dans ce modèle ΛCDM, notre constante est très nettement moindre — de l'ordre de 10^{-47}GeV — avec cent vingt ordres de grandeur de différence, ce qui est tout simplement inacceptable. Pour donner une idée de différence ici, ce serait comme si nous disposions de deux façons de mesurer le diamètre de l'univers observable, que l'une, classique, nous donne un résultat d'environ quatorze milliards d'années-lumière, soit cent quarante mille milliards de milliards de kilomètres, et que l'autre nous

466 Soit environ 4.000 fois l'énergie de notre galaxie, hors matière noire.

donne un résultat de 1,4 milliardième de milliardième de milliardième de milliardième de milliardième de milliardième de milliardième de milliardième de milliardième de milliardième de milliardième de mètre. Vous comprenez pourquoi je dis que c'est inacceptable ? Voilà encore un point qui vient s'ajouter à la liste des choses qui rendent incompatibles le modèle standard et la relativité générale parce que, soyons clair, malgré cette erreur que j'ai même honte de simplement qualifier de monumentale, le modèle ΛCDM décrit plutôt bien l'univers et est, à ce jour, régulièrement utilisé par les cosmologistes dans leurs calculs. Enfin, « ce modèle décrit plutôt bien l'univers », certes, mais uniquement à condition d'affiner suffisamment la constante cosmologique ; et quand je dis « suffisamment », je veux dire l'affiner à cent vingt-trois chiffres après la virgule ce qui non seulement est absolument inédit pour une constante, même fondamentale, mais qui plus est pour une constante ne reposant sur aucune autre base théorique que « avec cette constante, ça marche bien ». Et il faut que cette constante si finement estimée reste absolument constante au cours du temps pour que cela fonctionne ; et là encore, le modèle standard vient gueuler que dans la mécanique quantique, la densité d'énergie du vide est soumise à de constantes fluctuations[467].

Le presque retour de la quintessence

Je ne sais pas qui a eu la sombre idée d'exhumer ce terme qu'on pensait définitivement oublié avec les « théories scientifiques » d'Aristote — en réalité, je sais, ce sont les physiciens Limin Wang et Paul Steinhardt — mais ce clin d'œil, désolé de l'admettre, m'agace un peu. Certes, on peut l'expliquer ; si l'on considère l'énergie sombre comme une forme d'énergie parmi les autres existantes, qui sont au nombre de quatre : la matière baryonique qui constitue les atomes connus, les photons, les

467 Rappelez-vous l'effet Casimir, page 194.

neutrinos et la matière sombre, alors, effectivement, l'énergie sombre peut être qualifiée de « quinte essence ».

Dans ce modèle originellement — en 1988 — mis au point par James « Jim » Peebles et Bharat Ratra, respectivement physicien américain et cosmologiste indo-américain, l'idée de la quintessence est la suivante : c'est un *champ scalaire avec une équation d'état de type barotropique.* C'est bon pour vous ?

Bon, vous pensez bien que je vais expliquer ce machin, ne vous inquiétez pas.

Pour commencer, qu'est-ce qu'une équation d'état ? C'est une équation qui lie les différentes propriétés d'une chose entre elles ; par exemple, les gaz ont une équation d'état qui lie leur pression à leur volume et à leur température, ce qui correspond bien à l'idée qu'on s'en fait : si un gaz chauffe, il se dilate — son volume augmente — ou, s'il est contraint dans un volume, sa pression augmente, etc. Dire que la quintessence a une équation d'état ne suffit pas, on comprend bien que toute chose a une équation d'état, le but des physiciens étant justement de mettre la main sur cette équation. C'est pourquoi ici on détaille cette équation d'état en disant qu'elle est de type barotropique et, effectivement, cela réduit un peu le champ des possibles. Dire de quelque chose qu'il est barotropique signifie simplement que sa pression ne varie qu'en fonction de sa densité — je rappelle, s'il en est besoin, que « densité » signifie la même chose en physique que dans le langage courant, à savoir « quantité par unité de volume » ; si vous remplissez deux bassines de cinq litres avec des billes et que, dans l'une des bassines, vous mettez deux fois plus de billes, alors la densité de billes y est le double de l'autre. Bon, on a presque tout bien expliqué, reste le champ scalaire.

Champ scalaire

Un champ scalaire est une fonction qui associe uniquement un nombre à des points de l'espace. Par exemple, je peux, à l'aide d'un thermomètre, mesurer la température n'importe où dans une pièce. J'obtiendrai ainsi des données du type « à 1 m du sol, à 2 m du mur gauche et à 50 cm du mur en face, la température est de 19 °C » ; en chaque point de l'espace je trouverai un nombre.
Il faut bien distinguer les champs scalaires des champs vectoriels, tels que les champs électromagnétiques qui, en tout point de l'espace, définissent un vecteur, c'est-à-dire un nombre — une intensité — mais avec une direction et un sens — par exemple horizontal vers la gauche — et il faut bien distinguer les champs scalaires et les champs vectoriels des champs tensoriels — les plus complexes des trois, mathématiquement — tels que les champs gravitationnels qui, à chaque point de l'espace, définissent un tenseur vectoriel — ce qui permet notamment la torsion de l'espace lui-même.

Donc, si je résume, la quintessence est définie comme un machin dont la pression varie uniquement en fonction de sa densité et dont on doit pouvoir mesurer l'intensité en tout point de l'espace.

Alors quel est le problème de la quintessence ? Le problème, c'est qu'elle repose sur l'idée que l'énergie sombre est induite par des particules qui, à ce jour, nous sont totalement inconnues et qui ont été créées lors du Big Bang en quantité suffisante pour remplir tout l'espace ; par ailleurs, si tel était le cas, elles auraient dû, par endroits, se regrouper, ce qui provoquerait des variations de densité qu'on n'est tout simplement pas capable de mesurer à ce jour. En bref, c'est une théorie qu'on ne sait ni valider ni infirmer, mais qui ressemble si furieusement à l'idée abandonnée de l'éther[468] qu'elle en devient très difficile à admettre.

Énergie fantôme

Parfois on dirait que les physiciens ne se rendent pas compte qu'après avoir bossé des années sur un sujet théorique complexe, il suffit de lui

---

468 *Prenez le temps d'e-penser*, Tome I, chapitre 71, Éd. Marabout.

donner — pardon — un nom à la con pour totalement décrédibiliser le sujet de leur étude.

Autre candidat à l'énergie sombre, et quelque part version « extrême » de la quintessence, l'énergie fantôme désigne une forme particulière d'énergie dont la densité augmenterait avec l'expansion de l'univers. C'est un peu comme placer des billes dans un ballon de baudruche et dire que, à mesure qu'on va gonfler le ballon, non seulement le nombre de billes va augmenter, mais qui plus est le nombre de billes va proportionnellement plus augmenter que le volume du ballon. D'où, soit dit en passant, ce nom ridicule d'énergie fantôme. Cela dit, une fois que j'ai dit cela, on va quand même rappeler que, certes, cela peut nous sembler tout à fait exotique, mais que ce n'est pas nécessairement plus délirant que le vide dans lequel apparaissent continuellement, *ex nihilo*, des paires de particule-antiparticule. Et ce n'est pas nécessairement plus délirant que d'imaginer que la Terre ne tourne pas autour du Soleil mais qu'elle se déplace en ligne droite dans un espace-temps déformé par la présence du Soleil. Le simple fait que cette hypothèse vienne heurter notre bon sens ne suffit pas à la rejeter. Du coup, bon sens mis à part, quel est le problème de cette hypothèse ? Le problème majeur est que dans la théorie de la relativité générale, il existe un ensemble de conditions appelées *conditions de l'énergie* que la matière doit respecter ; et l'énergie fantôme semble violer une de ces conditions, appelée *condition faible de l'énergie*. Je dis « semble » car il est possible qu'elle ne la viole pas, mais uniquement à condition d'interagir avec la matière sombre — je ne rentre pas dans les détails ici, ils sont purement mathématiques. Ce qu'on peut en conclure, et c'est en cela que ça pose problème, c'est que pour que l'énergie fantôme soit effectivement l'énergie sombre, cela signifie qu'il faut revoir, au moins partiellement, la théorie de la relativité générale. Or c'est elle qui nécessite d'exprimer une forme d'énergie sombre. Cela revient à dire qu'une théorie, pour être validée, nécessite la caractérisation d'un composant qui vient l'infirmer. Cela étant, ce n'est pas impossible.

Pour conclure sur l'énergie fantôme, précisons qu'elle dispose d'une énergie cinétique négative — ce qui est curieux, même si l'on n'est plus à ça près — et que l'augmentation de sa densité avec l'expansion de l'univers induit qu'à un moment l'univers va littéralement s'emballer, que toutes les distances qu'on peut y mesurer deviendront infinies en un temps fini. Notamment, ce que ce scénario présage, l'espace s'étendant bien plus vite que la vitesse de la lumière, c'est que :

- dans un premier temps, l'univers observable devient de plus en plus petit, la lumière n'arrivant plus à « rattraper » l'expansion de l'espace lui-même ;

- lorsque l'espace entre les particules s'étend plus vite que la vitesse de la lumière, les particules responsables des interactions fondamentales ne peuvent plus s'échanger, c'est la fin des interactions fondamentales de l'univers ;

- aucune particule ne pouvant plus interagir avec une autre, les électrons n'orbitent plus autour des noyaux atomiques qui, eux-mêmes, ne retiennent plus protons et neutrons ensemble, protons et neutrons dont les quarks qui les composent ne restent plus non plus ensemble ;

- l'univers dans son ensemble, jusqu'à l'espace-temps lui-même, est totalement déchiré.

Ce scénario est appelé *big rip*, ou grande déchirure.

148. Y a-t-il un problème avec la relativité générale ?

Cela fait plusieurs fois qu'on tourne autour du pot et il est temps d'adresser clairement le problème. La relativité générale est une théorie de la gravitation et, si elle est remarquablement efficace pour décrire le comportement de la gravitation à grande échelle, elle est tout à fait incapable de décrire un comportement quantique de la gravitation. La théorie de la relativité générale n'est pas quantique, et loin s'en faut. Comme je l'ai déjà dit plusieurs fois dans ce livre, il y a une incompatibilité formelle entre relativité générale et mécanique quantique. Et le problème, c'est que cette incompatibilité limite notre connaissance de l'univers alors qu'on tente d'en délimiter les comportements les plus extrêmes. En effet, qu'il s'agisse d'un trou noir ou du Big Bang, aucune théorie ne nous permet de caractériser ce qui se produit lorsqu'une quantité phénoménale de matière se trouve contrainte dans un espace extrêmement réduit.

La relativité générale en quelques mots

La relativité générale, largement présentée dans le Tome I de ce livre, repose sur une idée : l'espace-temps — qui est un continuum dynamique tel que présenté dans la relativité restreinte — se déforme en fonction de la présence de matière-énergie. L'équation d'Einstein de la relativité générale peut s'interpréter tel que l'a fait John Wheeler de la façon suivante :

> « La courbure de l'espace-temps dit à la matière comment se mouvoir, et la matière dit à l'espace-temps comment se courber. »

La relativité générale est une théorie locale qui décrit les variations locales de l'espace-temps en fonction de la présence locale de matière. C'est une théorie prédictive et déterministe.

La théorie quantique des champs en quelques mots

La théorie quantique des champs est une théorie qui englobe à la fois la mécanique quantique et la théorie de la relativité restreinte. Cette théorie sait expliquer les interactions électromagnétiques ainsi que les interactions nucléaires, qu'elles soient fortes — grâce à la chromodynamique quantique — ou faibles.

Chromodynamique quantique

De la même manière que l'électrodynamique quantique a pour objet d'expliquer l'électromagnétisme au niveau quantique *via* les équations d'interactions électromagnétiques et les échanges de photons entre particules[469], la chromodynamique quantique a pour objet d'expliquer l'interaction nucléaire forte au niveau quantique, c'est-à-dire l'interaction qui maintient les noyaux atomiques en place. En effet, je rappelle qu'un noyau atomique peut être composé de plusieurs protons « collés » les uns aux autres alors qu'ils sont tous chargés électriquement positivement, et, qu'à ce titre, ils se repoussent continuellement. Les protons et les neutrons ne sont pas des particules élémentaires mais des composites, composés chacun de trois quarks distincts. Et, de la même manière, puisqu'il existe deux types de charge électrique qui s'opposent, on a décidé de les appeler positive et négative, il existe trois types de « charge » d'interaction nucléaire forte, et du fait qu'elles se combinent, on les a appelées *charges de couleur bleue, verte et rouge* — les couleurs bleue,verte et rouge se combinant pour donner du blanc. C'est un nom totalement inapproprié qui n'a rien à voir avec la couleur, acceptons-le, c'est ainsi.

Ainsi donc les charges d'interaction nucléaire forte sont des charges de couleur qui peuvent être bleues, vertes ou rouges. Le champ d'étude de leurs interactions est appelé chromodynamique quantique — *chroma* signifiant « couleur » en grec[470]. Et de la même manière qu'en électrodynamique quantique les particules chargées électriquement s'échangent des photons, les particules chargées en couleur s'échangent, en chromodynamique quantique, des gluons. J'ajoute qu'il existe également, à l'instar des diagrammes de Feynman en électrodynamique

---

469 *Cf.* page 203.

470 Ou, sur dailymotion, CHROnique de cinéMA, une superbe émission d'analyse de cinéma présentée par Karim Debbache, Gilles Stella et Jérémy Morvan, et que je vous recommande.

quantique, des diagrammes en chromodynamique quantique qui simplifient énormément la compréhension des phénomènes.

La théorie quantique des champs est capable de décrire tout le comportement de la matière à l'exception de la gravitation qui, à son échelle, est hautement négligeable. De plus, la théorie quantique des champs est écrite dans un espace-temps fixé qui est comme une scène indéformable où le temps s'écoule de façon constante. Cet espace-temps n'a pas de courbure. Enfin, cette théorie repose sur une base probabiliste et dont des principes fondamentaux, tels que le principe d'incertitude, nous interdisent de pouvoir prédire et déterminer des phénomènes avec autant d'assurance qu'on le souhaite.

Incompatibilité formelle

Dans un cas, l'espace-temps se courbe par nature alors qu'il n'a pas de courbure dans l'autre. Dans un cas, tout peut être parfaitement prédéterminé alors que cela n'a tout simplement aucun sens dans l'autre. Qui plus est, dans la relativité générale, l'espace-temps est un continuum tandis que dans la théorie quantique des champs, tout est quantifié et l'espace lui-même ne peut pas être décrit avec des valeurs arbitrairement petites.

Et alors ?

Après tout, pourquoi ne pas simplement se dire que s'il y a incompatibilité entre les deux théories qui, pourtant, dans certains cas — trous noirs, univers primordial — devraient être toutes deux capables de décrire le même phénomène, pourquoi ne pas simplement se dire que l'une de ces deux théories est fausse, déterminer laquelle et avancer ? Parce qu'elles sont toutes deux incroyablement exactes. Ce sont les deux théories conçues par l'humanité — l'espèce, pas le journal — les plus complexes et les plus précises quant aux prédictions qu'elles sont capables de faire sur l'observation. En effet, pour ce qui est de la théorie de la relativité générale, les calculs qu'elle permet ont pu montrer une exactitude sans précédent lors du calcul du périhélie du pulsar binaire PSR 1913 +16 constitué de deux étoiles à neutrons en orbite l'une de l'autre, l'une étant un pulsar, ce calcul s'étant montré exact avec une précision de quatorze chiffres après la virgule. J'ajoute qu'aucune observation à ce jour n'est venue invalider la relativité générale. De la même manière, la théorie quantique des champs s'est montrée exacte avec une précision de onze chiffres après la virgule.

Ces deux théories sont incroyablement exactes, il convient donc d'avancer avec les deux jusqu'à preuve du contraire. Le problème majeur est d'être capable d'intégrer la gravitation dans les modèles quantiques. Il faut pouvoir décrire une gravitation quantique. Pour avancer dans cette voie, il convient d'abord de déterminer une dernière chose — et nous serons enfin parés — d'où vient la masse des objets ?

D'où vient la masse ?

Ce problème nécessite sans doute beaucoup de gravité...

149. La théorie de jauge

Après la Seconde Guerre mondiale, et alors que, grâce aux travaux d'Enrico Fermi, on commence à avoir une vision assez précise de ce qu'était l'interaction nucléaire faible — responsable de la désintégration β —

les scientifiques qui, comme chacun sait, adorent triturer les équations, se sont mis en tête de triturer des *lagrangiens*.

Lagrangien

Je ne vais pas m'amuser à détailler ici ce qu'est un lagrangien, c'est une tannée pour quiconque ne maîtrise pas parfaitement les outils mathématiques nécessaires — et je ne les maîtrise pas du tout. Ce qu'on peut dire assez tranquillement, c'est qu'un lagrangien est une expression mathématique capable de produire tous les effets d'une force lorsqu'elle est appliquée à un système donné. On le note à l'aide d'un beau « L » calligraphié qui va faire s'arracher les cheveux à mon imprimeur : $\mathscr{L}$.

Nos scientifiques en question se sont donc demandé quelles transformations mathématiques — des transformations de jauge — on pouvait appliquer à un lagrangien tout en le laissant invariant. Ils se sont rapidement rendu compte que multiplier les paramètres du lagrangien par un nombre particulier ne change rien au lagrangien, il reste invariant. La conclusion qu'on peut en tirer est que le lagrangien est *invariant de jauge globale*, et le mot important de la phrase est « globale » car la transformation effectuée ne dépend ni de l'espace ni du temps — c'est juste un nombre. Et, du coup, que se passe-t-il si la transformation de jauge est, cette fois-ci, locale et non globale ? En l'occurrence, cela signifie une transformation qui dépend de l'espace et du temps. Pour visualiser la chose, Étienne Klein fournit un exemple assez parlant dans sa conférence intitulée « Qu'est-ce que la masse ? » ; il propose l'analogie suivante : si on se met tous d'accord pour avancer toutes nos montres de deux heures — transformation globale — il nous sera facile de nous donner rendez-vous demain à 15 h. En revanche, si chacun d'entre nous décide de changer l'heure de sa montre comme il le souhaite — transformation locale — il faudra bien, si je souhaite prendre rendez-vous avec quelqu'un, que j'échange une information avec cette personne pour connaître le décalage entre nos deux montres.

Nos scientifiques de l'époque ont donc eu cette idée folle consistant à dire que pour qu'une transformation locale laisse invariant le lagrangien, il faut qu'une « information » soit échangée, quelque chose qu'on ajoute dans l'expression mathématique — un *champ de jauge* — et qui vienne compenser le décalage causé localement. Ils testent alors leur idée sur le lagrangien de l'électromagnétisme et découvrent que lorsque le terme qu'ils ajoutent est le champ électromagnétique, le lagrangien est invariant. Ils pensent donc que ce champ de jauge peut être une interaction fondamentale, qu'il s'agisse de l'électromagnétisme, mais pourquoi pas aussi de l'interaction nucléaire forte ou faible ; Yang et Mills vont trouver les termes mathématiques correspondant — qu'on appelle *groupes de jauge* — à ces interactions et démontreront, tout comme c'était le cas pour l'électromagnétisme, que ces termes mathématiques caractérisent parfaitement ces interactions ; et comme on l'a déjà vu, ces interactions sont véhiculées par des particules virtuelles, des bosons, qu'en l'occurrence on appelle bosons de jauge, et qui correspondent parfaitement aux quanta de ces champs de jauge ajoutés mathématiquement.

Bosons de jauge

Comme on l'a déjà vu[471], les bosons peuvent être composites, mais lorsqu'ils sont élémentaires, ce sont des particules un peu particulières échangées entre des particules et qui portent, en quelque sorte, les interactions fondamentales. Ainsi, le photon est le boson qui porte l'électromagnétisme ; c'est en échangeant des photons que deux électrons se repoussent. On appelle ces bosons élémentaires des *bosons de jauge*. Cette famille particulière de particules est composée du photon pour l'électromagnétisme, mais également des *bosons* W^+, W^- *et* Z^0 pour l'interaction faible, et enfin des gluons — il y en a huit — pour l'interaction forte. Il pourrait exister un boson de la gravitation appelé *graviton*.

---

[471] *Cf.* page 63.

Outre l'exploit mathématique, quel est le rapport avec ce dont on essaie de parler, à savoir d'où vient la masse ? J'y viens. D'après les équations du modèle standard, on sait démontrer que plus la portée d'une interaction fondamentale est grande, moins la masse du boson messager — qui la porte — est grande. Ainsi, l'électromagnétisme a une portée infinie et son messager est le photon, sans masse. L'interaction nucléaire forte a également une portée infinie, et son messager le gluon est sans masse.

Portée de l'interaction forte

Il y a une subtilité concernant l'interaction forte ; en effet, les messages échangés ont une portée infinie, mais ils sont échangés entre les quarks qui ne savent pas vivre isolément ; un quark est toujours accompagné, que ce soit de deux autres quarks, d'un antiquark… Du coup, si la portée théorique de l'interaction forte est infinie, sa portée effective ne dépasse pas une distance extrêmement courte, de l'ordre de la taille du proton, à savoir 10^{-15} m, soit un millionième de milliardième de mètre.

Mais dans les années 1960, plusieurs groupes de physiciens, à savoir d'une part Robert Brout et François Englert, puis Peter Higgs de son côté, et d'autre part Carl Richard Hagen, Gerard Guralnik et Thomas Kibble, vont montrer chacun indépendamment des autres qu'il y a un problème. Si en effet le modèle standard est correct — et il semble bien l'être puisqu'il est en accord avec toutes les observations faites et que toutes ses prédictions jusqu'alors sont validées expérimentalement — et si ce modèle standard s'appuie sur les théories de jauge, il se trouve que les théories de jauge stipulent — lorsqu'on les travaille un peu mathématiquement — que toutes les particules messagères des interactions doivent avoir une masse nulle ; non seulement cela, mais les particules élémentaires également doivent avoir une masse nulle. En résumé, toutes les particules élémentaires doivent avoir une masse nulle. Ce qui est en opposition avec les observations, notamment le fait que la portée de l'interaction faible est extrêmement courte — de l'ordre de 10^{-15}m — ce qui est une *rupture spontanée de symétrie* avec la force électromagnétique de portée infinie.

150. Champ de Higgs

En juin 1964, Brout et Englert publient un article — en août de la même année pour Peter Higgs, puis en novembre pour Guralnik, Hagen et Kibble — dans lequel ils proposent le mécanisme suivant : puisque le modèle standard prédit que les particules élémentaires ont une masse nulle, partons du postulat que c'est le cas ; cela signifie alors que la masse que nous mesurons lorsque nous mesurons la masse d'une particule élémentaire n'est pas ce que nous pensons qu'elle est. En effet, on a considéré jusque-là — et c'est encore le cas dans les manuels scolaires — que la masse d'un corps est définie par la quantité de matière de ce corps, qu'elle est donc une propriété intrinsèque à ce corps ; partons de l'idée que cette interprétation est fausse et déterminons ce qui produit cette « masse » que nous mesurons. Ils vont mettre au point un champ scalaire, appelé — pardon — le *champ de Brout-Englert-Higgs-Hagen-Guralnik-Kibble* — dans l'ordre alphabétique, pas de jaloux, même si ça ne va pas durer — ou champ de BEHHGK — prononcez « BECK » — qui confère, *via* un boson messager, sa « masse » à une particule.

Prenons deux minutes pour penser un peu la portée de ce que ces gars-là racontent : d'une part, la masse n'est plus une propriété de la matière, les particules élémentaires étant sans masse, d'autre part, ces particules élémentaires acquièrent une masse dans le vide qui les entoure et qui, du coup, n'est pas vide.

Dénomination

Steven Weinberg est un physicien américain à qui on doit l'unification de l'électromagnétisme et de l'interaction nucléaire faible. À partir de certains niveaux d'énergie, l'interaction faible, dont l'intensité croît plus vite que celle de l'électromagnétisme, s'unifie à l'électromagnétisme et ces deux interactions deviennent indistinctes ; cependant, en deçà de certains niveaux d'énergie, ce n'est plus le cas et l'électromagnétisme, on l'a vu, a une portée infinie tandis que l'interaction faible a une portée incroyablement courte. Weinberg va, en 1967, décrire, *via* le mécanisme de BEHHGK, ce qui provoque la rupture de symétrie entre les deux interactions. Mais, en 1971, il se trompe sur l'ordre des publications des articles de 1964 et, convaincu que le premier article est de Higgs, va parler de mécanisme de Higgs, de champ de Higgs et de boson de Higgs, y compris dans son discours d'acceptation du prix Nobel quelques années plus tard.

Peter Higgs n'a jamais réclamé la paternité de cette découverte, il a même d'ailleurs cité Englert et Brout dans son article de 1964, mais c'est ainsi. Les physiciens un peu au fait parlent plutôt de Brout-Englert-Higgs, ou BEH, tandis que le grand public a retenu Higgs. Certains, notamment les médias — ou quelques jumeaux vulgarisateurs — parlent volontiers de *god-particle*, correctement traduit *particule-dieu* ou, plus mal traduit, *particule de dieu*. Dans tous les cas, ces dernières dénominations sont tout simplement hors de propos. Qu'Il joue ou non aux dés, Dieu a sans doute d'autres choses à faire que de donner son nom à des particules.

151. D'où vient la masse ?

Lorsqu'une particule élémentaire traverse le champ de Higgs, elle interagit plus ou moins fortement avec lui, ce qui va plus ou moins la freiner, lui donner de l'inertie ; or l'inertie est très précisément ce qui nous permet de mesurer la masse d'un corps — depuis Einstein, on sait que la masse grave d'un corps est identique, désigne la même chose que sa masse inertielle. Du coup, voyant une particule élémentaire ne pas interagir du tout avec le champ de Higgs, par exemple un photon, nous le voyons avancer à la vitesse de la lumière et nous disons qu'il est sans masse ; mais voyant un électron, sans masse, avancer normalement à la vitesse de la lumière mais freiné par le champ de Higgs, nous voyons donc qu'il avance moins vite que la lumière, qu'il a une inertie, et nous pouvons mesurer sa masse.

En outre, le boson médiateur, quantum du champ de Higgs, qu'on appelle communément *boson de Higgs*, ce boson est également doté d'une masse ; cela signifie qu'il interagit lui-même avec le champ dont il est un quantum.

En 1993, David J. Miller, physicien spécialiste des particules élémentaires, fournit une analogie restée célèbre permettant d'expliquer le mécanisme de Higgs, analogie pour laquelle il sera récompensé d'un prix remis par William Waldegrave, ancien ministre britannique des Sciences.

Explication politique du mécanisme de Higgs

Imaginez un cocktail organisé par un parti politique dans une salle de réception dans laquelle les différents militants sont uniformément répartis. À ce moment, un ténor du parti entre dans la pièce et avance vers le buffet. Du fait de sa notoriété au sein du groupe, les gens vont naturellement s'amasser autour de lui pour l'accompagner sur quelques pas, avant de retourner à leur place et de laisser d'autres invités prendre la relève. Cette accumulation de personnes autour de notre ténor produit de l'inertie ; en effet, s'il est en mouvement, il va lui être plus difficile de s'arrêter et, inversement, s'il est à l'arrêt, il est plus difficile de se mettre en mouvement. Les invités autour de lui confèrent de la « masse » à cet invité d'honneur. Quelques instants plus tard, un jeune militant fraîchement inscrit traverse la salle, parcourant la même trajectoire sans être le moins du monde interrompu par qui que ce soit ; il n'a tout simplement pas interagi avec les invités du cocktail qui ne lui ont conféré aucune masse.

Et qu'en est-il du boson de Higgs ? C'est un tout petit peu différent. Imaginez qu'un membre du parti passe la tête par la porte de la salle et lance une rumeur au premier invité qu'il voit — « Ne le répétez à personne, mais notre président va être nommé ministre des Sciences. » — alors cette rumeur va commencer à se propager, par groupe de personnes, un peu de la même manière dont une personne pourrait avancer au sein de la salle ; selon la vitesse de propagation, on peut déduire l'inertie de cette information. Cette inertie, c'est la masse du boson de Higgs.

---

152. Le boson de Higgs

Dès 1971, le champ de Higgs et son boson sont intégrés au modèle standard, ce qui permet de prédire la masse des bosons intermédiaires W^+, W^- et Z^0, masse qu'on pourra valider en 1983, ce qui constitue une preuve — indirecte, certes, mais on est sur la bonne voie — de l'existence du champ de Higgs.

Pour démontrer directement l'existence du champ de Higgs, il aura fallu la construction d'un couloir circulaire de vingt-sept kilomètres sous les Alpes, au CERN, pour fabriquer un premier accélérateur de particules, le LEP — qui envoie des électrons contre des positrons — puis un second, le LHC — qui envoie des protons contre des protons — afin de démontrer l'existence du boson de Higgs — boson dont la durée de vie est de l'ordre du dix millièmes de milliardième de milliardième de seconde, c'est dire si ce n'est pas une promenade de santé — et, par là même, prouver l'existence du champ de Higgs. Il faudra attendre 2012, le 4 juillet, pour avoir l'annonce de l'existence du boson de Higgs avec une certitude de 99,99997 %, et encore jusqu'au 15 mars 2013 pour en avoir la confirmation.

153. Du coup ?

Ce que la découverte du boson de Higgs a permis de montrer, outre l'exploit consistant à théoriser un champ scalaire pour des raisons purement mathématiques, contre toutes les observations, pour se rendre compte près de cinquante ans plus tard, après avoir construit le plus grand et le plus puissant collisionneur au monde et, soit dit en passant, une des plus grandes constructions de l'histoire de l'humanité — le journal, pas l'espèce… non, je déconne, bien sûr : l'espèce, pas le journal — se rendre compte, donc, près de cinquante ans plus tard, qu'on avait raison, outre cet exploit intellectuel sans précédent, cela a permis de montrer qu'il existe un champ scalaire, ce qui est révolutionnaire. Et pourquoi est-ce révolutionnaire ? Parce qu'une fois qu'on a démontré qu'il en existait un, il est plus acceptable d'imaginer qu'il en existe d'autres ; or il existe des candidats scalaires pour expliquer l'inflation, l'énergie sombre, la matière sombre, etc.

Cette découverte assoit autant la validité du modèle standard qu'elle ouvre de nouvelles voies pour la recherche, et notamment de nouvelles voies pour, peut-être, enfin, unifier les trois interactions du modèle standard avec la gravitation.

Une théorie du tout

La symphonie de l'univers jusque dans ses moindres recoins...

Deux problèmes vraiment majeurs subsistent en physique — en réalité, il y en a bien plus, mais on va se concentrer sur deux problèmes en particulier : le premier consiste à être capable d'intégrer la gravitation à la mécanique quantique, être capable de décrire de quelle façon, au niveau quantique, se comporte la gravitation, si faible soit-elle. En effet, la gravitation est tout à fait négligeable au regard des autres interactions fondamentales ; mais du fait que la gravitation est cumulative et de portée infinie, son influence ne peut qu'augmenter, ce qui fait qu'elle est l'interaction fondamentale qui s'impose le plus directement à l'échelle macroscopique. Et il existe des cas, à l'échelle quantique, où la gravitation ne peut plus être négligée ; en effet, dans un trou noir, la masse est si considérable que les effets de la gravitation sont immenses et, dans le même temps, les dimensions en jeu lorsqu'on parle de singularité gravitationnelle sont telles qu'on ne peut se passer de la théorie quantique des champs. Mais, et c'est là le second problème, la gravitation telle qu'on la comprend aujourd'hui, c'est-à-dire la relativité générale, et le modèle standard tel qu'on le comprend aujourd'hui, c'est-à-dire une théorie des particules qui intègre les trois autres interactions fondamentales de l'univers, ces deux théories sont incompatibles. Pour l'instant, je ne fais que redire ce qui a déjà été dit[472].

Nous avons deux théories incroyablement correctes, mais incompatibles entre elles ; par ailleurs, si nous pouvons la plupart du temps ne considérer que l'**une** d'elles, il existe des phénomènes physiques — les trous **noirs** — et d'autres supposées — le Big Bang — dont les conditions ne nous exonèrent d'aucune d'entre elles. Partant de ce constat, les physiciens se sont mis en quête de deux choses distinctes : modéliser une gravitation au niveau quantique et unifier les quatre interactions fondamentales, ce qui revient à unifier la relativité générale et la théorie quantique des champs. Et là, on va à nouveau faire un peu d'histoire.

154. Naissance d'une nouvelle théorie

En 1968, Gabriele Veneziano, un jeune physicien italien, cherche une équation permettant de formuler l'interaction forte qui maintient protons et neutrons dans le noyau atomique — malgré le fait que les protons, chargés électriquement positivement, se repoussent. La légende raconte qu'un jour, Veneziano ouvrit un livre de mathématiques sur les

---

472 *Cf.* page 313.

probabilités et y trouva une série d'équations dites eulériennes — émanant du mathématicien suisse Leonhard Euler quelque deux cents ans plus tôt — et, parmi ces trois fonctions, il en repère une particulière, appelée *fonction bêta*, dont les propriétés sont très utiles aux lois des probabilités, mais dont Veneziano trouve qu'elles ressemblent fortement aux propriétés de l'interaction forte pour un système à quatre particules. Cette équation sera rapidement généralisée à un système à n particules, suite à quoi Yoichiro Nambu, physicien américain d'origine japonaise, en 1968 même, puis Holger Bech Nielsen, physicien danois, en 1969 proposent indépendamment l'un de l'autre une interprétation de cette équation. Dans le même temps, en 1969, et tout aussi indépendamment, un jeune étudiant américain en physique, Leonard Susskind, découvre cette équation ; il dira ensuite :

> « Elle est tellement simple que même moi je peux la résoudre. »[473]

Après l'avoir, comme il se doit, triturée dans tous les sens pendant deux mois, Susskind se rend compte que cette équation décrit des particules dotées d'une structure interne vibrante et oscillante — un oscillateur harmonique, pour être précis — différente de celle d'une particule ponctuelle ; il s'agit là d'une structure à une dimension, capable de s'étirer et de se contracter — bref, de vibrer — un peu comme une très petite *corde*. Susskind rédige un article et le soumet à un jury pour publication ; l'article lui est retourné avec la mention « Assez médiocre, ne mérite sans doute pas d'être publié ».

En effet, à cette époque, quelque chose d'autre stimule les physiciens. En 1961, le physicien américain Murray Gell-Mann avait établi une classification des particules découvertes depuis les années 1950 en utilisant les propriétés de symétrie d'un groupe de jauge appelé SU(3) — qui décrit le champ de jauge de l'interaction forte, dont le messager est le

---

[473] *L'univers élégant*, Brian Greene, PBS, 2006.

gluon. Cette classification laissait des cases vides, ce qui jouait le rôle de prédictions à valider et, en 1963, la découverte de la particule Ω^-, qui avait été prédite par cette classification, en validait son existence. La théorie du groupe SU(3) permit à Gell-Mann de proposer que protons, neutrons et plus généralement les hadrons étaient composés de plus petites particules, nommées *quarks*. Et c'est justement en 1969 que ces quarks sont mis en évidence par James Bjorken, un physicien américain, et Richard Feynman. Gell-Mann obtient alors le prix Nobel pour ses travaux. Dès 1973, avec sa création, les physiciens se tournent massivement vers la chromodynamique quantique qui fournit d'excellents résultats et qui, comme l'électrodynamique quantique avant elle, offre une géniale représentation de ses interactions. À ce moment, la théorie des cordes sombre quasiment dans l'oubli — et le mot important, c'est « quasiment ».

155. Une théorie des cordes bosoniques

Dès 1973, quelques rares chercheurs continuent de s'intéresser à la toute jeune théorie des cordes. Ils jouent avec les équations, les tournent et les retournent, mais sont toujours confrontés aux mêmes difficultés : tout d'abord, ces équations semblent décrire une particule sans masse mais, de plus, des anomalies mathématiques apparaissent, ce qui n'est pas bon signe. Autant on peut toujours s'imaginer concilier deux équations physiques *a priori* incompatibles, autant, lorsqu'une anomalie mathématique survient, cela peut signifier la mort de la théorie, purement et simplement. Car les mathématiques ne sont pas tolérantes ; si une équation vous dit que $x = 1$ et qu'une autre vous dit que $x = 2$, soit vous ne désignez pas la même chose par x, soit votre ensemble d'équations est inconsistant. Tout simplement.

Parmi ces chercheurs, deux d'entre eux, l'Américain John Schwarz et le Français Joël Scherk, remarquent dans les équations des motifs dont les propriétés correspondent exactement aux propriétés prédites par une particule depuis longtemps recherchée, un boson messager responsable de l'interaction gravitationnelle, le graviton. Cela aboutit au développement de la *théorie des cordes bosoniques*. Dans celle-ci, seuls les bosons y sont décrits comme des cordes, mais dont les dimensions sont largement plus petites que celles initialement imaginées. Et je pense qu'il est grand temps de dire quelques mots au sujet de ces fameuses cordes.

Pour une fois, le nom donné par la physique n'est pas sans rapport avec la « réalité » décrite mathématiquement ; en effet, les cordes de la théorie des cordes, si elles ne sont pas composées d'un tissage fin comme les cordes de notre quotidien, se comportent comme elles. Ce sont des brins d'énergie capables d'osciller, de se contracter et de s'étirer, exactement comme un élastique. Dans la théorie bosonique, ces élastiques peuvent être fermés ou ouverts, ils peuvent être orientés ou non, et leur nature, ainsi que la façon dont ils vibrent, nous les font apparaître comme tel ou tel boson.

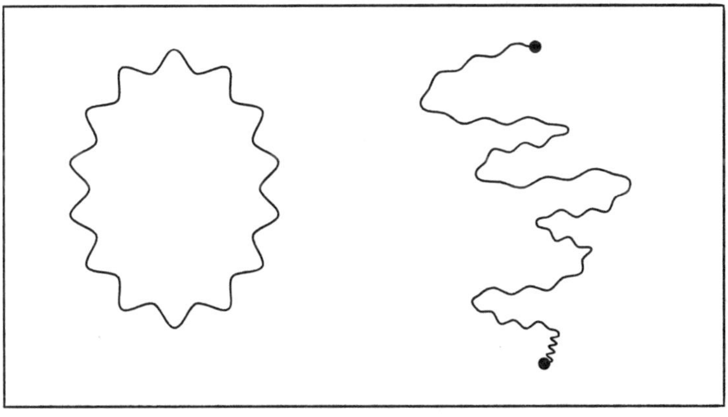

Cette théorie ravive un peu l'intérêt que certains ont pu avoir pour la théorie des cordes, mais elle pose encore de nombreux problèmes : tout d'abord, elle ne décrit que les bosons et pas du tout les fermions — famille de particules importante puisqu'elle constitue la matière avec les électrons, et les quarks qui forment protons et neutrons[474]; plus problématique, l'emploi dans ces équations de nombres complexes prédit l'existence de modes de cordes avec une masse imaginaire.

Nombres complexes et partie imaginaire

Il existe différentes familles de nombres en mathématiques. La plus simple est la famille de nombres dits *naturels*, noté N, c'est-à-dire les nombres entiers positifs : 0, 1, 2, 3...

Puis, pour résoudre les équations du type

$$\mathbf{x + 1 = 0}$$

on étend les nombres naturels aux nombres entiers négatifs, et on appelle le tout les nombres relatifs, noté Z : ... –5, –4, –3, –2, –1, 0, 1, 2, 3, 4, 5...

Puis, pour résoudre les équations du type

$$\mathbf{2x + 1 = 0}$$

on étend à nouveau l'ensemble relatif cette fois-ci pour permettre les fractions, qu'on appelle nombres rationnels, noté Q : ½, ¼, ¾,...

Puis, pour résoudre les équations du type

$$\mathbf{X^2 = 2}$$

on étend l'ensemble rationnel pour donner l'ensemble des nombres réels, noté R, qui contient tous les nombres de notre quotidien, y compris les plus exotiques : 1, 6.44, π, e,...

---

474 *Cf.* page 63.

On aurait pu en rester là, mais les mathématiciens italiens du XVIe siècle décident d'étendre à nouveau cet ensemble pour permettre la résolution d'équations plus complexes, et doivent pour cela imaginer une subtilité toute mathématique : un nombre dont le carré serait négatif. N'ayant aucun équivalent dans notre quotidien, ils appellent ce nombre *imaginaire*, le notent *i*, et le définissent ainsi :

$$\mathbf{i^2 = -1}$$

À partir de là, ils constituent un nouvel ensemble de nombres, appelés nombres complexes, noté C, contenant une partie classique dite *réelle* et une partie *imaginaire*. Ainsi, par exemple, le nombre (3 + 2i) a pour partie réelle 3 et pour partie imaginaire 2. Dans les résolutions mathématiques mises en place par nos Italiens de la Renaissance, les parties imaginaires s'annulent dans les calculs, ce qui permet effectivement de simplifier la recherche de solutions. C'est un peu comme si, pour résoudre un problème géométrique en deux dimensions, on passait par une troisième dimension pour simplifier la résolution ; tout irait bien tant que la solution retournerait dans les deux dimensions initiales.

Cette histoire de masse imaginaire ne sent pas très bon, parce qu'elle rappelle une théorie développée dans les années 1960 largement rejetée par les physiciens du monde entier.

156. Les tachyons

En 1967, le physicien et auteur de science-fiction américain Gerald Feinberg développe l'idée d'un champ quantique dont les quanta ont une masse imaginaire ; ces particules hypothétiques — vraiment hypothétiques — devraient alors se déplacer à une vitesse toujours supérieure à celle de la lumière ; de la même manière que, pour les particules à masse réelle, la vitesse de la lumière est une limite supérieure inaccessible, elle est, pour ces particules à masse imaginaire, une limite inférieure inaccessible. Feinberg appelle ces particules tachyons à partir du grec ταχύ, « taxi », qui signifie rapide[475]. Précisons immédiatement

[475] Ironique, n'est-ce pas ?

que cela n'affecte en rien la vitesse limite de transmission de signaux et que, de ce fait, le principe de causalité reste inviolé — c'est un peu chaud, mais ce qu'il faut en retenir, c'est que ça ne remet pas en cause l'ensemble des lois de la physique. Le problème du modèle de Feinberg est que lui-même ne permet pas, en réalité, de vitesse supérieure à celle de la lumière. Du coup, ce à quoi aboutit sa théorie, c'est qu'une masse imaginaire provoque une instabilité qui va immédiatement désagréger les éventuels tachyons en une nouvelle configuration plus classique.

Une analogie qui permet de comprendre cela est l'analogie de la colline et de la vallée. Si vous placez une bille au fond d'une vallée, elle est en équilibre, et même si vous perturbez un peu cette bille en la déplaçant à gauche ou à droite, elle reviendra spontanément à sa position au fond de la vallée ; c'est un équilibre stable. En revanche, si vous placez une bille en équilibre en haut d'une colline, la moindre perturbation la fera dégringoler à droite ou à gauche et elle ne reviendra pas spontanément à sa position initiale ; c'est un équilibre instable.

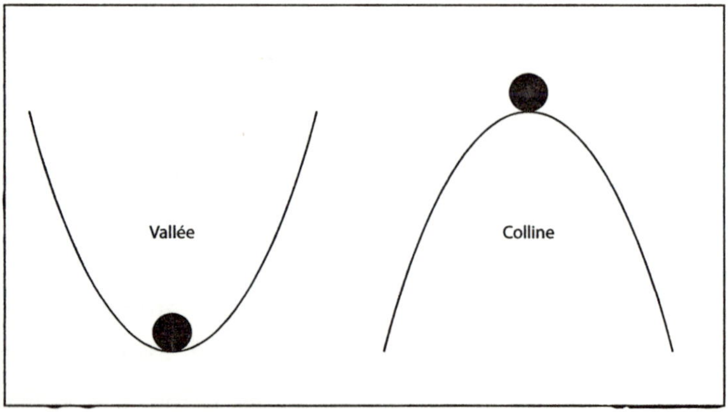

Ainsi, dès lors qu'une excitation du champ tachyonique indique la présence de tachyons — de la même manière que l'excitation du champ de Higgs indique la présence d'un boson de Higgs — alors le système devient instable et décline jusqu'au minimum de potentiel du champ tachyonique, moment auquel la particule négativement massive qu'on s'attendait à observer est en réalité une particule « normalement » massive, telle qu'un boson de Higgs, par exemple. Notons — vite fait — que Feinberg a utilisé son idée de particules supraluminiques pour ses ouvrages de science-fiction et qu'il a même proposé qu'elles pourraient expliquer des phénomènes paranormaux tels que la télépathie ou la psychokinésie.

Aujourd'hui, le champ tachyonique reste très important dans la physique des particules — notamment concernant la notion de condensats — en conservant la notion de masse imaginaire.

157. Un problème de dimensions

Revenons à nos moutons : Schwarz et Scherk ont permis le développement d'une première théorie des cordes uniquement bosoniques, et qui pose quelques problèmes qu'on vient d'exposer. Le dernier d'entre eux est que cette théorie nécessite de nombreuses dimensions spatiales dans lesquelles les cordes évoluent, et si cela ne pose pas particulièrement de problème mathématique, cela pose un problème d'interprétation physique : où se trouvent ces dimensions ? Existent-elles réellement ?

Theodor Franz Eduard Kaluza et Oskar Klein

Theodor Kaluza est un mathématicien et physicien allemand né en 1885 — je le dis simplement afin de ne pas le confondre avec son fils homonyme né en 1910 — qui, en avril 1919, écrit une lettre à Albert Einstein pour lui faire part de ses travaux. Considérant la façon dont Einstein avait démontré que la gravitation n'était pas une force mais une propriété de l'espace-temps, il cherche à démontrer que l'électromagnétisme devrait également être une propriété de l'espace-temps ; mais puisque l'électromagnétisme n'affecte directement ni l'espace ni le temps, il imagine une quatrième dimension spatiale, une cinquième dimension, qui porte l'électromagnétisme. Plus précisément, ce que fait Kaluza, c'est qu'il étend la relativité générale à cinq dimensions et, sur quatre de ces dimensions, celle-ci correspond précisément à la relativité générale d'Einstein dans l'espace-temps, tandis que sur la cinquième, elle correspond à l'électromagnétisme de Maxwell. Ces travaux constituent la première tentative de théorie unifiée des champs, en l'occurrence la gravitation et l'électromagnétisme. Einstein répondra à Kaluza « Ich habe grossen Respekt vor der Schönheit und Kühnheit Ihres Gedankens »[476], et recommandera la publication de cet article, en 1921, dans les *Comptes-rendus de l'Académie des sciences de Prusse*. Mais la mécanique quantique est en plein essor et peu de gens s'intéressent à ces travaux somme toute très hypothétiques. Einstein dira quand même :

> « On ne peut encore dire pour l'instant si l'idée de Kaluza sera validée, mais il faut lui reconnaître du génie. »

Oskar Klein est un physicien suédois qui passe son doctorat sous la direction de Niels Bohr fin des années 1910. Il va développer une idée selon laquelle des dimensions physiques supplémentaires peuvent exister tout en étant invisibles à nos yeux dès lors qu'elles sont repliées, enroulées sur elles-mêmes et d'une taille qui échappe totalement à notre entendement. Il va ainsi étendre la théorie de Kaluza qui, du coup, devient la théorie de Kaluza-Klein, ou théorie KK[477], l'idée que la cinquième dimension prédite par Kaluza est une dimension enroulée en cercle en tous points de l'espace « classique », cercle dont la taille est de l'ordre de la longueur de Planck, c'est à dire 10^{-33} m, soit un millionième de milliardième de milliardième de milliardième de milliardième de mètre, raison pour laquelle nous ne la voyons pas.

Pour comprendre ce problème de dimension enroulée sur elle-même, considérez la ficelle d'un cerf-volant ; lorsque le vent a une bonne prise sur votre aérodyne[478], vous pouvez avoir déroulé quatre-vingts mètres de ficelle ; si vous demandez à un ami de mettre sur cette ficelle une marque au stylo à l'endroit que vous avez choisi, il n'a besoin que d'une seule information pour placer cette marque — par exemple, à

---

476 J'ai le plus grand respect pour la beauté et la finesse de votre conception.

477 Puisqu'il est difficile de dire si ce sobriquet lui a été donné pour s'en moquer ou non, partons du postulat que non.

478 Oui, des fois, je mets gratuitement des mots classes.

cinq mètres de ficelle du cerf-volant — signe que cette ficelle n'a bien, en effet, qu'une seule dimension. Mais si vous deveniez subitement incroyablement petit, plus petit qu'un insecte, de la taille d'un acarien, cette ficelle prendrait d'un coup de l'épaisseur et, outre le fait de vous approcher ou de vous éloigner du cerf-volant, il vous serait désormais possible de tourner autour de votre ficelle : celle-ci dispose d'une deuxième dimension, certes perceptible à l'œil humain, mais bien plus petite que sa première dimension. Dans le cas de la théorie des cordes, c'est un peu la même chose, avec des proportions plus… affirmées. Si un quark faisait la taille du système solaire — en rappelant qu'un quark participe à la constitution de protons qui sont cent mille fois plus petits qu'un atome — alors la « taille » de ces dimensions serait de quelques mètres à peine, peut-être de la taille d'un arbre.

158. Une symphonie cosmique

Ce chapitre va être court, mais il est suffisamment important dans la compréhension de la théorie des cordes pour avoir quand même droit à son autonomie. En s'appuyant sur la mécanique quantique et en appliquant ses principes aux cordes, il est possible de déduire chaque type de vibration possible des cordes et, qui plus est, d'associer à chaque type de vibration une particule, sa masse et la façon dont elle peut interagir. De la même manière qu'une corde de guitare produit un son différent selon la façon dont elle vibre, on parle alors de *note* d'une corde. Et la gamme complète des notes est appelée *spectre* de la théorie. Dans l'idée des théoriciens, la moindre particule, de matière ou pas, est en réalité l'émanation d'une corde d'énergie qui vibre d'une certaine manière, transformant ainsi l'univers entier en une gigantesque symphonie cosmique.

159. La première révolution de la théorie des super-cordes

Un des principaux enjeux de la recherche en théorie des cordes était de pouvoir intégrer les fermions à la théorie qui, jusque-là, ne décrit que des bosons.

Super-symétrie

La super-symétrie est un principe applicable à différentes théories ; on parle alors de théories super-symétriques. Pas d'inquiétude, je vais expliquer ce qu'est la super-symétrie, mais il est essentiel de distinguer le principe des théories qui l'emploient, car de nombreuses théories distinctes, voire contradictoires, peuvent être super-symétriques, sans pour autant que cela ne remette en cause le principe de super-symétrie. Ainsi, une théorie super-symétrique qui s'effondre ne fait pas s'effondrer le principe de super-symétrie, tandis que si le principe même s'effondre, toutes les théories qui l'emploient tombent avec.

La super-symétrie repose sur le fait que la matière et les interactions sont un peu la même chose, qu'il existe une relation mathématique liant les unes à l'autre. C'est un principe purement hypothétique, originellement, mais qui, s'il s'avérait correct, permettrait de rendre compte de tant de problèmes aujourd'hui insolubles qu'il se trouve des milliers de chercheurs dans le monde pour tenter de le valider. Et, bien évidemment, la théorie des cordes n'échappe pas à cette idée car, si elle est exacte, alors bosons et fermions peuvent être considérés quasiment de façon indistincte et les fermions peuvent alors intégrer naturellement la théorie des cordes bosoniques.

Notons toutefois qu'une théorie super-symétrique des particules implique l'existence, pour chaque particule connue, d'une particule associée dite *super-partenaire* dont les propriétés sont exactement les mêmes à l'exception de son spin qui perd une valeur d'un demi. Ainsi, les quarks avec un spin égal à ½ ont un super-partenaire nommé squarks dont le spin est nul. À ce jour, aucun des super-partenaires prédits n'a pu être observé. Aucun. Mais on s'accroche quand même à l'idée car, en plus d'être élégante, elle permettrait, si elle était valide, d'expliquer la valeur si faible de la gravitation, l'existence du boson de Higgs et l'origine de la matière sombre.

La première théorie des cordes à intégrer les fermions — mais également toutes celles qui suivent — est super-symétrique. À ce titre, on parle plus naturellement de théorie des super-cordes. En 1984, John Schwarz et un autre théoricien américain, Michael Green, décident de calculer définitivement les fameuses anomalies mathématiques de la théorie des super-cordes afin de savoir si, oui ou non, elles sont insurmontables. Les anomalies en question sont des anomalies de symétrie de jauge ; en effet, un des problèmes majeurs que pose la théorie quantique des champs aux équations est que la théorie quantique est, par nature, quantifiée ; cela signifie qu'en deçà d'une certaine « échelle », les choses ne sont plus continues, mais avec des valeurs numériques fixes et distinctes ; on dit que les choses sont *discrètes*. Les anomalies rencontrées par Schwarz et Green sont des ruptures de symétrie de jauge lorsque les équations sont quantifiées. Ils vont découvrir qu'en résolvant les équations de la théorie des super-cordes, les anomalies mathématiques s'annulent entre elles et que les résultats qu'ils trouvent sont consistants d'une équation à l'autre. Cela prouve, au moins, que la théorie des super-cordes est consistante, et qu'elle est un excellent candidat pour unifier gravitation et mécanique quantique. La théorie des super-cordes acquiert ses lettres de noblesse tant dans le monde scientifique où de nombreux chercheurs s'intéressent enfin à elle, mais également auprès du grand public qui entend de plus en plus parler d'une possible *théorie du tout*.

160. La seconde révolution de la théorie des super-cordes

Profusion n'est pas raison

Le vrai problème de la théorie des super-cordes est, à cette époque, qu'il n'existe pas de telle chose ; en réalité, il existe au moins cinq théories des super-cordes, chacune extrêmement prometteuse, mais également très différente des autres. Certaines de ces théories préconisent que les cordes se déploient dans neuf dimensions, d'autres dans vingt-six dimensions ; certaines de ces théories n'autorisent que l'existence de cordes fermées, d'autres autorisent également les cordes ouvertes. Une telle prolifération risque bien de marquer la fin de ces théories, les faisant rapidement passer de théories du tout à théorie de rien.

Ed Witten

Edward Witten est un physicien théorique et professeur de mathématiques physiques à l'Institute for Advancey Study, à Princeton dans le New Jersey — l'institut d'Einstein, on en a déjà parlé[479]. À la fois chercheur dans les domaines de théorie quantique super-symétrique des champs, théorie des cordes, gravité quantique — bref, tous les domaines de la physique hautement mathématiques et incroyablement abstraits — considéré par ses pairs comme, peut-être, le « nouvel Einstein », mais de toute façon reconnu par ceux-ci comme un gars capable de voir ce que personne d'autre n'est capable d'appréhender. Le gars est tellement perché mathématiquement qu'il est le premier — et à ce jour le seul — physicien à obtenir la médaille Fields, plus haute distinction du domaine des mathématiques.

Et, à vrai dire, tout cela ne m'étonne pas vraiment — oui, désolé, là, je vais tenter une opinion « perso ». De la même manière qu'Einstein

---

479 *Cf.* page 207.

a pu développer ses théories hors de tout cadre classique académique, Witten a pu s'approprier des concepts physiques extrêmement abstraits grâce à des études mathématiques que peu de physiciens affrontent ; à une époque comme la nôtre où les tendances sont à la spécialisation, il n'est pas follement surprenant qu'une personne suffisamment brillante, si elle élargit son champ de connaissance, arrive à créer des ponts les reliant et à dépasser l'excellence. Le meilleur exemple de ce genre d'attitude est, selon moi, celui de Marie Curie.

Marie Curie, la radioactivité… et les difficultés en maths

Maria Salomea Skłodowska-Curie, ou plus simplement Marie Curie, est une physicienne et une chimiste française d'origine polonaise. Après des études en Pologne encore plus brillantes que vous ne l'imaginez — elle a tout simplement toujours la note maximale dans toutes les matières, voilà — elle part pour Paris en 1891 et s'inscrit à la faculté des sciences de Paris pour des cours de physique — elle est une femme étrangère parmi sept étudiantes étrangères, parmi vingt-sept étudiantes, parmi près de huit cents étudiants. Elle sort major de sa promotion de licence en 1893 et, un an plus tard, arrive deuxième de sa promotion de licence de mathématiques. Après sa rencontre avec Pierre Curie et un bref retour en Pologne, elle se marie en 1895 et passe le concours d'agrégation pour l'enseignement des jeunes filles en mathématiques en 1896, auquel elle arrive évidemment première.

Elle va étudier l'uranium afin de comprendre la nature du rayonnement qu'il émet, rayonnement découvert par Henri Becquerel ; ce sera le sujet de sa thèse, et elle montrera que ce rayonnement trouve sa source dans l'atome lui-même d'uranium et n'est pas le résultat d'une réaction chimique comme Becquerel le pensait. Elle découvrira aussi un élément quatre cents fois plus radioactif que l'uranium qu'elle baptisera polonium, puis encore un autre neuf cents fois plus radioactif que l'uranium et qu'elle baptisera radium — parce que radioactum était trop long.

Ce qu'il faut comprendre, c'est qu'à un moment de ses recherches, elle était bloquée par son niveau mathématique — pourtant très haut — et a alors repris ses études de maths, est sortie major de sa promo, et a repris ses recherches comme si de rien n'était.

Lorsque le comité Nobel propose de remettre le prix Nobel à Pierre Curie et Henri Becquerel pour leurs travaux sur la radioactivité, Pierre Curie en a vent et, en gros, tape un scandale pour que le nom de Marie soit associé au prix. Elle est la première femme à recevoir le prix Nobel.
En 1911, cinq ans après la mort de Pierre, elle est la seule femme participant au premier congrès Solvay à la suite duquel un scandale éclate : elle entretient une liaison avec Paul Langevin, ancien étudiant de feu Pierre Curie mais surtout homme marié. Les nationalistes s'en donnent à cœur joie en parlant de « l'étrangère qui brise un bon ménage français » ; du coup, lorsque le comité Nobel lui annonce qu'elle recevra le prix Nobel de chimie, Svante Arrhenius — chimiste suédois, prix Nobel de chimie 1903, qui s'est déjà illustré en 1905 pour s'assurer que Mendeleiev n'aurait pas le prix Nobel — lui déconseille de venir accepter le prix ; elle estime que ses travaux scientifiques n'ont rien à voir avec sa vie personnelle, et encore moins avec les diffamations qu'elle peut subir. Elle accepte le prix à Stockholm et devient non seulement la première femme mais le premier scientifique à recevoir deux prix Nobel dans deux disciplines scientifiques distinctes — et elle l'est encore à ce jour.
Elle est aujourd'hui la seule femme dont les cendres reposent au Panthéon.

Tout ça pour dire que si les génies empruntaient des voies classiques, cela se saurait — j'aimerais tellement vous parler de Rachmaninoff, maintenant...

Ed Witten s'intéresse donc de très près à la théorie des super-cordes — qu'à partir de maintenant je vais indifféremment appeler théorie des cordes car c'est souvent ainsi qu'on s'y réfère — ou plus précisément aux théories des cordes puisque, comme je l'ai dit, il en existe cinq versions distinctes. Et ces cinq versions ont les bonnes propriétés pour prétendre unifier relativité générale et modèle standard de la physique des particules. Le problème reste le même, exactement comme dans *Highlander*[480], il ne peut y en avoir qu'un — en l'occurrence, une.

480 *Highlander*, Russell Mulcahy, 1986.

Théorie M

En 1995, lors d'une conférence sur la théorie des cordes donnée à l'université de Californie du Sud, Witten annonce qu'il a la solution. Ce genre d'annonce n'aurait pas nécessairement remué l'auditoire, mais Witten n'est pas homme à parler dans le vide et, s'il dit qu'il a la solution, c'est qu'il l'a. D'après lui, les cinq théories sont toutes valides, point. Ce qui semble constituer des différences entre elles n'est qu'une différence de point de vue mathématique. Il présente alors ce qu'il conjecture, une théorie permettant de déduire les cinq connues, et appelle cette nouvelle théorie la *théorie M*[481], qui s'appuie notamment sur une théorie mise au point quelques années plus tôt, la *supergravité maximale*.

Supergravité maximale en dimension N

La supergravité maximale en dimension N est une théorie des champs décrivant la relativité générale de façon super-symétrique. Il a été montré en 1978, par les Français Eugène Cremmer, Bernard Julia et Joël Scherk, que le nombre maximal de dimensions pour une telle théorie est onze et que, de plus, une seule théorie existe pour ce nombre de dimensions. En dessous de ces onze dimensions, les théories de supergravité maximales peuvent s'exprimer comme une *compactification* — une projection, si vous voulez — de la théorie à onze dimensions.

---

[481] Certains pensent que le nom est en fait l'initiale W de Witten à l'envers, tandis qu'il y a consensus autour du fait que cela peut signifier Magie, Mystère, Membrane, etc. Witten lui-même dira — in *L'univers élégant*, Brian Greene, PBS, 2006 — qu'il pensait à M comme Magie.

Du coup, j'en profite pour dire quelques mots sur la compactification, vite fait :

Compactification

La compactification est un processus par lequel on réduit le nombre de dimensions d'une théorie en compactant les dimensions finies au regard de celles qui sont infinies. Ainsi, dans les théories des cordes, il y a toujours quatre dimensions infinies qu'on appelle classiquement l'espace-temps auxquelles viennent s'ajouter, pour le cas de la théorie M, sept dimensions finies enroulées sur elles-mêmes ou, pour le cas de la théorie de type IIA — une des cinq théories des cordes précédentes — cinq dimensions finies enroulées sur elles-mêmes. Selon Witten, cette dernière théorie à dix dimensions spatiotemporelles est une compactification de la théorie M.

Que raconte la théorie M, outre le fait d'unifier les différentes théories candidates ? D'une part, cette théorie se confond, donc, à de bas niveaux d'énergie avec la théorie de supergravité à onze dimensions — elle a été construite ainsi ; d'autre part, elle prédit que les cordes peuvent non seulement exister en étant ouvertes ou fermées, mais qu'elles peuvent également s'étaler sur plusieurs dimensions, ce qu'on appelle des *branes*.

161. Branes

Une des prédictions majeures de la théorie M est l'existence d'objets plus complexes que les cordes vues jusque-là, appelées *branes*, qui sont des cordes n'ayant aucune dimension spatiale — un point — ou une dimension spatiale — une corde « classique » — ou deux dimensions spatiales — une surface, ou membrane[482]... — ou plus encore. De plus, la taille de ces branes — j'aurais bien dit « leur dimension » mais ça prête à confusion — peut s'étirer jusqu'à englober l'univers tout

---

482 Le mot brane dérive du mot membrane.

entier ; les cordes classiques, à une dimension spatiale — ou 1-brane — lorsqu'elles sont ouvertes, ont leurs extrémités connectées à une brane de dimension supérieure.

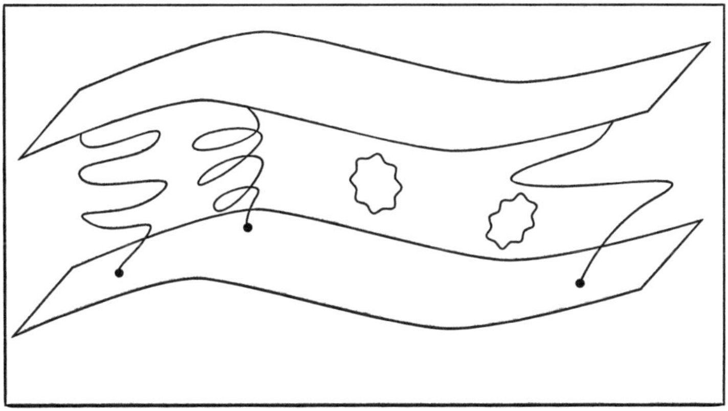

À partir de là, on ne va pas se mentir, les choses deviennent de plus en plus abstraites et, pour tout dire, de plus en plus hypothétiques ; aussi, nous allons en rester là pour l'approche « théorique » de la théorie des cordes. Cependant, et en conservant à l'esprit — de toute façon, je vous le rappellerai suffisamment souvent, ne craignez rien — que tout ceci relève purement de l'hypothèse à ce jour non vérifiable, voyons un peu ce que certains scientifiques espèrent trouver dans la théorie des cordes.

162. Principe anthropique[483]

Le principe anthropique est un principe selon lequel, puisque nous pouvons observer l'univers, c'est donc que l'univers rend possible l'existence d'observateurs tels que nous.

Alors, certes, on enfonce ici une porte ouverte, mais la question sous-jacente n'est vraiment pas inintéressante ; considérant l'ensemble des conditions nécessaires à notre apparition, partant de l'existence même des atomes à la possibilité d'agrégation de ceux-ci en étoiles et en planètes permettant la fusion thermonucléaire au sein des étoiles ce qui permet, d'une part, la création d'éléments plus lourds mais également, d'autre part, la production d'énergie suffisante pour réchauffer des planètes, permettant également l'existence de Jupiter et Saturne qui, nous concernant, ont intercepté au cours de l'histoire du système solaire suffisamment de météorites qui, sinon, se seraient notamment écrasées sur Terre, permettant l'apparition de la vie, etc.

Considérant toutes ces conditions, deux conclusions s'imposent. Certes, dans un premier temps, il aura fallu un nombre hallucinant de hasards heureux pour que la vie puisse prospérer sur Terre. Mais, d'un autre côté, il y a tellement de galaxies dans l'univers, chacune contenant tellement d'étoiles, que la probabilité que cela arrivât était loin d'être négligeable et, peut-être même, inévitable — je vous rappelle l'histoire du paquet de cartes[484].

Ainsi donc, certes, dans notre univers existant, notre apparition peut n'être que le fruit du hasard et de la conjonction de la bonne taille d'étoile avec la bonne quantité de tels éléments, etc. Et, évidemment,

---

483 Ne pas confondre « anthropique » signifiant propre à l'Homme, et « entropique », propre à l'entropie.

484 *Cf.* page 114.

il est absolument inutile de s'étonner d'être justement présents au carrefour de ces hasards ; s'ils avaient eu lieu ailleurs, nous serions tout aussi étonnés d'être apparus là-bas — nous étonner de cela, c'est comme nous étonner de constater que nos parents sont « comme par hasard » de notre famille !

La deuxième conclusion est plus délicate car elle pose la question même de l'univers tel que nous le connaissons. Les lois de l'univers telles que nous les comprenons reposent sur une série de lois physiques, d'une part, mais également sur une vingtaine de constantes très finement réglées, telles que la constante gravitationnelle, la charge de l'électron, la vitesse de la lumière, la constante de structure fine — qui régit l'interaction électromagnétique — etc.

Si la force électromagnétique était un tout petit peu plus intense, les protons se repousseraient plus que l'interaction forte ne les retient, et les noyaux atomiques ne se formeraient pas, les électrons et les protons fusionneraient pour produire des neutrons, etc., la matière telle qu'on la connaît n'existerait pas. Si la gravitation, pourtant la plus faible — et de loin — des interactions fondamentales de l'univers, était un tout petit peu plus faible, la matière ne s'agrégerait pas pour produire des étoiles, des planètes, etc. Et si elle était un tout petit peu plus faible, mais pas assez pour ne pas permettre l'agrégation, alors elle ne suffirait pas à enclencher de processus de fusion thermonucléaire dans le cœur des étoiles. Si elle était plus forte, elle ne permettrait pas la formation de systèmes planétaires, de galaxies, etc.

On peut dérouler ainsi le fil, mais ce qu'il faut retenir, c'est que la vingtaine de constantes qui régit l'univers est parfaitement réglée pour permettre à cet univers d'exister tel qu'on le connaît. Et le rapport avec la théorie des cordes ?

163. Multivers

Il existe de nombreuses théories d'univers multiples et d'univers plus ou moins parallèles ; certaines de ces hypothèses ne reposent sur rien d'autre qu'une idée lancée comme ça — « hey, ce serait marrant d'imaginer que chaque fois que je joue à pile ou face, ça crée deux univers parallèles, l'un dans lequel la pièce tombe sur pile, et l'autre sur face » — et dont le but n'est généralement que de stimuler l'imagination, d'autres de ces hypothèses reposant sur la volonté de rendre compréhensibles des phénomènes qui nous échappent — « en fait, c'est quand on observe une particule que le paquet d'onde est réduit et qu'elle marque une position, de façon aléatoire quoique régie par des probabilités ; pourquoi n'y aurait-il pas autant d'univers que de possibilités de positions pour chaque observation et pour chaque particule de l'univers ? » — ce qui aboutit généralement à un nombre absolument incalculable de nouveaux univers à la seconde — ce qui, en soi, n'est pas problématique, c'est à ça que sert l'infini. C'est notamment l'hypothèse du physicien et mathématicien Hugh Everett pour qui l'univers fourche à chaque décohérence de particule.

Enfin, dans d'autres cas, l'hypothèse repose sur un réel problème plus fondamental. Par exemple, il est très tentant d'imaginer que les constantes fondamentales de l'univers présentées dans le chapitre précédent ont un réglage qui n'a pas été « décidé » ; cependant, les probabilités d'obtenir un aussi bon réglage par hasard sont tellement ridicules qu'elles en sont incalculables. Non, je déconne, elles sont calculables. L'astrophysicien vietnamo-américain francophone Trinh Xuan Thuan a effectué le calcul ; et il a déterminé que la probabilité que ces constantes soient aussi finement réglées par hasard est de l'ordre de la probabilité qu'aurait un archer de frapper d'une flèche une cible d'un mètre posée à l'autre bout de l'univers — de l'ordre d'une chance sur 10^{60}, soit une chance sur un million de milliards de milliards de milliards de milliards de milliards de milliards.

Bien sûr, il y a aussi l'idée d'un « dessein intelligent » que les scientifiques préfèrent, quand ils en parlent, appeler « principe créateur » et, de fait, tant qu'on n'est pas en mesure de décrire les premiers instants du Big Bang, voire d'en décrire une cause, ce principe reste une hypothèse plausible ; pour certains, comme Trinh Xuan Thuan, cette idée est même plus simple[485], et donc plus acceptable, qu'une multitude d'univers parallèles *ad hoc*.

Mais pour d'autres, tels que le physicien russe Andreï Linde, c'est bel et bien l'hypothèse du multivers qui semble la plus simple : en effet, de la même manière qu'il a fallu une concordance monumentale d'accidents heureux pour que la vie apparaisse sur Terre dans notre univers, il peut avoir fallu une concordance monumentale d'accidents heureux pour que notre univers existe parmi une infinité d'autres. Notamment, s'il existe au moins 10^{60} univers parallèles, tous réglés de façon aléatoire, alors la probabilité de notre univers devient raisonnable. On appelle cette théorie des univers multiples aléatoirement réglés *mousse d'univers*.

Et le rapport avec la théorie des cordes est que dans celle-ci, la mousse d'univers peut permettre de résoudre de nombreux problèmes, outre le problème du principe anthropique. L'idée est que l'univers entier repose sur une brane, elle-même dans un ensemble de branes parallèles comme les pages d'un livre ; on appelle ce livre le *bulk*. Il faut noter toutefois que dans ce cadre, on doit imaginer au moins une dimension spatiale autre que nos trois dimensions classiques qui ne soit pas repliée sur elle-même et qui puisse traverser les différentes « tranches » du bulk.

---

485 *Le monde s'est-il créé tout seul ?* multiples auteurs, 2008, Éd. Albin Michel.

La faiblesse de la gravitation

L'intensité de la gravitation, on l'a vu, est environ cent millions de milliards de milliards de milliards de fois moins forte que la plus faible des autres interactions, l'électromagnétisme. Rien ne permet de justifier un tel écart d'intensité à moins, comme l'imaginent certains théoriciens des cordes, que la gravitation soit la seule des quatre interactions fondamentales de l'univers à pouvoir « traverser » les branes du multivers, et s'y diffuser. Ainsi, en effet, l'intensité de la gravitation peut être fondamentalement bien plus importante, mais répartie entre les branes. On peut évidemment considérer que c'est une hypothèse qui tombe de nulle part — encore qu'il existe des équations *ad hoc* venant la soutenir — mais il faut lui reconnaître au moins un bon point : cette hypothèse permet théoriquement, si elle est exacte, sinon d'interagir, au moins d'observer la présence d'univers parallèles — faute de quoi, c'est impossible ; reconnaissons-lui au moins le fait, donc, qu'elle est construite de façon à se tirer elle-même une balle dans le pied si elle est incorrecte — je rappelle que d'autres hypothèses de la théorie des cordes sont tout simplement impossibles à valider par une quelconque expérimentation, et ne sont donc que purement spéculatives.

Le Big Bang

Une autre hypothèse produite par la théorie des cordes est l'idée selon laquelle les branes parallèles sur lesquelles se situent les différents univers peuvent, parfois, entrer en contact, et que ce contact libère en un instant et en un point une quantité astronomique d'énergie ; si tel était le cas, cela expliquerait tout simplement l'origine du Big Bang, d'une part, mais, d'autre part, ferait de celui-ci un événement quasiment quelconque qui pourrait se produire et se reproduire dans tous les univers.

Le paysage anthropique

Développée en 2003 par Leonard Susskind, l'idée est la suivante : si la théorie des cordes est correcte et que notre univers contient, outre les trois dimensions spatiales classiques, six autres dimensions finies enroulées sur elles-mêmes présentes dans la théorie de type IIA, comment sont-elles pliées ? Les équations montrent que la compactification de ces dimensions se fait en accord avec les variétés dites de *Calabi-Yau* — des noms d'Eugenio Calabi, mathématicien italo-américain qui a conjecturé l'existence de telles surfaces, et Shing-Tung Yau, mathématicien sino-américain qui en a démontré l'existence. Mais voilà, les variétés de Calabi-Yau, il y en a un paquet.

Voyez cela comme les différentes façons possibles de replier sur elles-mêmes les six dimensions en question, ce n'est rien de plus. Mais c'est outrageusement large comme champ de possibilités. Selon certaines estimations, il pourrait y avoir de l'ordre de 10^{500} façons différentes de replier ces dimensions entre elles, et trouver parmi ces possibilités celle ou celles qui permettent l'apparition des particules que nous connaissons est un problème mathématique si complexe qu'il n'est pas sûr qu'on puisse en trouver une solution autrement qu'en tombant dessus — ce qu'on appelle techniquement un problème NP-complet. Leonard Susskind postule que tous ces pliages théoriques existent comme autant d'univers possibles, ce qu'il a appelé le *paysage anthropique* ou, parfois, le *paysage cosmique des cordes*.

164. Conclusion

La théorie des super-cordes est effectivement une théorie extrêmement prometteuse ; elle est un candidat sérieux à l'unification des interactions fondamentales, un candidat sérieux à une théorie du tout ; c'est sans doute aujourd'hui le candidat le plus sérieux.

Et la gravitation quantique à boucle, alors ?

Une théorie qui fait également parler d'elle est la gravitation quantique à boucle, même s'il ne s'agit pas à proprement parler d'une théorie, mais plutôt d'un processus. On l'a vu, pour ce qui concerne les trois autres interactions fondamentales, on a utilisé les théories de la perturbation afin de pouvoir les modéliser de façon précise, certes, mais toujours approximative. Le principe même des théories perturbatives est justement de simplifier des mathématiques incroyablement complexes à l'aide d'approximation plus faciles à résoudre.

Toutefois, la modélisation de la gravitation quantique ne supporte pas ce genre d'approximation et finit toujours par renvoyer des résultats infinis.

L'idée derrière la gravitation quantique à boucle est de dire que s'il est impossible d'approximer cette modélisation, alors il va falloir la faire exactement. C'est une procédure mathématique incroyablement complexe dont certains doutent même de la possibilité d'y arriver, sinon « par hasard ».

Toutefois, si la modélisation de la gravitation quantique aboutit, cette dernière viendra compléter le modèle standard de la physique des particules qui sera alors capable de décrire les quatre interactions fondamentales de l'univers au niveau quantique. Mais la gravitation quantique à boucle ne tient pas compte, à ce jour, des autres interactions et, de ce fait, n'est pas un candidat à une théorie du tout. Même s'il est évident que si la modélisation aboutit, elle sera une grande contributrice d'une théorie du tout à venir basée exclusivement sur le modèle standard de la physique des particules.

Cependant, la théorie des cordes est souvent critiquée — à juste titre — du fait qu'elle ne repose sur rien d'autre que des équations mathématiques ; elle n'a pas à ce jour été capable de la moindre prédiction vérifiable par l'expérience, ce qui en fait une théorie brillamment conçue et certainement très élégante d'un point de vue mathématique, mais dont la réalité physique ne relève pas aujourd'hui plus que de la croyance. Toutefois, histoire de modérer un peu ce propos, rappelons à toutes fins utiles que la relativité générale, lorsqu'elle fut proposée, ne reposait également que sur des équations mathématiques et les convictions d'Albert Einstein ; ce n'est que lorsque les prédictions de la relativité générale ont pu être confrontées à l'expérience — précession du périhélie de Mercure, lentilles gravitationnelles et, plus récemment, ondes gravitationnelles — que la théorie a pu être réellement admise.

Si la théorie des cordes prédit un jour quelque chose qui peut être validé ou infirmé expérimentalement, alors on saura à quoi s'en tenir. Sinon, ce n'est qu'une théorie spéculative, comme il en existe d'autres, et notamment une qui fait partie de ces théories remarquables par leur incapacité *de facto* à pouvoir être infirmées : vivons-nous dans une simulation informatique ?

Vivons-nous dans une simulation informatique ?

Popularisée en 1999 avec le film *Matrix*, puis en 2003 par une publication du philosophe suédois Nick Bolstrom, cette idée fait partie des théories irréfutables qui sont sans conteste la meilleure base possible pour écrire de la science-fiction — puisque irréfutable — mais qui n'ont pas grand-chose à voir avec la science. Notamment l'idée selon laquelle nous vivons dans une simulation informatique permet de résoudre tous les mystères de l'univers :

Les ajustements fins des constantes de l'univers ? Des paramètres du programme !

L'énergie sombre et la matière sombre ? Des algorithmes !

Les trous noirs ? Des bugs ![486]

De nombreuses théories irréfutables existent et, si elles ont un intérêt philosophique ou métaphysique certain, elles ne sont pas des théories scientifiques. Autres exemples célèbres :

---

[486] Plus vraisemblablement, des encapsulations d'exceptions aux limites, mais restons simples.

- cette nuit, en un instant, absolument tout dans l'univers a doublé de taille, et tout ce qui était en mouvement a spontanément doublé de vitesse ;
- l'univers n'existait pas avant votre naissance et disparaîtra avec votre mort ;
- variation du précédent : l'univers et tout ce qu'on y trouve, y compris ceux qui l'habitent, n'existe que dans votre cerveau.

À un moment donné, une théorie scientifique doit se confronter à la réalité.

Épilogue

Un chapitre se ferme pour laisser une page blanche à sa place…

Depuis 2013, ma vie a beaucoup changé, comme vous pouvez vous en douter ; par certains aspects, elle est plus complexe aujourd'hui, bien évidemment, mais pour rien au monde je ne changerais ce qu'e-penser m'a permis d'accomplir ces quelques dernières années. Outre la chaîne de vidéos sur youtube — abonnez-vous, hein ? — et le présent ouvrage maintenant dans son intégralité — non, il n'y aura pas de Tome III — j'ai eu la joie de rencontrer sans doute plus de monde qu'on en rencontre normalement dans une vie bien remplie. Souvent, malheureusement, ces rencontres sont trop brèves, mais chacune d'elles compte. On ne va pas se mentir, les personnes qui passent devant des caméras, lorsqu'elles ne cherchent pas la gloire, la célébrité ou l'argent, cherchent au moins la reconnaissance.

Cette reconnaissance, je suis évidemment heureux de l'avoir trouvée auprès de mes homologues ainsi qu'auprès des gens que j'estime énormément — et dont deux d'entre eux ont signé la préface de ces deux tomes, c'est dire si je suis content — mais également de l'avoir trouvée auprès de vous — là, c'est un « vous » général, je ne sais pas qui vous êtes précisément... à l'instant où vous me lisez, dites-vous bien que je suis en slibard en train de me dire que, ça y est, j'ai presque fini, je vais pouvoir rendre le manuscrit dans les temps, c'est mon éditrice qui va être contente.

Trêve de digressions — c'est de la pudeur, pas de l'arrogance. Je suis convaincu que je dois mes succès, quel que soit leur niveau, avant tout à mon travail, mais il serait absurde — et tant pis si c'est démagogique — de ne pas reconnaître également que je dois avant tout mes succès à ceux qui me suivent, qui m'écoutent et me lisent. Je l'ai suffisamment dit, je ne suis pas scientifique, tout juste un mélomane des sciences, j'aime les sciences comme on aime Rachmaninoff, M Pokora ou Zuul FX, et si j'ai pu faire partager cet amour à un seul d'entre vous, alors mon parcours aura dépassé ma simple satisfaction personnelle. J'espère vous avoir montré qu'on peut s'intéresser à n'importe quel sujet scientifique sans être limité par un niveau mathématique ou par une compréhension trop superficielle, et j'espère surtout vous avoir montré que la curiosité, loin d'être un vilain défaut, est la plus grande des qualités de l'humanité — l'espèce, pas le journal[487].

Restez curieux, et prenez le temps d'e-penser.

FIN[488]

---

487 Promis, c'est le dernier.

488 Pour ceux qui connaissent « le jeu », j'ai perdu.

Table des matières

Chronologie des scientifiques

Voilà, pour faire hyper-classe, on a même poussé le vice jusqu'à mettre une chronologie des gens cités dans le livre. Une que personne ne lira, mais que ça fait classe de l'avoir quand même.

Aristote *(384 av. J.-C. - 322 av. J.-C.) :*
philosophe grec.

Archimède *(287 av. J.-C. - 212 av. J.-C.) :*
savant grec, notamment mathématicien et ingénieur.

Gerardus Mercator *(1512-1594) :*
géographe flamand.

Giordano Bruno *(1548-1600) :*
philosophe italien.

Galilée *(1564-1642) :*
mathématicien, géomètre, physicien et astronome italien.

Pierre de Fermat *(1601-1665) :*
mathématicien français.

Christiaan Huygens *(1629-1695) :*
mathématicien et astronome néerlandais.

Isaac Newton *(1643-1727) :*
philosophe, mathématicien, physicien et astronome anglais.

Gottfried Wilhelm Leibniz *(1646-1716) :*
philosophe allemand.

Emanuel Svedenborg *(1688-1772) :*
scientifique et philosophe suédois.

Leonhard Euler *(1707-1783) :*
mathématicien et physicien suisse.

Thomas Wright *(1711-1786) :*
astronome et mathématicien britannique.

John Michell *(1724-1793) :*
astronome britannique.

Emmanuel Kant *(1724-1804) :*
philosophe allemand.

Charles Messier *(1730-1817) :*
astronome français.

William Herschel *(1738-1822) :*
astronome et compositeur britannique d'origine allemande.

Pierre-Simon de Laplace *(1749-1827) :*
mathématicien, astronome et physicien français.

Thomas Young *(1773-1829) :*
médecin, physicien et philosophe britannique.

Pierre-Charles Alexandre Louis *(1787-1872) :*
physicien et médecin français.

Charles Darwin *(1809-1882) :*
naturaliste anglais.

Paul Broca *(1824-1880) :*
médecin français.

William Thomson, dit Lord Kelvin *(1824-1907) :*
physicien britannique d'origine irlandaise.

James Clerk Maxwell *(1831-1879) :*
physicien anglais.

Dmitri Ivanovitch Mendeleïev *(1834-1907)* .
chimiste russe.

Camille Flammarion *(1842-1925) :*
astronome français.

Edward Charles Pickering *(1846-1919) :*
astronome et physicien américain.

Gösta Mittag-Leffler *(1846-1927) :*
mathématicien suédois.

Henri Becquerel *(1852-1908) :*
physicien français.

John Dreyer *(1852-1926) :*
astronome irlando-danois.

Hendrik-Antoon Lorentz *(1853-1928) :*
physicien néerlandais.

Max Planck *(1858-1947) :*
physicien allemand.

Pierre Curie *(1859-1906) :*
physicien et chimiste français.

Svante Arrhenius *(1859-1927) :*
chimiste suédois.

Allvar Gullstrand *(1862-1930) :*
physicien suédois.

Paul Painlevé *(1863-1933) :*
mathématicien français.

Pieter Zeeman *(1865-1943) :*
physicien néerlandais.

Marie Curie *(1867-1934) :*
physicienne et chimiste française.

Henrietta Swan Leavitt *(1868-1921) :*
astronome américaine.

Arnold Sommerfeld *(1868-1951) :*
physicien allemand.

Jean Perrin *(1870-1942) :*
physicien, chimiste et homme politique français.

Ernest Rutherford *(1871-1937) :*
physicien britannique.

Paul Langevin *(1872-1946) :*
physicien français.

Bertrand Russell *(1872-1970) :*
philosophe et logicien britannique.

Karl Schwarzschild *(1873-1916) :*
physicien allemand.

Ejnar Hertzsprung *(1873-1967) :*
chimiste et astronome danois.

Albert Einstein *(1879-1955) :*
physicien d'origine allemande.

Emmy Noether *(1882-1935) :*
mathématicienne allemande.

Arthur Eddington *(1882-1944) :*
astrophysicien britannique.

Max Born *(1882-1970) :*
physicien allemand.

Peter Debye *(1884-1966) :*
physicien et chimiste néerlandais.

Theodor Kaluza *(1885-1954) :*
mathématicien et physicien allemand.

Niels Bohr *(1885-1962) :*
physicien danois.

Erwin Schrödinger *(1887-1961) :*
physicien autrichien.

Alexandre Friedmann *(1888-1925) :*
physicien et mathématicien russe.

Otto Stern *(1888-1969) :*
physicien allemand.

Edwin Hubble *(1889-1953) :*
astronome américain.

Walther Gerlach *(1889-1979) :*
physicien allemand.

Milton Humason *(1891-1972) :*
astronome américain.

James Chadwick *(1891-1974) :*
physicien britannique.

Louis de Broglie *(1892-1987) :*
mathématicien et physicien français.

Georges Lemaître *(1894-1966) :*
astronome et physicien belge.

Oskar Klein *(1894-1977) :*
physicien suédois.

Edward A. Milne *(1896-1950) :*
mathématicien et astrophysicien britannique.

Boris Podolsky *(1896-1966) :*
physicien américano-russe.

Léo Szilárd *(1898-1964) :*
physicien hongro-américain.

Jean Frédéric Joliot, dit Frédéric Joliot-Curie *(1900-1958) :*
physicien et chimiste français.

Wolfgang Pauli *(1900-1958) :*
physicien autrichien.

George Uhlenbeck *(1900-1988) :*
physicien néerlandais.

Enrico Fermi *(1901-1954) :*
physicien italo-américain.

Werner Heisenberg *(1901-1976) :*
physicien allemand.

Samuel Goudsmit *(1902-1978) :*
physicien néerlandais.

Paul Dirac *(1902-1984) :*
physicien et mathématicien britannique.

Eugene Wigner *(1902-1995) :*
physicien théorique hongro-américain.

Robert Oppenheimer *(1904-1967) :*
physicien américain.

George Gamow *(1904-1968) :*
physicien américain d'origine russe.

Carl David Anderson *(1905-1991) :*
physicien américain.

Kurt Gödel *(1906-1978) :*
logicien et mathématicien austro-américain.

Sin'Ichiro Tomonaga *(1906-1979) :*
physicien japonais.

Hans Bethe *(1906-2005) :*
physicien américain d'origine allemande.

Lev Landau *(1908-1968) :*
physicien russe.

Edward Teller *(1908-2003) :*
physicien hongro-américain.

Nathan Rosen *(1909-1995) :*
physicien américano-israélien.

Hendrik Casimir *(1909-2000) :*
physicien néerlandais.

Subrahmanyan Chandrasekhar, dit Chandra *(1910-1995) :*
astrophysicien et mathématicien américain d'origine indienne.

Polykarp Kusch *(1911-1993) :*
physicien germano-américain.

John Wheeler *(1911-2008) :*
physicien théorique américain.

Hartland Snyder *(1913-1962) :*
physicien américain.

Robert Herman *(1914-1997) :*
cosmologiste américain.

Fred Hoyle *(1915-2001) :*
astronome britannique.

Francis Crick *(1916-2004) :*
biologiste britannique.

Maurice Wilkins *(1916-2004) :*
physicien britannique d'origine néo-zélandaise.

Richard Phillips Feynman *(1918-1988) :*
physicien américain.

Edward A. Murphy Jr. *(1918-1990) :*
ingénieur aérospatial américain.

Julian Seymour Schwinger *(1918-1994) :*
physicien américain.

Rosalind Franklin *(1920-1958) :*
biologiste moléculaire britannique.

Ralph Alpher *(1921-2007) :*
astrophysicien et cosmologiste américain.

James Olds *(1922-1976) :*
psychologue et neuroscientifique américain.

Chen Ning Yang *(1922-) :*
physicien sino-américain.

Edward Simpson *(1922-) :*
statisticien britannique.

Eugenio Calabi *(1923-) :*
mathématicien italo-américain.

Anthony Hewish *(1924-) :*
astrophysicien britannique.

Robert Mills *(1927-1999) :*
physicien américain.

John Stewart Bell *(1928-1990) :*
physicien théorique irlandais.

Robert Brout *(1928-2011) :*
physicien belge.

James Dewey Watson *(1928-) :*
généticien et biochimiste américain.

Murray Gell-Mann *(1929-) :*
physicien américain.

Peter Higgs *(1929-) :*
physicien britannique.

Arthur Fry *(1931-) :*
chimiste américain.

Roger Penrose *(1931-) :*
mathématicien et physicien américain.

Thomas Kibble *(1932-2016) :*
physicien britannique.

François Englert *(1932-) :*
physicien belge.

Heinz-Dieter Zeh *(1932-) :*
physicien théorique allemand.

Gerald Feinberg *(1933-1992) :*
physicien et auteur de science-fiction américain.

Arno Allan Penzias *(1933-) :*
physicien américain.

James Bjorken *(1934-) :*
physicien américain.

Roy Kerr *(1934-) :*
mathématicien néo-zélandais.

James « Jim » Peebles *(1935-) :*
physicien américain.

Gerald Guralnik *(1936-2014) :*
physicien américain.

Robert Woodrow Wilson *(1936-) :*
physicien américain.

Carl Richard Hagen *(1937-) :*
physicien américain.

Leonard Susskind *(1940-) :*
physicien américain.

Kip Thorne *(1940-) :*
physicien théorique américain.

Holger Bech Nielsen *(1941-) :*
physicien danois.

John Schwarz *(1941-) :*
physicien américain.

Spencer Silver *(1941-) :*
chimiste américain.

John Clauser *(1942-) :*
physicien américain.

Eugène Cremmer *(1942-) :*
physicien français.

Stephen Hawking *(1942-) :*
physicien et cosmologiste britannique.

Gabriele Veneziano *(1942-) :*
physicien italien.

Jocelyn Bell *(1943-) :*
astrophysicienne britannique.

Joël Scherk *(1946-1979) :*
physicien français.

Michael Green *(1946-) :*
théoricien américain.

Jacob Bekenstein *(1947-2015) :*
physicien israélo-américain.

Alain Aspect *(1947-) :*
physicien français.

Andreï Linde *(1948-) :*
physicien russe.

Trinh Xuan Thuan *(1948-) :*
astrophysicien vietnamo-américain.

Shing-Tung Yau *(1949-) :*
mathématicien sino-américain.

Sally Ride *(1951-2012) :*
astrophysicienne et astronaute américaine.

Jean-Pierre Luminet *(1951-) :*
astrophysicien français.

Edward Witten *(1951-) :*
physicien mathématicien américain.

Bernard Julia *(1952-) :*
physicien théorique français.

Paul Steinhardt *(1952-) :*
physicien américain.

John Preskill *(1953-) :*
physicien américain.

Étienne Klein *(1958-) :*
physicien français.

Saul Perlmutter *(1959-) :*
cosmologiste américain.

Bharat Ratra *(1960-) :*
cosmologiste indo-américain.

Brian Paul Schmidt *(1967-) :*
astronome américain.

Adam Riess *(1969-) :*
astronome américain.

Nick Bolstrom *(1973-) :*
philosophe suédois.

Aaron O'Connell *(1981-) :*
physicien américain.

Alexis Breut *(1987-) :*
zeugma.

Illustrations des ouvertures
de chapitre :
Dunklayth

Image de fond de couverture : © Millennium
Simulation Project, Institut Max Planck

ISBN : 978-2-501-11716-6
Codification : 2156376

Achevé d'imprimer en France par CPI Brodard & Taupin
en septembre 2016 pour le compte des éditions Hachette Livre (Marabout).
58, rue Jean Bleuzen – 92178 Vanves Cedex.
Dépôt légal : octobre 2016
N° d'impression : 3018874